いじめは
なぜ
なくならない
のか

竹田敏彦 監修・編
Toshihiko Takeda
植田和也・上村 崇・船津守久
藤沢敏幸・衛藤吉則・中島正明 編

ナカニシヤ出版

はじめに

いじめ研究の世界的な動向は，フィンランドのKiVaプログラムに見られるように，「傍観者を仲裁者に変える」ことにある。しかし，いじめに係る日本の現状は傍観者が依然として拡大傾向にあることが報告されている[1]。

森田（1986）[2]らによっていじめの4層構造（①いじめる生徒〔加害者〕，②観衆（はやしたてたり，おもしろがったりして見ている），③傍観者（見て見ない振りをする），④いじめられる生徒〔被害者〕）が明らかにされてから久しくなる（〔　〕は竹田による）。いじめの持続や拡大には，いじめる児童生徒といじめられる児童生徒以外の「観衆」や「傍観者」の立場にいる児童生徒が大きく影響している。「観衆」はいじめを積極的に是認し，「傍観者」はいじめを暗黙的に支持し，いじめを促進する役割を担っている。

池島（2007）は，このいじめの構造をわかりやすく概略図化[3]することによって，「（いじめ）是認の体系」にある「観衆」と「（いじめ）黙認の体系」にある「傍観者」が「いじめの強化」につながること，「傍観者」からの変容が期待される「仲裁者」が「いじめの抑止」の機能を果たすことを明確にしている。また，「対人不安と緊張の体系」（集団からの逃避）が，「（いじめ）黙認の体系」にある「傍観者」を「（いじめ）是認の体系」にある「観衆」へと導き，いじめの強化が図られることになることや，ピアプレッシャー（仲間の圧力）に敏感な「傍観者」層が広がり，仲裁者が減少することを捉えている。

ピアプレッシャーに敏感な傍観者層の広がりは何としてでも阻止しなければならない。彼らの対人不安と緊張を和らげることが必要であり，集団から逃避することを安易に許してはならない。そのためには，個々の児童生徒の勇気や正義感のみに頼るのではなく，不正に立ち向かう集団としての力を結集するべく，加害者や観衆を上回る数的に有利な擁護者や仲裁者となっていく傍観者の条件や環境を整えることが求められる。すなわち，組織的な取組，チーム学校としての取組が可能になるような，教師のいじめ解決に向けた真摯な姿勢や具体的な指導の手立てが欠かせないのである。

教師の児童理解・生徒理解に基づくいじめ解決のためのビジョンと行動力が今こそ期待されている。教師，学校，教育委員会はその期待に応えなければならない。児童生徒の傍観者から仲裁者への動きはそうした中から生まれるものと考える。

本書の特色は次の３点にある。

１点目は，いじめ研究の世界的動向に触れながら，いじめ問題を教育学的・心理学的・倫理学的視点からアプローチすることによって，問題解決に迫ろうとしたこと。その上で，フィンランドのKiVaプログラムの日本版（いじめ防止プログラム：道徳教育及びその要としての道徳科の視点で作成）を提言したこと。

２点目は，研究書としての色合いも持ちつつ，教員を志望している大学生，小学校・中学校・高等学校・大学の教員，教育行政関係者，保護者等の一般人に読んでいただけるような書籍を目指したこと。

３点目は，いじめを克服するために，いじめの病理の分析，いじめの取組の問題点の考察，いじめの問題解決の方法等について取り上げたこと。

多くの読者に，いじめ解決に向けた熱き思いを共感していただくことができれば幸いである。

（竹田　敏彦）

〈注〉

(1)　文部科学省『児童生徒の問題行動・不登校等生徒指導上の諸問題に関する調査結果について』(2018年10月25日)。「いじめられた児童生徒の相談の状況の推移（国公私立)」や「いじめ発見のきっかけの推移（国公私立)」などから傍観者の実態が見て取れる。

(2)　森田洋司・清永賢二（1994）『いじめ　教室の病』金子書房，pp.48－50.

(3)　池島徳大監修（2007）「いじめ問題解決への教育的支援」『奈良教育大学いじめ問題プロジェクト（代表：重松敬一)』。

目　　次

いじめはなぜなくならないのか

第 *7* 章

いじめの実態

1　日本の実態

(1）認知件数からみるいじめ

今や，いじめは学校教育における深刻かつ喫緊の教育課題であるとともに，社会問題でもあり，その防止に向けては学校のみならず，社会総がかりで取り組まなければならないこと[1]が，教育再生実行会議第一次提言「いじめの問題等への対応について」(2013年）でも明記された。

まず，文部科学省が毎年度，児童生徒の問題行動・不登校等について実施している調査から実態を概観する。公表されている「平成29年度児童生徒の問題行動・不登校等生徒指導上の諸課題に関する調査結果について（平成30年10月25日公表)」では，小・中・高等学校及び特別支援学校における，いじめの認知件数は41万4378件であり，児童生徒1000人当たりの認知件数は30.9件となっている。

いじめの認知件数を校種別に平成28年度，29年度を比較してみると，**表1**のとおりですべての校種で前年度より増加している。また，いじめを認知した学校数は2万7822校で，日本の全学校数に占める割合は

表1　いじめの認知件数

校　種	平成29年度	平成28年度	増減
小学校	317,121	237,256	+79865
中学校	80,424	71,309	+9115
高等学校	14,789	12,874	+1915
特別支援学校	2,044	1,704	+340
全　体	414,378	323,143	+91235

(出所）文科省公表データより。

74.4％となり，どこの学校，どこの学級においても起こりうる問題となっているともいえる。いじめの認知件数の詳細な推移等については，第９章で詳細に扱われるので参照されたい。

直近の５・６年間を振り返っても，いじめ防止対策推進法（2013年）が整備されるだけでなく，いじめに関する多様な通知や文部科学大臣メッセージ「いじめに正面に向き合う「考え，議論する道徳」への転換に向けて」等が次々に出されている。そして，現代ではネットいじめ，東日本大震災による東京電力福島第一原発の事故に伴い転校した先の学校でいじめに会うなど，昭和の頃のいじめとは形や表出の姿を変えながらも，激減したり，無くなったりしていないのも現実の実態である。

加野（2011）は，1960年代にも仲間外れやケンカ，からかい，悪口といった人間関係上の多様なトラブルが存在したが，現在の「いじめ」と同様の認識では捉えられていなかったことや「いじめ」という言葉が今ほど頻繁に使われることがなかったことを指摘している。日本の学校教育では，その後1970年代に入り，校内暴力，体罰，高校中退，登校拒否，非行など多様な問題が噴出した際に，「いじめ」もそれらの教育問題の一つとしてより強く認識されるようになってきたといえる。

(2) いじめの見えにくさ

今日の日本におけるいじめの特徴として，いじめ研究の先駆者であり日本生徒指導学会の会長を務める森田洋司は，清水との共著（1994）において次の６点を指摘している。①いじめの可視性の低下，②立場の入れかわり，③スティグマの拡大，④いじめの集合化，⑤歯止めの消失，⑥いじめと非行の接点，である。①のいじめの可視性の低下とは，つまり，いじめの見えにくさの問題である。

その背景としては，教師や大人側だけでなく子どもの意識等，様々なものが考えられるが，筆者自身の小学校教員としての経験則から子どもたちの状況をみると，次のようなことが浮かんでくる。

まず，冗談，からかい，ふざけ，軽いいじりなどを日常的によくある「些細なこと」として捉えていて，その些細なことがエスカレートしていくような場合である。その際には，教師や大人も，学校生活の「潤滑油」としての誤った捉え方をしていることも考えられる。また，加害者側のいじめている子どもは，「いじめている」という認識がない場合，それ以前に，どこからが「いじめ」で，どこまでが許される範囲の「ふざけ」なのかがわからない状態であることも考えられる。つまり，冗談，からかい，ふざけ，軽いいじりなどは，多くの子どもたちも見ている一般的な行動であり，大人社会やテレビ等のマスコミでも日常的に見聞きする社会環境の中で過ごしていることも少なからず影響しているであろう。

このような見えにくさについて，加野（2011）は，教師や大人が，子どもの世界にはいじめがあり，多くの子どもたちが苦しんでいること，いじめに対する認識枠組み（フレーム）を持つことの重要性を強調している。その一方で，子どもたちもいじめを大人から見えないようにしていることについて，いじめている側だけでなく，いじめられている被害者側の子どもの心情として，他者に知られたくない，認めたくないといったプライドや惨めな気持ちが少なからず打ち明けにくくしている要因としてあることをあげている。換言すれば，周囲のクラスメートから自分がどのように見られているのかといった「見え方」，他者の目を気にするあまりの行動を選択しているのである。さらに，自らが巻き込まれるのを恐れて無関心を装う傍観者の存在が教師や大人側からいじめを見えにくくしている。だからこそ，教師や大人がいじめの第一発見者として，如何に被害者側の子どもの心情を把握できるかが重要であり，いじめの小さな芽のうちに気づいたり，予防したりする役割を果たせるのかが問われている。

(3) 複雑多岐にわたるいじめ問題とその構造

近年の日本のいじめ研究については，戸田（2019）が，心理学分野を中心としながら幅広く概観しているので参照されたい。特に，戸田は，いじめの発生，いじめに関連する要因，いじめの抑制・停止，いじめの影響の各々に関する研究につき，過去20年間の論文等を中心に概観している。また，昨今のいじめ問題はネットいじめと不可分であると同時にネットを媒介として生じる問題の複雑多岐にわたる現状についても指摘している。

昨今のネット問題について，竹内（2014）は，匿名性に関する問題として，「見えない，分からない」といった感覚が，「バレなければ」といった意識から，これぐらいはいいだろうと誤った判断のもと，規範意識の低下を招いて

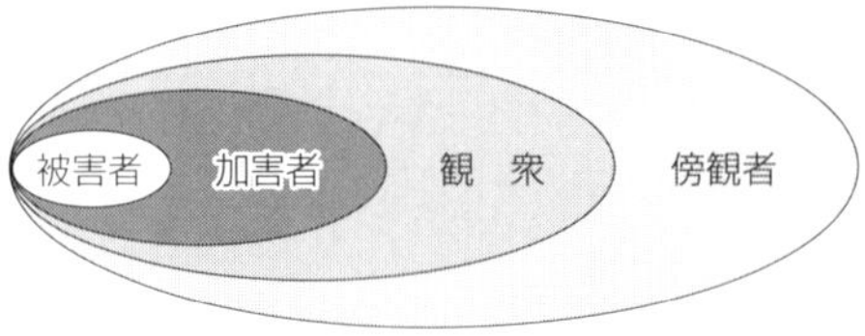

（出所）森田（1986）

図１　いじめの４層構造

いることを危惧している。ただ，LINE はずしや友達削除のように，グループ間で匿名ではなく互いにわかっている状態でも，ネット上での仲間外れや無視が多様な形で行われていること，加えて，ネット上では表現が誤解を与えたり，より過激になりがちであったりすることも忘れてはいけない。子どもたちの世界における互いの非言語的コミュニケーションの欠如や社会全体のモラルの低下が，ネット上のいじめ問題にも少なからず影響を与えている。

これらの様々ないじめ問題の根底には，森田（1986）が提唱した，いじめの4層構造が人数や形の違いはあれ，存在していることも重要な点である。いじめが起こっているその構造には，いじめる児童生徒（加害者），いじめられる児童生徒（被害者），観衆（はやしたてたり，おもしろがったりして見ている児童生徒），傍観者（見て見ない振りをする児童生徒）が存在し，「観衆」や「傍観者」の立場にいる生徒が大きく影響していることも多く指摘されてきた。特に，「観衆」はいじめを積極的に是認することにつながる役割を，「傍観者」はいじめを暗黙的に支持し，いじめを促進してしまう役割を各々担っていると言えるのである。

2　いじめ問題に関する対策

まず，いじめ問題を人権問題の一つとして解決に向けた取組を促してきた「人権教育の指導方法等に関する調査研究会議」による「人権教育の指導方法等の在り方について」を一部であるが紹介する。そのうえで，平成 18 年度に出された通知等，さらに大津いじめ事案以降の様々な対策について概観する。

(1) 人権教育としての対策

平成 20 年 3 月の「人権教育の指導方法等の在り方について［第三次とりまとめ］」では，「いじめ」について，第一次取りまとめ（平成 16 年），第二

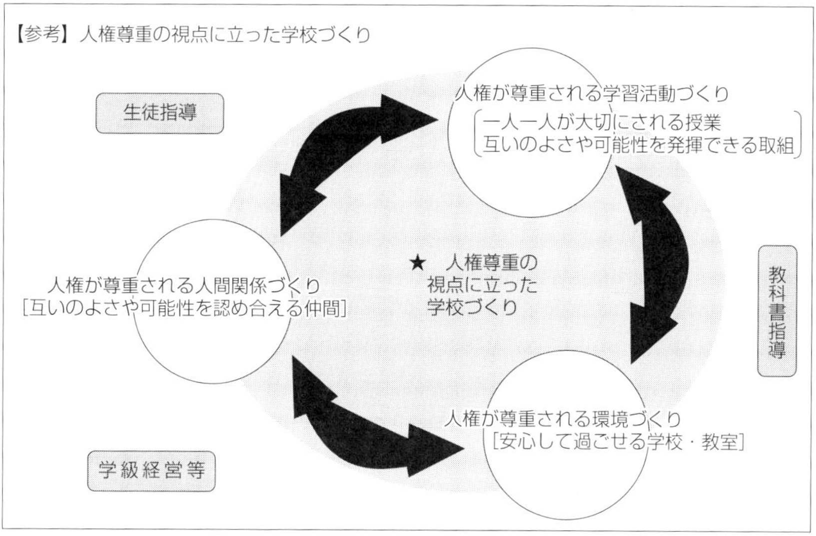

（出所）第三次取りまとめより。

図２　人権尊重の視点に立った学校全体での取組

次取りまとめ（平成18年）を受けて，学校で解決すべき人権問題の一つとしての指摘に加えて，「被害者を守り抜く姿勢」として下記のように明記されている[2]。

> ……暴力行為，いじめ，不登校，中途退学などの問題は，人権侵害にもつながる問題であり，……学校においては，こうした可能性を常に念頭に置きつつ，問題解決に向けた取組を進める必要がある。とりわけ，いじめや校内暴力など他の児童生徒を傷つけるような問題が起きたときには，学校として，まずは被害者を守り抜く姿勢を示すことが重要である。
>
> （第２章第１節１（3）人権尊重の理念に立った生徒指導 より）

さらに，第三次とりまとめでは，学校の教育活動全体を通じた人権教育の推進を強調している。**図２**のように生徒指導，学級経営等，教科指導等が連携しながら，人権が尊重される人間関係づくり，学習活動づくり，環境づくりの重要性を説くとともに具体的な各学校での実践が求められた。そのうえで，具体的な実践においては，いじめを生まない人権尊重の視点に立った学校全体での取組がよりいっそう求められてきた。

その後，平成 25 年 4 月 2 日には，「学校等と法務省の人権機関との連携強化について（通知）」が発出され，地方法務局の人権擁護担当部局との連携や学校におけるいじめの事案等について人権侵犯事件として調査を行い，被害の救済を図る「人権救済」を行っていることも周知された。なお，本内容の通知は，平成 30 年 12 月 27 日に「学校等と法務省の人権擁護機関との連携強化について（通知）」として，再度，より具体的に強調されて示されることとなった。

(2) 平成 18 年度のいじめ問題に対する対策

これまでもいじめが関係したり，原因となったりして子どもたちが尊い命を絶つ，いや追い込まれて絶たなければならなかった事件は，残念ながら少なくない。その中でも社会問題化した事件として，1986 年に東京都で起こった鹿川裕史君事件，1994 年に愛知県で起こった大河内清輝君事件をあげることができる。その後，文部科学省等からのいじめ問題に関する対策として注目されるのが平成 18 年度である。大河内君事件から 12 年経ったこの年も残念ながら，1 月には北海道の小学 6 年生の女子児童が，10 月には福岡県で中学 2 年生の男子生徒が，いじめが原因と見られる状況で自殺するという痛ましい事件が起こった。

文部科学省は，10 月 19 日に都道府県・指定都市生徒指導担当課長緊急連絡会議を開催するとともに，同日付で【局長通知】「いじめの問題への取組の徹底について」を発出した。そこでは，「いじめの問題への取組についてのチェックポイント[3]」も示されて，再度総点検を実施するとともに，いじめへの取組について，さらなる徹底を図ることを各教育委員会，学校に対して強く求めた。加えて，いじめ問題に関する基本的認識として，いじめはどの子どもにも，どの学校においても起こり得るものであることを十分認識することの必要性，いじめに関する取組のポイントが示されるとともに，いじめなど問題行動を繰り返す児童生徒への厳しい措置（出席停止）の指針も提示された。そのような点を踏まえながら，何よりもいじめの早期発見・早期対応を行うとともに，いじめを許さないという学校づくりの重要性が改めて指摘された。

続けて，同年 11 月 17 日には，当時の伊吹文部科学大臣から，子どもたち向けに「文部科学大臣からのお願い」として，下記の文章が配布されることとなった。

未来のある君たちへ

弱いたちばの友だちや同級生をいじめるのは，はずかしいこと。

仲間といっしょに友だちをいじめるのは，ひきょうなこと。

君たちもいじめられるたちばになることもあるんだよ。後になって，なぜあんなはずかしいことをしたのだろう，ばかだったなあと思うより，今，やっているいじめをすぐにやめよう。

いじめられて苦しんでいる君は，けっして一人ぼっちじゃないんだよ。

お父さん，お母さん，おじいちゃん，おばあちゃん，きょうだい，学校の先生，学校や近所の友達，だれにでもいいから，はずかしがらず，一人でくるしまず，いじめられていることを話すゆうきをもとう。話せば楽になるからね。きっとみんなが助けてくれる。

平成十八年十一月十七日

文部科学大臣　伊吹　文明

さらに文部科学省では，同年 11 月 21 日にホームページ上に「いじめ相談」のページを設置すると，約 10 日間で 5352 件のアクセスがあったと公表した。このように多くの子どもたちが悩みを抱えた現状を踏まえて，「子どもを守り育てるための体制づくりのための有識者会議」が，同年 12 月 4 日に「いじめ問題などに対する喫緊の提案について」として，①学校内外における子どもに対する相談体制の充実，②学校の中で，子どもが教員以外の様々な大人と接する機会の拡充，③緊急時に，精神科医や警察，児童相談所など外部の専門家チームが学校を支援する仕組みの構築，④実態把握・分析と良い取組をまとめた事例集の周知の 4 点がアピールとして提案された。

その後，平成 19 年 2 月 5 日付で【局長通知】「問題行動を起こす児童生徒に対する指導について」が発出された。同年 2 月には，前述の有識者会議が下記の 5 点を第 1 次まとめとして，「いじめを早期に発見し，適切に対応できる体制づくり」―ぬくもりのある学校・地域社会をめざして―を示した。

1　教師は，いじめを許さず，子どもをしっかり守ろう！

2　学校は，地域の人材を活用して「ナナメの関係」をつくろう！

3　教育委員会等は，多様な専門機関・専門家と協力しよう！

4　保護者は，携帯電話等の活用の仕方を再考しよう！

5　全ての大人は，自らの責任を見つめ直し，子どもに「生きる」ことの意味を教えよう！

さらに，当時の内閣に設けられた教育再生会議では，「いじめ問題への緊急提言―教育関係者，国民に向けて―[(4)]」を平成18年11月29日に，「社会総がかりで教育再生を～公教育再生への第一歩～―第一次報告―」を平成19年1月24日にまとめて，その中でいじめ問題の解決については，学校を再生する重要事項として次のように示された。

2．学校を再生し，安心して学べる規律ある教室にする

(1)　いじめと校内暴力を絶対に許さない学校をめざし，いじめられている子供を全力で守る

(2)　いじめている子供や暴力を振るう子供には厳しく対処，その行為の愚かさを認識させる

(3)　暴力など反社会的行動を繰り返す子供に対する毅然たる指導，静かに学習できる環境の構築（通知等の見直し）

（教育再生会議第一次報告より一部抜粋）

加えて，同報告の中で四つの緊急対応の1番目として，「暴力など反社会的行動をとる子供に対する毅然たる指導のための法令等で出来ることの断行と，通知等の見直し（いじめ問題対応）」と緊急性がよりいっそう強調された[(5)]。上記述べてきたような経過を受けて，平成19年2月28日に，いじめに関する調査の調査方法や調査項目が見直され，これまでの発生件数から認知件数の調査に変更されることとなった。そこで，平成18年度以降の「児童生徒の問題行動等生徒指導上の諸問題に関する調査」におけるいじめの定義は，下記のとおりである。

「いじめ」とは，「当該児童生徒が，一定の人間関係のある者から，心理的，物理的な攻撃を受けたことにより，精神的な苦痛を感じているもの。」

とする。なお，起こった場所は学校の内外を問わない。

(3) 大津いじめ事案以降の様々な対策

そして，大津のいじめ事案が報道により社会問題化してから後，次々と対策や調査等がなされた。

平成24年8月1日には，子ども安全対策支援室が大臣官房に設置されるとともに，同日付で「いじめ緊急調査」を実施するとした文書が文部科学省より発出された。その背景としては，同年7月に大津のいじめ事案の報道以降，児童生徒へ不安が広がっていることを懸念して，いじめの問題に関する状況を把握するためであった。そして，同年11月には結果が公表され，いじめとして認知されたうち，重大事案の件数が小学校で62件，中学校で170件，高校で41件，特別支援学校で5件，合計278件であった。

その間，同年9月5日に，「いじめ，学校安全等に関する総合的な取組方針～子どもの「命」を守る～」が当時の平野文部科学大臣名で示された[6]。さらに，2013年6月のいじめ防止対策推進法の成立までの間に，いじめ問題に関する通知として，警察への相談・通報に関する内容が，2012年11月と2013年1月ならびに5月に出されていることは，今までの通知とは違って，学校だけで解決しようとせずに，犯罪行為として取り扱われるべきと認められるいじめ事案については警察に早期に連絡をすることが強く求められることとなった[7]。その後，2013年6月にいじめ防止対策推進法が公布され，同年9月より施行となった。同法においてはいじめの定義が下記のように示され，いじめの防止等のための対策に関する基本的な方針が示されるとともに，各学校にはその方針が作成義務とされた。

> 「いじめ」とは，児童等に対して，一定の人的関係にある他の児童等が行う心理的又は物理的な影響を与える行為（インターネットを通じて行われるものを含む。）で，心身の苦痛を感じているものをいう。

その後，多くの各都道府県においては，2013年度中に，「いじめ防止対策推進法」を受けて策定された，国の「いじめの防止等のための基本的な方針」を参考にし，各県における条例やいじめ防止基本方針が作成された。たとえば，広島県では「広島県いじめ防止基本方針」が平成26年3月に，同時期に香川県でも「香川県いじめ防止基本方針」が，岡山県でも「岡山県いじめ問題対策基本方針」が示された。あわせて，各市町村教育委員会や各校においてもいじめ防止基本方針が作成されたのである(8)。

なお，いじめ防止対策推進法に関しては，第16章において詳細に触れられるので，参照されたい。

その後も，「いじめのサイン発見シート」やいじめに関連しての自殺予防や不登校重大事態に係る調査の指針等が示された。それに伴い，各学校でもマニュアルや対応シート等が作成されてきた。さらに，平成29年3月には「いじめの防止等のための基本的な方針」が改定され，あわせて「いじめの重大事態の調査に関するガイドライン」の策定が求められることとなった。最近では，学校現場でのいじめや虐待に対応するため，文部科学省が「スクールロイヤー」と呼ばれる専門の弁護士を2020年度から全国に約300人配置することが報道された。

(4) いじめ問題と道徳教育に関する対策

教育再生実行会議が平成25年2月に「いじめの問題等への対応について」として第一次提言を行った。その内容は，いじめ問題への対応，いじめの本質的な解決のためにも道徳の新たな枠組みによる教科化，体罰禁止等に関してであった。特に，社会総がかりでいじめ対策に取り組むこと，加害者にも被害者にも傍観者にもならない教育の実現を目指すことが記載された。さらに，各学校で「いじめは絶対に許されない」などの宣言をし，活動していくことや，子どもたち自身が自分たちの間の問題を解決できる力を身につけ，行動していくことができるよう指導し，支援していくことが求められた。

その第一次提言を受けて，道徳の教科化に向けて，平成25年12月26日に「道徳教育の充実に関する懇談会」が，「今後の道徳教育の改善・充実方策について（報告）～新しい時代を，人としてより良く生きる力を育てるために～」を報告した。その後，平成26年10月21日の中央教育審議会答申「道徳に係る教育課程の改善等について」を受けて，平成27年3月27日に，一部改正学習指導要領が公示されて，「特別の教科　道徳」がいじめ問題の本質的な解決が強く求められるなか，誕生したのである。平成19年の教育再生会議でも徳育科として，道徳の教科化は議論されていたが実現されなかった。だが，今回は大津のいじめ事案を受けて，いじめ防止対策推進法の成立等，大きな流れの中で，ある意味，いじめ問題が道徳の教科化を後押しする形となっていたともいえる。

このような道徳の教科化の背景として，深刻ないじめ問題の本質的な解決ということが繰り返し述べられてきたが，そのことは，「学習指導要領解説　総則編」では，「第３章　第６節　道徳教育推進上の配慮事項」において，「3　豊かな体験活動の充実といじめの防止」として，学習指導要領解説「特別の教科 道徳」においても，教科化の経緯や改訂の要点でいじめ問題に関する内容項目の説明等においても「相互理解，寛容」「公正，公平，社会正義」「よりよく生きる喜び」等が示されている。加えて，解説「特別の教科 道徳」では，「第４章第３節　指導の配慮事項」において，「6　情報モラルと現代的な課題に関する指導」として，ネット問題等の取り上げ方についても留意事項が示された。

その後，平成 28 年 11 月 2 日には，いじめ防止対策協議会が「いじめの防止等の対策に係る提言」を行い，同年 11 月 18 日に当時の松野文部科学大臣は，学校の先生方に向けて，「いじめに正面から向き合う「考え，議論する道徳」への転換に向けて」とした大臣メッセージを発表した。その中で，道徳の授業でいじめに関する具体的な事例を取り上げ，次のような点を学ぶことが大切であるとした。いじめやいじめにつながる具体的な問題場面について，どのようなことが，いじめになるのか。なぜ，いじめが起きるのか。なぜ，いじめはしてはいけないのか。なぜ，いじめはいけないとわかっていても，止められなかったりするのか。どうやって，いじめを防ぐこと，解決することができるのか。いじめにより生じた結果について，どのような責任を負わなくてはならないのか。といったことについて，児童生徒が考え，議論するような授業を積極的に行ってほしいとメッセージが発せられた。

そして，平成 30 年 4 月から小学校で，平成 31 年 4 月から中学校で，「特別の教科 道徳」がスタートした。それに合わせて，いじめ問題に関する読み物教材を掲載した道徳科の教科書が配布された。

3　学校教育における取組

(1) 各学校における基本方針と基本的な対応

学校におけるいじめ問題への取組として，いじめ防止対策推進法の成立以降，まず学校におけるいじめ防止のための基本方針が設けられて，保護者や地域の方にも情報発信されてきた。さらに，どの学校にも見られることが，組織的な対応ができる指導体制の確立といじめ問題を含めた問題行動対応マニュアルが作成されたことである。それは，発生前に注意すべきポイント，発生後の具体的な対応等がまとめられており，各教員も熟知していることが求められている。特に「重大事態」の疑いのある事案の場合は，早急に教育委員会や警察等に相談・通報することが義務づけられている。

これらの点については，生徒指導提要（2010年）でも，「いじめに組織で気づき，組織による解決や対応」，「学校内を組織的に機能させて，外部の力も積極的に取り入れること」，「法律という公的な力によっていじめを防止しようとすること」など，いじめ問題への対応の大切なポイントとして触れられている（図3）。

(2) 学校における教育活動

前述したが道徳の教科化に伴う実践があげられる。道徳科の時間は，学校教育活動全体で行う道徳教育の要であり，いじめに関する他の教育活動での道徳的な学びを補ったり，深めたり，発展させたり，統合させたりするのである。学校によっては，いじめ問題に関して教科横断的に単元を構想して取り組んでいる場合もみられる。その際，いじめ問題に関する道徳科における内容項目として，教科書各社においても，多く掲載されている「公正，公平，社会正義」，「相互理解，寛容」が中心的な位置づけとなっていることが多くみられる。実際に小学校8社の各教科書会社が，「特別の教科 道徳」の教科書において，いじめ問題への対応教材として位置づけているものを分析した大野（2019）の調査でも　この二つの内容項目が圧倒的に多くみられた。

また，いじめ問題について考える学校行事として，たとえば「人権集会」，「なかま集会」等を開催している学校もみられる。その際に，児童会や生徒会が核となり，いじめ撲滅宣言やいじめに関する標語やメッセージを全校生

○いじめが疑われる事案の確認……■事案発生と報告
■事実関係の速やかな確認

○いじめ防止等対策組織としての対応……■いじめの認知
■早期解決及び再発防止に向けた組織的な対応

○事後の対応と継続的な観察，支援……■いじめられた子どもへの継続的なケアと教育相談体制
■いじめを行った子どもへの適切な指導

（出所） 生徒指導提要（2010年）より。

図３　各学校の基本的ないじめ対応について

で唱えている姿もよく見かける。そして，これらの行事は，多くの場合，授業参観として保護者や地域の方も参加して，大人もともに学び考える場として設定されている。

さらに，外部機関と連携をして教育相談体制や校内研修の充実を図っている事例も多く紹介されている。たとえば，スクールカウンセラーやスクールソーシャルワーカー，地域の方，市町教育委員会，警察，保護者，各関係機関等との連携を緊密にするとともに，「いじめ問題対策本部会議」に，弁護士や臨床心理士等の専門家による「いじめ対策アドバイザー」を設置し，重大ないじめ問題への迅速かつ適切な対応を図る体制を整えている学校も多い。

その他，いじめの早期発見のため，定期的なアンケート調査や教育相談の実施，電話相談窓口の周知等により，児童生徒がいじめを訴えやすい体制を整えるとともに，地域，家庭と連携して児童生徒を見守ることを各校の実情に合わせて実施している。

上記のように各学校における取組は，教育課程の様々な場面で適切な時期に位置づけながら，実践が展開されている。その基盤には，学校全体で取り組む実効性のある指導体制の確立が求められ，実践的な校内研修の実施が重要であることはいうまでもない。そのうえで，チーム学校として，いじめを許さない学級経営，学校経営等の観点からも毎学期，毎年度末に点検や見直しを行いながら，充実を図ろうと不断の努力がなされている。　　　　（植田　和也）

〈注〉

(1)「社会総がかりで」という表現は，平成19年の教育再生会議でも用いられてい

た。また，平成22年に出された生徒指導提要でも，いじめ問題の解決を学校だけでなく「社会全体で取り組むべき課題」として捉えている。

(2)　人権教育の在り方について　第二次取りまとめでは，指導等の在り方編と実践編の2部構成で，問題解決に向けた実践がより強く意識されている。「第1章　3. 人権感覚の育成を目指す取組」では，次のように教職員一体となっての組織づくり，場の雰囲気づくりが求められた。「例えば，「いじめ」を許さない態度を身に付けるためには，「いじめはよくない」という知的理解だけでは不十分である。実際に，「いじめ」を許さない雰囲気が浸透する学校・学級で生活することを通じて，児童生徒ははじめて「いじめ」を許さない人権感覚を身に付けることができるのである。」

(3)　チェックポイントは，学校に対して26項目，教育委員会に対して18項目示された。学校における（教育指導）の項目では，下記のようなものも示された。詳細は，文部科学省のHPを参照されたい。

① お互いを思いやり，尊重し，生命や人権を大切にする指導等の充実に努めているか。特に，「いじめは人間として許されない」との強い認識に立って指導に当たっているか。

② 学校全体として，校長をはじめ各教師がそれぞれの指導場面においていじめの問題に関する指導の機会を設け，積極的に指導を行うよう努めているか。

③ 道徳や学級（ホームルーム）活動の時間にいじめにかかわる問題を取り上げ，指導が行われているか。

(4)　その提言の中では，①学校は，子どもに対し，いじめは反社会的な行為として絶対許されないことであり，かつ，いじめを見て見ぬふりをする者も加害者であることを徹底して指導する。②学校は，問題を起こす子どもに対して，指導，懲戒の基準を明確にし，毅然とした対応をとる。など八つの内容が示された。

詳細は，https://www.kantei.go.jp/jp/singi/kyouiku/houkoku/siryou1129.pdf を参照。

(5)　教育再生会議の最終報告は，「社会総がかりで教育再生を～教育再生の実効性の担保のために～」として平成20年1月31日にまとめられた。

(6)　詳細は，文部科学省 http://www.mext.go.jp/a_menu/shienshitsu/1325363.htm を参照。

「～子どもの「命」を守るために～文部科学省は，子どもの「命」と向き合います

文部科学省では，子どもの「命」としっかりと向き合い，いじめや学校安全等の問題に対して，いつまでにどのようなことに取り組むのかを示す「いじめ，学校安全等に関する総合的な取組方針」を取りまとめました。社会の光ともいうべき子どもの生命・身体を守るため，文部科学省は，今後，この取組方針に基づき真剣に取り組むとともに，学校や教育委員会等を一層積極的に支援していきます。」と理解と協力を求めた。

(7)　平成25年5月16日「早期に警察へ相談・通報すべきいじめ事案について（通知）」。平成25年1月24日「いじめ問題への的確な対応に向けた警察との連携について（通知）」。平成24年11月2日「犯罪行為として取り扱われるべきと認め

られるいじめ事案に関する警察への相談・通報について（通知）」。

(8)　各教育委員会等においても，各々特色ある活動を実施している。たとえば，香川県では，「いじめゼロ子どもサミット」が3年に1度開催，愛媛県の四国中央市では，「いじめ防止策考える　子ども会議」が2019年に開催，のように各対策をみると，子どもが主体的に関わる工夫を行っている。

〈参考文献〉

大野明子（2019）「道徳科の教科書にみられるいじめ問題の記載に関する基礎的分析」日本道徳性発達実践学会2019年度広島大会自由研究発表資料。
加野芳正（2011）『なぜ，人は平気で「いじめ」をするのか？』日本図書センター。
竹内和雄（2014）『家庭や学級で語り合う スマホ時代のリスクとスキル』北大路書房。
戸田有一（2019）「いじめ・ネットいじめと対策」『児童心理学の進歩』VOL.58　2019年版，金子書房。
森田洋司・清水賢二（1986）『いじめ――教室の病』金子書房。
森田洋司・清水賢二（1994）『新訂版　いじめ――教室の病』金子書房。
文部科学省（2011）『生徒指導提要』。

第2章

いじめの4層構造といじめの病理

1　はじめに

「いじめが悪い」ことは誰でもわかっている。しかし，程度の差はあるものの日常的にいじめは発生している。それは子どもの世界に限ったことではなく，大人の世界も同じである。われわれはどのようにしていじめに対処していけばよいのであろうか。

われわれが「いじめが悪い」と言うとき，「加害者が悪い」，あるいは「被害者にも悪いところがある」と「加害者」－「被害者」の関係性からいじめを捉える傾向がある。そして，いじめ問題を解決するためには「いじめを許さない」道徳的な心情を涵養することが大切だという論調もよく耳にする。こうした考え方には一定の説得力がある。しかし，いじめ問題を個人的な人間関係で捉えたり，いじめ問題の処方箋を道徳的心情の涵養にのみ求めることは，いじめ問題解決の糸口を限定してしまうことになりかねない。

本章では，いじめを構造的に捉える視座を提供することで，いじめ問題の効果的な対処法に寄与する道標を示す。そこでまず，いじめを捉える視座を確定する。ここでは，いじめと規範意識の関係性を明らかにすることで，いじめを防止するだけではなく，いじめを正当化することにも規範意識が関わっていることを示す。そこから，いじめ問題を解決するためには，「いじめは悪い」という規範意識を涵養するだけではなく，いじめ現象が発生する集団を構造化したうえで，対処する必要があることを示す。次に，「いじめの4層構造」を提示することで，「加害者」と「被害者」に「観衆」と「傍観者」という視点を加味して，多層的にいじめを捉える視座を示す。さらに，「いじめの４層構造」に規範意識を重ねていじめの病理を分析したうえで，いじめ問題と現代日本社会の問題を排除の論理という観点から整理する。

2　いじめを捉える視座

いじめが「悪い」ことは誰もが認める。しかし，実際にはいじめは発生し続けている。「いじめは悪いから根絶しなくてはならない」という理想主義からいじめの加害者を叱り被害者を勇気づけても，いじめ問題を根絶することは難しい。だからといって「いじめをこの社会から根絶することは不可能だ」という悲観主義では，いじめという過酷な現実を追認することにしかならない。いじめ問題に効果的な処方箋をつくるためには，理想主義や悲観主義の立場に陥ることなく，冷徹にいじめ問題の構造を分析することが必要である。

「いじめは悪い」ことがわかっていても，いじめが起こるのはなぜだろうか。この疑問に答えることは容易ではない。しかし，いじめる加害者の理由を規範意識と関連づけて，情動優先型モデル，行為正当化モデル，規範逸脱型モデルという三つのモデルに分類することは可能である[1]。情動優先型モデルとは，「いじめは悪い」ことは理解しているが，いじめから得ることができる「面白さ」や「楽しさ」を，「いじめは悪い」という規範意識よりも優先してしまうタイプである。行為正当化モデルとは，「いじめは悪い」ことは理解しているが，「これはいじめではなくて，ふざけているだけである」，「仲間内のコミュニケーションである」というかたちで自分たちの行為を正当化するタイプである。このモデルの中には，規範を積極的に活用していじめを正当化するタイプも存在する。集団行動が苦手な子どもをいじめる際に，「自分たちはいじめをしているのではない。あの子がみんなの決まりを守らないから注意しているだけだ」という理由や，「あの子は場の空気が読めない」，「自分勝手だ」，「生意気で仲間の和を乱している」という理由でいじめを正当化する。最後の規範逸脱型モデルは，そもそも「いじめは悪い」と考えていないタイプである。「どうせいじめはなくならないし，いじめられるやつが悪い」という理由でいじめるタイプや，「いじめる」という行為自体に悦びを感じるタイプもいるかもしれない。

情動優先型モデルと行為正当化モデルは「いじめは悪い」ことはすでに理解している。このようなモデルに対して，「いじめは悪い」ということを諭す道徳教育を実践しても効果は見込めないだろう。情動優先型モデルには，「面白いからといって他人を傷つけてはならない」という規範意識を涵養することが必要であるし，行為正当化モデルには，自分たちが仲間内のコミュニケーションと考えていることが，受け取る側にとっては苦痛を伴うことがあることを理解させることが必要である。あるいは，たとえ相手側に「悪い」部分があったからといって，その相手の存在を傷つけるかたちで非難してはならないことを理解する必要がある。規範逸脱型モデルに関しては，そもそも「なぜいじめは悪いのか」考えることから始めなくてはならない。規範逸脱型モデルの中には，自分自身が家庭や学校の中で傷ついているタイプも存在するため，注意深く対処していかなくてはならない。

いじめ問題に対処するためには，それぞれのモデルに応じた対応が必要である。そもそも，いじめ問題は子ども同士のコミュニケーションに基づいており，教師が認識しづらい側面がある。いじめ問題に対処するには，いじめという現象を包括的に把握する視座が必要となる。

3　いじめの４層構造

子どもたちは学校生活の中で，学問的な知識だけではなく集団生活において必要となるコミュニケーション能力も学んでいく。学校生活を営む中で，仲間とふざけたり友達をからかったりすることもあるだろう。こうしたふざけた行動や言動はコミュニケーションの潤滑油として働くこともあるが，限度を超えると「いじめ」になってしまう。いじめは，いじめられた側の主観的な世界に基礎づけられた現象である。つまり，いじめられた側が「傷ついた」「いじめられた」と感じたら，いじめは成立する。周囲からは「ふざけている」「からかっている」と見える行動や言動であったとしても，その行動や言動を向けられている側には「いじめ」と認識されることもある。いじめている側がいじめているという加害者意識が希薄な場合もある。「ふざけている」「からかっている」という限度を超えて「いじめ」が起こっているかどうかを判定する境界が不明確であるから，いじめを認知することは難しい。

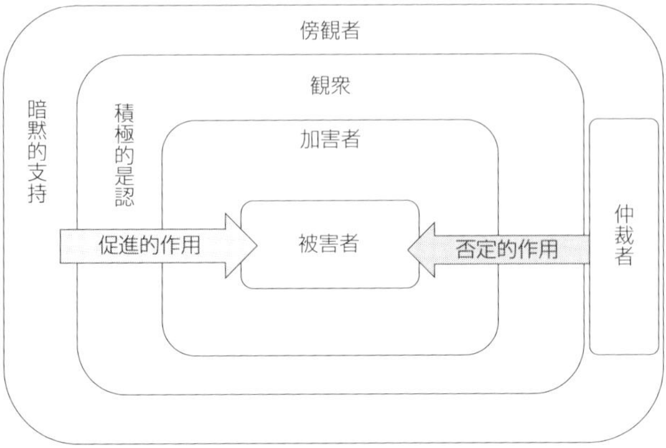

図１　いじめ現象の構造

ふざけたりからかったりする行動や言動がいじめへと変化するとは限らない。「悪ふざけ」が限度を超えそうになったときに，「もうやめよう」「嫌がっているじゃないか」と友達や周囲の子どもから歯止めがかかれば，いじめに至ることはない。裏を返せば，悪ふざけがいじめに変化したり，いじめが常態化してしまうのは，この「歯止め」が機能しないからである。いじめを根絶することは難しいかもしれない。しかし，学校生活の中で歯止めがうまく機能すれば，いじめの発生や常態化を防ぐことができるであろう。いじめを「加害者」－「被害者」という個人的な関係性ではなく，集団力学の観点から構造化することが有益である。

図１はいじめ現象の構造を示したものである(2)。いじめの直接の当事者は，「加害者」と「被害者」である。しかし，いじめという現象は「加害者」と「被害者」の関係性だけで常態化するわけではない。いじめに直接手を下しはしないが，周囲でおもしろがったりはやし立てたりする「観衆」，さらにはいじめをみながら知らぬふりをしている「傍観者」も存在する。観衆はいじめを積極的に認めることでいじめを促進する作用を持つ。傍観者は，いじめを黙認することによって，いじめを促進する作用を持つ。しかし傍観者が「仲裁者」としていじめを否定する歯止めの役割を果たすことができれば，ふざけたりからかったりする行動や言動をいじめに転化することを防ぐこともできるし，いじめの常態化を防ぐこともできる。

4　いじめの４層構造と規範意識

いじめの4層構造の視座からいじめ問題の対処法を考えれば，傍観者を仲裁者に変化させることが課題となる。しかし，実際には傍観者がいじめの歯止めとしていつでも機能するわけではない。ここでは傍観者を仲裁者に変える具体的な方策を探るのではなく，いじめの4層構造と規範意識の関係性を分析することで，加害者や被害者だけではなく，観衆と傍観者のいじめ現象における位置づけを明確にしたい。

子どもたちが成人して社会のメンバーとなるための資質を形成していく過程は「社会化」と呼ばれる[3]。子どもたちが社会化していく場所は家庭や学校，仲間集団や地域社会である。子どもの規範意識の発達には，親子関係，教師・生徒関係，仲間集団の年齢階梯秩序といったタテの関係と学級集団や仲間関係による同輩集団といったヨコの関係による社会化が必要である。タテの関係における社会化は，権威の関係に基づいており，強制－服従という一方的な伝達回路で規範を内面化させる。それに対して，ヨコの関係における社会化は，お互いを尊重する対等な関係性の中で，ともに規範を形成していく。いじめは相手の痛みや苦しみを理解しない自己中心的な欲求を満たす行為である。規範意識が乏しくていじめ現象の要因となる子どもがいたとしても，ほかの子どもたちに規範意識が形成されていたならばいじめの歯止めは機能するはずである。

いじめの歯止めが機能しない要因はどこにあるのか。図２はいじめ現象を規範意識と関連づけて示したものである[4]。座標軸の「中心的価値の志向」とは，校則・きまり，教師の指導，教師の権威，集団活動への態度など学級の中心的価値への志向性をあらわしている。（＋）は学級集団の中心的価値に対して肯定的・順応的態度を示しており，（－）は否定的・離反的態度を示している。座標軸の「力からの自立――力への服従」は教師による上からの影響力，および子ども間の横からの影響力に対して自立的態度を示しているか，それとも服従的な態度を示しているかを意味している。座標の第1象限は，中心的価値への志向が強く力からの自立した態度をとるものであり，「集団価値への没入型」に分類できる。座標の第2象限は，中心的価値への志向が強く力に服従する態度をとるものであり，「集団的統制管理需要型」

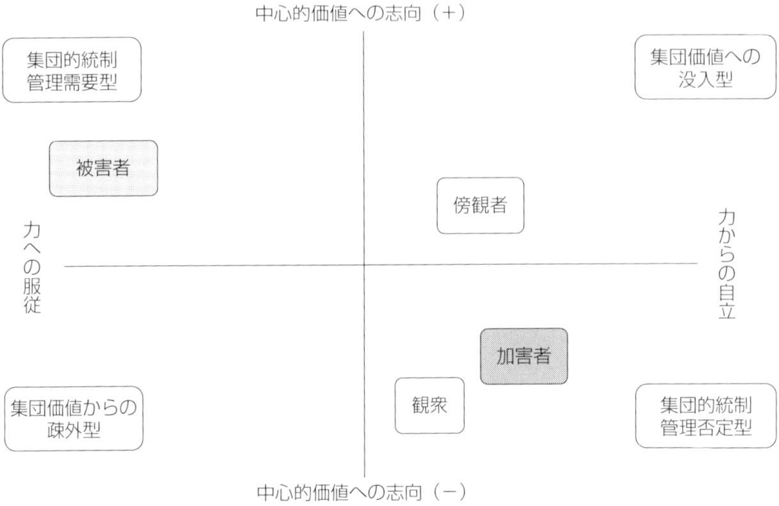

図２　いじめ現象と規範意識

に分類される。座標の第３象限は，中心的価値への志向が弱く力に服従する態度をとるものであり，「集団価値からの疎外型」に分類される。座標の第４象限は，中心的価値への志向が弱く力から自立する態度をとるものであり，「集団的統制管理否定型」に分類される。いじめの加害者は第４象限の「集団的統制管理否定型」に位置づけられ，いじめの被害者は第２象限の「集団的統制管理需要型」に位置づけられ，二者は対極に位置する。観衆は第４象限の「集団的統制管理否定型」に位置づけられているが，加害者に比べて，力からの自立は弱く学級の中心的価値への志向が弱い。傍観者は「集団価値への没入型」位置づけられる。いじめの歯止めが機能しないことは，被害者と加害者の規範意識もさることながら，力から自立する態度を持つものの観衆と傍観者の中心的価値への志向が弱いことに起因していると考えられる。

5　いじめの病理

いじめ現象を規範意識の観点から説明すると，同じ集団に所属する人間がとるべき規範からの逸脱行動と規定できる。集団生活においては，お互いを尊重する規範意識がなによりも肝要である。しかし，いじめは「いじめる側」

が「いじめられる側」よりも優位に立つ力学構造をつくりだしてしまう。いじめの被害者は，いじめられていることを訴えはしない。いじめの被害を訴えることでいじめっ子から復讐されることを恐れたり，親や教師にいじめられている事実を知られることが恥ずかしいからである。あるいは，いじめを告発することで，集団の裏切り者あるいは密告者とみなされ，集団から切り捨てられる恐れもある。さらに，いじめの加害者はいじめの動機を偽装する傾向にある。いじめの加害者は，単なる「遊び」や「ふざけている」と弁明することで「いじめ」を正当化するのである。加害者による動機の偽装や正当化と被害者の感情の抑圧がいじめという現象を見えにくいものにしている。

社会学者ゴフマンが提示した「スティグマ」という概念を援用することで，いじめ現象と規範意識の関係性をより明確に理解することができる[5]。特定の属性を持っている人に対してネガティブなレッテルを貼りつけることをスティグマという。いじめ現象は，被害者にスティグマを負わせる行為として捉えることができる。このスティグマを負わされてしまうと，どんなことをしてもスティグマの持つ表象性からしか理解されなくなってしまう。スティグマを負わされることで，いじめ現象は常態化するのである。たとえば，集団行動に苦手意識を持つ子どもは，「仲間の和を乱す人間」というスティグマを負わされる可能性がある。一度こうしたスティグマを負わされてしまうと，その子どもがいくら頑張って時間を守ったり集団行動に溶け込もうとしても，「仲間の和を乱す人間」として扱われることになる。さらに，現代のいじめ現象においては，プラスの価値評価もスティグマ化されるという特徴がある。「正義感が強い」，「まじめである」という評価は，本来であればプラスの価値評価である。学校の中ではこうしたプラスの評価もスティグマ化される。いじめの加害者はいじめのターゲットとしてスティグマを負わせる対象を探している。ひとたび集団の中で「弱点」を見せてしまえば，スティグマを負わされ，そのスティグマを理由としていじめられることになってしまうのである。

いじめの加害者は，学級集団や仲間集団，あるいは教師に成り代わって「制裁」しているにすぎないという理由でいじめを正当化する。加害者は被害者が「悪いことをしている」という被害者の道徳観に訴えるのである。この訴えによって，いじめられる側は被害者であるという認識からむしろ「自分は悪いことをしているのかもしれない」という自責の念に駆られてしまう。「いじめられる子にも問題がある」という発言は，加害者のいじめに関する動機の偽装と正当化を支持することである。加害者のいじめの正当化は，規範の普遍性という観点から否定されなくてはならない。いじめの加害者が被害者は「悪いことをしている」と主張するが，加害者が主張する「悪いこと」は，いじめの被害者以外の子どもたちも行っていることが多い。さらに「観衆」はいじめを促進する作用を担うが，その理由は被害者の行動に対する善・悪の判断であるというよりはむしろ，いじめが「面白い」という理由からである。また，「傍観者」は目撃したいじめ現象自体が道徳的な振る舞いではなく，非道徳的な振る舞いであることは認識している。いじめの常態化は，子どもの規範意識が低下してきたことにより，学級集団における規範の普遍性が保持しにくくなってきたことに起因する。

子どもの規範意識の低下は学校運営の管理化と密接に関わっている[6]。非行や校内暴力の抑止を目的として，学校では校則や規範を細かく定め，生徒指導によって子どもの行動を規制する学校運営の管理化が進められてきた。規範の社会化の観点から説明すれば「タテの関係」における社会化を強めることで非行や校内暴力を抑止しようとしたのである。「ヨコの関係」における社会化は，子どもたち自身が自分たちの遊びの活動のために形成するものであり，学校生活のインフォーマルな場面でみられる規範意識である。しかし非行や校内暴力の抑止を目指す学校運営の管理化は，子どもたちのインフォーマルな空間までも校則や規則によってコントロールしようとしたのである。そのために，子どもたち自身によってつくられるべき生活のきまりも教師の指導のもとでつくられるようになった。たとえば，子どもたちのコミュニケーションの中で，「仲間を大切にする」ことを学び，規範として内面化するのではなく，「仲間を大切にしなくてはならない」という教師に与えられた規則を守ることが大切だと考えられたのである。規範をつくる機会を奪われた子どもたちは，教師主導でつくられた校則や規則を他律的に守ることになる。お仕着せの校則や規則を守ることに，不信感を抱く子どもも多いだろう。「加害者」と「観衆」が力への服従を拒否するとともに学級中心内の価値に対しても否定的な態度をとることは図２で示した。「加害者」も「観衆」も集団活動や集団課題に非協力的であり，子どもたちの間の連帯性や協調性に対して否定的態度を形成している。管理されたお仕着せの規則や権威に対する拒否的態度は，ひとりよがりであったり自分たちの小さなグループだけで是認される規範を作り出すことになる。「傍観者」は学級集団活動に積極的で協調性に富み，学級内の評価構造にも組み込まれていて，学級集団に適応した集団である。傍観者は，学級内の人間関係を安定したものに維持することを目的としており，いじめ現象において正当な規範を表明することで子ども同士の人間関係に軋轢をもたらすことを回避しようとする。子どもたちはインフォーマルな領域で規範を形成する機会が奪われる。いじめは他者の人間性を否定する不正な行為である。しかし，子どもたちには正義や公正を実現するといった普遍的な理念に基づいて自分たちで規範を形成する機会はない。そのために，自分たちに都合のよい規範を形成していじめを正当化したり（加害者・観衆），普遍的な規範にコミットしなくなってしまう（傍観者）のである。

6　社会にまかり通る排除の論理

学校経営の管理化によりヨコの関係における規範形成の領域が奪われることで，子どもたちは一見学校の校則や規則に従順に従っているようにみせながらも，教師たちの目の届かないところでは自分たちが形成した特定の規範を学級集団に適用する。子どもたちが形成する規範は，正義や公正を実現するという普遍的な理念と相反するものであったとしても批判されることはない。普遍的な理念に基づいて行動するのではなく，子どもたちが形成した規範を保持する傾向を，現代の私事化社会（プライバタイゼーション）から説明することができる[7]。現代の日本社会では公重視から私重視へ転換してきている。私事化社会とは，各自が私的生活世界に閉じこもり，他者に対して無関心になる私重視の社会のことである。私事社会においては，「公」に基づく正義や公正という普遍的な理念よりも，自分が楽しいと思うことを追求するために他者との軋轢を回避して「私」を優先する。他人に私的生活世界を侵害されたくないために，批判することなく子どもたちが形成した規範を支持したり追認したりするのである。

私事化社会が徹底していれば，他人に関心を持つことなく自分の関心事のみを追求していればよい。他人にスティグマを負わせていじめる必要もないはずである。それでもいじめ現象が拡大しているのは，私事化社会が進展する中で同調と排除の構造が強化されてきているからである。他人に私的生活世界を侵害されたくないが，私的生活世界を侵害されないためには，できるだけ集団の中で目立たず，他人と同じように振る舞わなくてはならないという同調圧力が働く。集団内の規範を強めるためには，規範に背く者に制裁を加えることが効果的である。集団の中で各人は仲間の視線を内面化して，お互いが目立たないように相互監視しているのである。この相互監視網は，スティグマを負わせる対象を探す行動として現れる。そして逆説的ではあるが，集団内で自分たちと異なる者として特定の人物にスティグマを負わせることによって，自分たちの同質性を担保するのである。自分たちの同質性を担保するために，スティグマを負わされた者は，集団の周縁領域へと排除される。集団内から完全に排除してしまえば集団の同質性を担保することはできない。そのために，スティグマを負わされた者は，集団内に置かれながらも，「異質な者」として扱われるのである。いじめが常態化する構造がここにある。

いじめ現象は現代社会を映す鏡である。子どもたちは，大人が抱いている価値評価を学級集団内のいじめの局面に援用してスティグマを負わせていることに注意しなくてはならない。普遍的な理念を実現することを放棄して，私的生活世界で自分の関心事だけを追求しながら，建前としては普遍的な理念を口にする大人の姿を子どもたちは見ている。同調と排除の論理が大人の世界にも存在しており，大人の世界にもいじめがあることを子どもたちはよく見ている。大人の姿を見て子どもは育つ。いじめの病は大人から子どもに感染し，学級集団の中で蔓延する。いじめの病理は現代社会の病理そのものなのである。

（上村　崇）

〈注〉

(1)　森田洋司・清水賢二（1994）『新訂版　いじめ――教室の病』金子書房，pp.55－58，pp.81－86をもとに類型化したものである。

(2)　同書，pp.48－52．森田洋司（2017）『いじめとは何か――教室の問題，社会の問題』中公新書，pp.131－135.

(3)　森田洋司・清水賢二（1994）pp.127－129.

(4)　同書，pp.151－164.

(5)　同書，pp.23－25.

(6)　同書，pp.134－136.

(7)　同書，pp.31－38．森田洋司（2017）pp.144－156.

第3章

障害のある子どものいじめと支援

1　障害のある子どものいじめの実態

発達障害のある子どもの教育相談を行っている中で，いじめを受けたことのある子どもが多いことを実感する。ここでは発達障害を中心として，障害のある子どものいじめの実態について述べる。平成14（2002）年10月に文部科学省のワーキンググループが，「今後の特別支援教育の在り方について」の中間報告を行った。その中で，通常学級に在籍する特別な教育的支援を必要とする児童生徒に関する全国実態調査の結果が示された。その結果は，学習障害が4.5%，不注意と多動性・衝動性が2.5%，対人関係・社会性の問題が0.8%であり，通常学級の中に知的な発達に遅れは見られないものの学習や行動面での著しい困難を持つ児童生徒が6.3%程度在籍しているというものであった。このことは，40人が在籍する学級であるとしたら，2人から3人は困難を抱えている児童生徒がいることになる。

その際，文部科学省が調査において用いた質問項目には，人の気持ちが理解できず共感性に欠ける，周囲の人が嫌がることを配慮せずに言ってしまう，友達関係をうまく築けない，自分なりのやり方に固執し仲間と協力することができない，順番が待てないなど集団のルールが守れない，注意の集中ができず落ち着きに欠ける，独特な手順や日課があり変化を嫌がる，指示に従わないなどコミュニケーションの問題がみられる，変わった言動がみられることでいじめられることがあるなどの項目があった。こうした質問項目の内容に合致する子どもが学校に在籍しているということになる。すなわち集団の中で，ルールを守れず，勝手な行動をして周囲から離れてしまい，他の子どもが嫌がることをしてトラブルを起こすことが多いことから，周囲からは困った子ども，変わった子どもとみられていることも多いことが明らかになった。また，クラスの中で授業に集中できず，勝手に教室から出て行ってしまったり，些細なことでパニックを起こすなどの行動は，教師にとってはどのように接したら良いか困惑し，時には叱責してしまうことにつながるとされる。

このように教師の指示に従わずに自分の興味のあることだけに集中し，周囲の気持ちを考えずに勝手な言動を示すなど発達に障害のある子どもが持っている特性は，周囲からのいじめの標的になることが多いとされる（杉山・大河内・海野 2005）。杉山らの調査では，発達障害の診断を受けている子どもの約８割がいじめの被害者になっていることを明らかにしている。また，いじめの数が減少しない原因の一つとして，周囲の子どもは，いじめ行為のことを，勝手なことをしたり，トラブルメーカーになっている子どもに対する「正当な行為」と捉えてしまい，自分たちの行動は悪いことではないと考えていることがあるとしている。あわせて，教師も子どもの示す行動を「わざとしている行動」，「自分勝手な行動」と捉えてしまい，「勝手なことをしないように。何回注意すれば分かるの」などと大きな声で注意したりして，結果としていじめを煽ってしまっているとしている。

学校生活の中でいじめを受けてきた子どもは，周囲の人からの関わりを被害的なものと捉えてしまうことになる。たとえ周囲からの関わりが友好的なものであっても，自分をいじめていると捉えてしまう。発達障害のある子どもには，タイムスリップ現象という記憶の特性があり，過去に遡っていじめられた場面へのフラッシュバックが生起し，現時点ではいじめが消滅していても著しい対人的不適応を示すとされる。また，教師から強く注意されたり，クラスの子どもたちから，からかわれたり，仲間はずれにされたりした経験が心の傷となって，自信をなくしたり，登校渋りを示すことも少なくない。杉山らの調査では，彼らが療育相談を行っている愛知小児保健医療センターにおいて，発達障害の診断を受けている子どもの約9.3％に年間30日以上学校に行っていない不登校の子どもがいたことが明らかになっている。さらに，不登校を示している子どもに深刻ないじめを受けた体験があったことを明らかにしている。

学級内で生起するいじめは，一般に閉ざされた場面で同年齢集団の中で起きるもので，その際，いじめの場面を目の当たりにしている「傍観者」の態度が大きく影響するとされる。いじめの直接の加害者だけでなく，傍観者による暗黙の同意もいじめに大きく関与している。教師も含めた周囲の人がいじめには決して同意しないという意思表示をすることがいじめ防止のために欠かすことができないものである。

2　教師による障害のある子どもへの支援

(1) 教師に求められる障害への理解

いじめと障害との関連性が高いことが明らかにされていることから，いじめの防止と解消のためには，障害について正しく理解し適切な支援を行っていくことが求められる。学校現場においては教師の態度や言動が，子どもたちに大きく影響し，場合によっては学級全体が混乱し，保護者との間でトラブルが生じることもある。先に述べたように，文部科学省が小中学校の教師を対象として実施した全国実態調査の結果では，通常学級に在籍する特別な教育的支援を必要とすると考えられる児童生徒の割合は6.3% であった。このことから40 名学級の場合，学級の中に2，3 名の子どもが特別な教育的支援を必要としていることになる。また，全国実態調査の調査項目から，特別な教育的支援を必要としている子どもの多くが，学習障害（Learning Disabilities：LD），注意欠陥多動性障害（Attention-Deficit Hyperactivity Disorder, ADHD），自閉スペクトラム症（Autism Spectrum Disorder：ASD）を中心とするいわゆる発達障害の特性を持っている子どもである。発達障害の子どもにみられる共通する特性は，周囲から（外から）その障害がわかりにくいということである。

たとえば，車いすを使用している子どもの場合は，車いすというわかりやすい手がかりをもとに教室までの移動方法や座席の位置など具体的な教育的支援を行っていくことが比較的容易である。また，教師もクラスの子どもたちに障害への理解や支援方法についてわかりやすく指導することが可能であり，他の教師にも理解と協力を求めることもできることが多い。一方，発達障害の場合は，彼らが示す気が散りやすい，忘れ物が多い，順番が守れない，授業中に勝手に立ち歩く，教師の指示に従わない，整理整頓ができない，集団のルールが守れないなどの行動は，発達障害という障害が外から見てわかりにくいものであるため，彼らが示す行動に対して適切な理解を得ることができないことが多くみられる。発達障害に対する理解が充分でないと，子どもが示す行動を，本人のわがまま，わざとしている，反抗的な態度などと捉えてしまうことになる。また，そうした行動を保護者のしつけ方が原因であるという過った理解をしてしまうことになる。

教師からの厳しい注意が続き，周囲からの称賛が得られない環境の中で，子どもは自信を失い，登校への意欲も失せてしまうことになりかねない。子どもに対する教師の関わり方は，学級の子どもたちにも影響を及ぼし，厳しい注意などの不適切な関わり方をしてしまうことになる。子どもたちは教師の態度から多くのことを学ぶとされる。教師自身も子どもたちへの指導がうまくいかないことに対して，他の教員に相談できずに問題を一人で抱えこんでしまい，問題がさらに大きくなってしまうこともある。

子どもの特性に対して教師が理解しようと努力し，子どもの特性に即応した関わり方を工夫していくことが，周囲の子どもたちの理解にもつながり，いじめの防止になると言えよう。他の教師，校長，教頭，スクールカウンセラー，専門機関などに相談するなど，一人で抱えこまずに学校全体で対処していくことが必要である。

(2) 支援において留意すべきこと

学校において発達障害の子どもを支援する際には，まず学校での生活の流れを子どもに理解させることに力を注ぐことが求められる。学校における1日の流れや1週間のスケジュールを理解させるために，カレンダーや写真，絵など視覚的な情報が有効である。時計はアナログ式のものより，数字で時刻を表すデジタル式のものがわかりやすい。学校生活の流れが理解できるまでは，毎日，毎時間繰り返し同じ方法で支援することが必要である。生活の流れが規則通りに進み，一貫した関わりがなされていることで，次の行動への見通しができるようになり，落ち着いた学校生活を送ることが可能になる。ただ，学校生活の中で普段と違うことが生じたり，予定が急に変わってしまうと混乱し，パニックを起こすなど不適切と思われる行動を起こしてしまうことがある。時間割が変更になったり，予定とは異なった活動が入ったりする際には，予めカレンダーや時計など視覚的な手がかりを用いて具体的に丁寧に説明することが必要である。教師にとっては些細な変更と思えることでも，今までの手順や一旦決めた予定と少しでも異なると大きな混乱が生じることに留意し，そうした事態が予想される際にはきめ細やかな説明が必要であることを常に意識しておくことが必要である。

(3) 子どもとの信頼関係を築くために

子どもは大人に何時でも守られているという安心感を抱くことで，人との適切な人間関係を築くための基本となる基本的信頼感を持つことができる。教師と子どもとの関係の中でも，基本的信頼感を築いていくことが必要である。子どもが教師から常に受け入れられていると感じていると，学校でも安心して過ごすことができるが，教師から一方的に厳しい注意や叱責を受けるなど，子どもが教師と一緒にいることに安心感を持てずにいると基本的信頼感の形成につながらない。逆に，教師が子どもの行動をすべて許してしまい子どもの好きなようにさせてしまうと，子どもは一方的に教師に要求し，自分の要求が通らないとパニックを起こすなどの問題を引き起こすことになる。教師は子どもの言いなりになるのではなく，子どもの特性を理解して適切な関わりを行っていくことが求められる。そうした関わりの中で，子どもは安心感を得て，基本的信頼感が育っていくものと考える。

発達障害の子どもは，教師や周囲の子どもたちからの指示や要求が理解できずに，周囲から期待される行動を取ることができないことで，教師や周囲の子どもたちからは困った子どもとして見られていることが多い。また，自分のやりたいことを言葉で適切に表現できないことで教師や周囲の子どもたちから理解してもらえず，子ども自身が困惑していることも多いと思える。周囲が困った子どもと見ている子どもは，実は困っている子どもかもしれない。お互いの適切な人間関係を築くことが困難なことの背景には，こうしたコミュニケーションのズレが存在するのではないかと考える。

子どもとの人間関係を適切なものにしていくためには，子どもの人格を尊重すること，大人の価値観にとらわれないことの2点が重要とされる（佐々木 2012）。子どもの人格を尊重するとは，子どもは一人の人格を有する人として尊重し丁寧に関わることであり，たとえ自分の気持ちや要求をうまく表現できなくても子どもなりに色々なことを感じたり考えたりしていると信じることである。このことを学校場面に当てはめると，子どもが示す困った行動の背景にはどのような思いや要求などがあるのか，言葉では表現できていないが何を表現しようとしているのか，どのようなことで困っているのかといった子どもの心に寄り添った関わりを行うことが大切である。教師が子どもを尊重し丁寧に関わることで，教師と子どもとの人間関係が適切なものになり，学級の子どもたちとの適切な人間関係が育まれていくものと考える。大人の価値観にとらわれないとは，「こうあるべきだ」などと一定の枠組みを持って子どもと関わらないことである。このことを学校場面に当てはめると，「何年生だからこれができて当たり前」「先生の指示には従うべきだ」などと教師自身の考えやものの捉え方を子どもに押しつけないということである。教師には，子どもにはそれぞれの個性があり，どんな子どもにも良い面があることを信じて柔軟な関わりをすることが求められる。また，子ども一人一人には多様な価値観があり，子どもを他の子どもと比較しないこと，何でも皆と同じようにすることを強要しないことが必要である。皆と同じようにすることを求められると，同じようにすることが困難な子どもは教師からの叱責や注意を受けることになり，「自分は理解されていないだめな子ども」といった自己肯定感の低下を招きかねない。周囲の子どもたちも自分とは違った「できない子ども」といった否定的な捉え方をしてしまうことになりかねない。そうした意識が子どもへのいじめにつながることも考えられる。子どもの人格を尊重すること，大人の価値観にとらわれないこと，一人一人の良い面に着目し，それらを大切にすることが，いじめの予防や解消のために必要である。

3　現代における親子，家族関係

一般的に家族とは，その構成員が婚姻または血縁関係によって結ばれる集団であり，家族構成は通常，住居，食事，家計をともにし，生活の相互扶助を行い，家族生活を共にするものとされる。家族に期待される機能は子どもの出生，人格形成，社会化などであり，その成員として夫婦，親子，兄弟姉妹などが含まれる。このことから家族は，住居を共にし，食事を共にし，仕事を共にし，所有などを共にするものと定義される。ところが，最近ではこうした家族の成立の基本要件が失われていることが多い。仕事などの都合で，一緒に住んでいない家族も増加している。祖父母，叔父叔母などと一緒に暮らす家庭が減少し，一組の夫婦と子どもからなる，いわゆる核家族が増加している。

以前と比較して，家族の中での人間関係が減少し，家族の機能にも変化が認められる。家族の機能として，家族全体の安らぎを得る機能，家族成員を社会的に位置づける社会的機能，生産単位としての経済的機能，子どもに基礎的・専門的な知識や技術などを伝える教育的機能，思いやりや優しさを育む愛情機能がある（橋本・山縣 2007）。家族の成員の減少によって，そうした家族の機能が衰退しているとされる。一方，地域社会と家庭とのつながりの希薄化も進んでいる。以前は，地域社会が一つの大きな家族として存在し，豊かな地域社会のつながりの中で子育てが行われていて，地域社会の中に安心できるいわゆる育児サポートネットワークが存在していた。

家族の成員や地域社会の中で，子どもは人間関係の仕方や道徳的判断などの素養を育んでいくことができていた。一方，現代における家族成員の減少化や地域社会とのつながりの希薄化は，育児において潜在的機能ストレスを生み出すものとして危惧されている（橋本・山縣 2007）。家族の中に問題が生じたときに，以前は祖父母などや親戚，隣人など地域社会を頼ることができたが，核家族中心で地域社会との関わりが希薄な現代の家族においては手助けを求めることが困難である。多くの場合は，母親（妻）に負担が集中してしまい，問題を一人で抱えこむことになる。現代の家族は，一度機能的な障害に陥った場合には，深刻な問題を生じさせる潜在的機能ストレスを抱えていると言えよう。現代の家族は，子育てに関しても多くの課題を抱えており，きめ細やかな社会的なサポートが必要とされている。

現代の家族にみられる核家族化と地域社会とのつながりの希薄化は，子育てにも影響を与えている。母親（妻）が育児を一人で抱えることになり，子育てが孤独なものになってしまい，大きなストレスを抱えることになる。父親（夫）の育児への参加は，仕事が忙しい，仕事場までの距離が遠いなどの理由から休めなかったり帰宅時間が遅いなどで，その参加割合は高くない。父親（夫）が積極的に育児に参加しようとしても，育児休暇制度が充分活用されていない現状がある。また，我が国には依然として，子どもが小さい間は母親が育児に専念すべきであるとする，いわゆる「3歳児神話」が根強く残っており，父親（夫）の育児参加は少なく，多くの負担が母親（妻）にのしかかっている。核家族化や地域社会とのつながりの希薄さは，いわゆる「ワンオペ育児」といった家族の中での孤立化を生み出すことになり，子どもへの虐待を引き起こすことになりかねない。

夫婦の離婚も増加している。特に，結婚後 2，3 年以内と 20〜30 年後の中高年の離婚が際立っている。厚生労働省による 2008 年度国民生活基礎調査によると，父親のみまたは母親のみの「ひとり親家庭」は，全世帯の 1.7% で年々増加しており，そのうち母子家庭が 1.5%，父子家庭が 0.2% で，大半は離婚後，母親が子どもを引き取っている。ちなみにひとり親家庭になった親の年齢は母親が 31.8 歳，父親が 37.4 歳であった（橋本・山縣 2007）。ひとり親家庭の多くが，若い母親と子どもの生活の中で，手のかかる子どもを抱えながら，仕事や生活を維持し，子育てを行っていくことは母親にとって大きな負担となっている。仕事と育児の負担を抱え，先が見えない毎日の生活に不安や焦りを感じている。子どもとの関係がうまくいかないときは，相談できる人も見つからず行き詰まってしまう。子どもへ適切な関わりができず，手を出してしまうことも充分考えられる。離婚は夫婦のみの問題だけでなく，子どもにも大きな心理的影響を及ぼす。強い不安，恐怖，暴言，暴力，家出などの問題行動を引き起こすこともある。また，自分が悪い子どもだからと自らを責めたり，いわゆるアダルトチャイルドのように，父母の離婚という家族の危機を必死にくい止めようとして「いい子」を演じることもある。

最近，深刻な問題となっているのが，ドメスティック・バイオレンス（Domestic Violence：DV）である。一般的にはパートナーからの暴力を指すが，被害者の多くは女性である。子どもがいる家庭では，子どもの目の前で DV が行われ，子どもが暴力シーンを見たり，子どもに暴力が及ぶことになり，子ども虐待になる。このように DV は子どもにも大きな影響を及ぼす。暴力による支配を目にすることによって，弱いものを力づくで抑えこむなどいじめの加害者になってしまう危険性を含んでいる。こうした問題に対して，家族への社会的サポートシステムの整備が急がれる。

4　発達格差の中の子どもたち

(1) 子どもが抱える困り感

教室の中の子どもの行動特性について，教師が的確な理解を示し，支援を行うことで，子どもが抱えている困り感は軽減すると考えられる。また，学級の子どもたちも教師の態度から適切な関わり方を学び，特性を理解した関わりを続けることで，いじめの解消にもつながっていくと考える。次に，主な発達障害について，子どもが示す症状と抱えている困り感について述べる（白井 2004）。

我が国の学習障害（Learning Disabilities：LD）の定義では，全般的な知的発達の遅れは認められないが，聞く，話す，読む，書く，計算する，推論する能力のうち特定のものの修得と使用に困難を示すものとしている。その原因として，中枢神経系に何らかの障害があると推定されるとしている。学校場面で見られるLDの子どもの特性としては，文章が正確に読めない，読めても意味が理解できない，計算問題はできても文章問題が苦手，自分の思いを言葉や文章で表現できない，言葉で言われたことの意味が理解できない，得意な教科と苦手な教科の差が大きい，読書感想文が書けない，漢字が正確に書けない，不器用で協応運動が苦手などである。こうした子どもの姿は，教師が何回も指導しても改善がみられないことで，「怠けているのではないか」，「わざとしているのではないか」といった捉え方をされることになる。厳しい注意や叱責を受けることにもなる。周囲からも「怠けている」などの誤解を受け，心ない言葉をかけられたりすることで，周囲から受け入れられていないという気持ちが強くなり自己肯定感が低下してしまう。子どもの抱く困り感は増大し，不登校を示すことも珍しくない。

注意欠陥多動性障害（Attention-Deficit Hyperactivity Disorder：ADHD）とは，注意の障害と多動性・衝動性を主な症状とする発達障害である。ADHDについての文部科学省の定義では，年齢あるいは発達に不釣り合いな注意力，およびまた衝動性・多動性を特徴とする行動の障害で，社会的な活動や学業に支障をきたし，その障害は中枢神経系の何らかの機能不全があると推定されるというものである。学校場面でみられる行動として，注意を集中し続けることができない，話しかけられても聞いてないようにみえる，学業や宿題を避ける，整理整頓ができない，課題や活動に必要なものをなくす，席を勝手に離れ教室から出て行く，手足をせわしなく動かす，周囲の状況を無視してよく喋る，順番を守ることができない，人がしていることを妨害する，などがある。日常場面では，片付けができない，気が散りやすい，すぐに癇癪を起こす，多動で目が離せない，指示に従えない，自分勝手な行動が多いなどの行動がみられることから，家庭や学校で厳しい注意や叱責を受けることになる。周囲の子どもたちからも，集団のルールを守らない，他の子どもがしていることにちょっかいを出す，一方的な関わりが多い，大きな声を出し周囲の迷惑になるなどの行動に対して注意を受けることが多くなる。注意や叱責を受けている子ども自身としては，自分の思いや要求が理解されずに一方的に叱られているといった気持ちを抱き，学校に自分の居場所を見つけることができず，不登校につながることもある。

自閉スペクトラム症（Autism Spectrum Disorder：ASD）とは，一般に自閉的な傾向と呼ばれる自閉症，アスペルガー障害，高機能自閉症の総称である。その特性として，社会性の欠如，コミュニケーションの障害，想像力（イメージする力）の障害，興味や関心の偏り，こだわりの強さ，変化や変更に対する適応の障害，音や臭いなどに対する過敏（感覚過敏），極端な偏食などの特性が見られる。具体的には，気持ちを他人と共有することや仲間関係を作ることが困難，話し言葉の遅れがあり，身振りなどによって補えない，強いこだわりがあり興味や関心が限定される，動作がぎこちない，手先が不器用，手足を反復的に動かすなど常同行動が見られる，大きな音を極端に怖がるなどである。また，学校場面では，偏食があるために給食を食べない，運動会のピストルの音を恐がり参加できない，教室のザワザワした音が苦手で入ることができない，視覚的な手がかりがあると理解できるが音声だけでの指示が理解できない，教師の指示に従うことができず勝手な行動をする，興味のある授業だけ参加しそれ以外は興味を示さない，相手の気持ちを理解せずに嫌がることを口にしてしまう，「今，何をする時間なのか」など周囲の様子を理解することが苦手で勝手なことをしてしまうなどの行動がよくみられる。

こうした行動を続けていることで，周囲から「困った子ども」とみなされることが多く，周囲からの「仲間はずし」やいじめを受けることにつながることになる。

(2) いじめ防止と解消のために

発達に何らかの障害を持つ子どもは，集団行動がうまくできないことなどから，いじめを受けることが多く，約8割の子どもが周囲からの激しいいじめを受けた経験があるとされる（杉山・大河内・海野 2005）。杉山らによると，いじめを受けた体験は，その後の人生においても様々な影響を及ぼすとして，たとえば学校時代にいじめを受けた人は大人になってからも周囲からの関わりを被害的・迫害的なものとして捉えてしまうとしている。また，現実にいじめられてはいない場面においても，いじめられた記憶が蘇り，著しい対人的不適応や抑うつ，不安などの二次的障害を引き起こすことが多いとしている。

いじめの防止と解消のためには，まず教師が「いじめる側には責任があるが，いじめられる側にも何らかの責任がある」といった誤った認識を捨てて，「いじめは悪いこと」といった確かな認識を持つことである。そして，教師一人だけでなく，学級全体，学校全体で解決に向けて考えていくことが必要である。そのうえで，子どもの特性を理解し，配慮しながら関わりを続けていくことで，子どもの「問題行動」は軽減していくと考える。また，周囲の子どもたちも教師を見習い，理解のある関わりを行うことで，子ども同士の関わりも改善し，学校全体が落ち着きを取り戻すことになる。

発達に障害のある子どもと関わる際に，留意すべきことを次に示す（広瀬 2008）。

- 抽象的な言葉や曖昧な表現は理解することが苦手なので，「コップに半分」などの具体的な表現で指示をすること。
- 一度に多くのことを指示されると混乱し，理解することが困難なので，「一つだけ」やって欲しいことを伝える。
- 一般に，耳から入ってくる聴覚的な情報よりも目から入る視覚的な情報の方が理解しやすいといった特性を持っていることから，文字や絵，写真など視覚的に確認しやすいものを使用する。
- 必要なことだけを短いセンテンスで，顔を見てはっきりした声で伝える。「○○しないと，○○しない」といった二重否定や「もし○○ならば」といった仮定を表す言葉は理解が困難である。
- 感覚過敏を示す子どもが多い。身体に触れたり，大きな声を出すと不快に感じることもあり，子どもの特性に留意して関わることが必要である。
- 奇声を発するなど，一見「問題行動」と思われる行動の背景には子どもの要求や思いなどがあり，それらが相手に理解してもらえないことで問題行動を起こしていることが多い。子どもの要求や思いなどに寄り添った関わりが求められる。

生まれつき脳の情報処理機能に原因があり，困った行動を子どもがわざとしているのではない。子ども自身も教師の指示や周囲の子どもたちの気持ちが理解できずに困っていることが多い。周囲が子どもの示す行動の背景にある要求や気持ちなどに留意して関わることが大切である。子どもの特性に配慮した関わりをすることで，「問題行動」を減らすことになることから，いじめの予防や解消につながるとされる（佐々木・木村 2012）。

その一方で，教師自身が子どもたちの模範となって，いじめ防止対策推進法にある「いじめを行ってはいけない」ということを常に意識し，子どもたちにも伝えていくことが必要である。教師自身の態度や行動，意識のあり方が，いじめの防止や解消に強く関与している（徳田・水野 2005）。

（船津　守久）

〈参考文献〉

杉山登志郎・大河内修・海野千畝子（2005）『教師のための高機能広汎性発達障害・教育マニュアル』少年写真新聞社。

佐々木正美・木村常雄（2012）『発達障害のある子があなたにわかってほしいホントの気持ち』すばる社。

橋本真紀・山縣文治（2007）『よくわかる家族援助論』ミネルヴァ書房。

白井利明（2008）『障害のある子とのかかわり方入門』ほんの森出版。

広瀬宏之（2008）『図解よくわかるアスペルガー症候群』ナツメ社。

徳田克己・水野智美（2005）『障害理解　心のバリアフリーの理論と実践』誠信書房。

第4章

心理学から考える「現代の」いじめ問題

「心理学」と「いじめ」と聞いて，何を思い浮かべるだろうか。大学の授業で学生に尋ねてみると，「カウンセリング」「スクールカウンセラー」「いじめのアンケート」などの答えが多く返ってくる。中には，実際に小中学生のときにいじめ問題が生じ，何度もアンケートに答えたという学生や，スクールカウンセラーに話を聞いてもらった経験があるという学生もいる。そして，どのクラスの学生も「いじめは良くない」と強く答える。考え方が多様化している現在であっても，いじめに関しては「少しくらいなら良い」と言う人は見たことがない。これほどまで，「良くないこと」と多くの人が考えているにもかかわらず，なぜいじめはなくならないのだろうか。いじめに対して，心理学はどのように役立つことができるのだろうか。

1　いじめに関する論文数の変化

(1)「いじめ」に関する論文数

2013年にいじめ防止対策推進法が施行されるなど，いじめへの関心が高まっているが，いじめに関する心理学の研究は増えているのか調べてみることとする。

ここでは，国内の論文検索サイトCiNii（サイニー）を用いて，1984年以降の5年ごとのいじめに関する論文数を調べた。検索においては，フリーワード「いじめ」＋刊行物名を指定することとし，刊行物名には「心理学」または「教育学」または「学校」を入力した。たとえば，フリーワード「いじめ」＋刊行物名「心理学」であれば，「心理学」と名のつく刊行物における「い

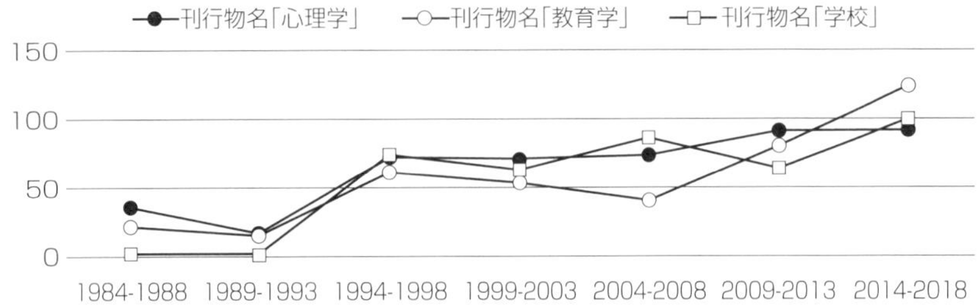

図１　CiNii におけるフリーワード「いじめ」で検索される５年毎の論文数

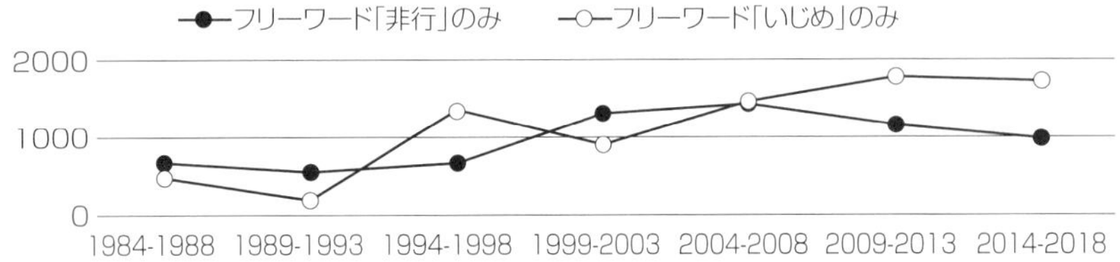

図２　CiNii における「非行」と「いじめ」で検索される５年毎の論文数

じめ」に関する論文数を調べたこととなる。その結果，図１に示すように，「心理学」「教育学」「学校」という単語が入るどの刊行物でも，「いじめ」に関する論文数は増加傾向にあった。「心理学」の刊行物に注目すると，1994－1998 年の 5 年間以降のどの 5 年間でも 70 本以上の論文がみられ，単純に計算した場合，1994 年以降は心理学系の刊行物から毎年 14 本以上のいじめ関連の研究が発表されていることとなる。また，刊行物名に関係なく「いじめ」を検索した結果，近年は「非行」に関する論文数を大きく上回っていた(図２)。

このように，「心理学」「教育学」「学校」と単語が入るどの刊行物においても 1994－1998 年以降にいじめの研究が増え，非行の研究数を超えたことから，1994－1998 年以降にいじめの研究がさらに求められる状況になったと考えられる。

(2)「ネットいじめ」と子どもたちのインターネット環境

2019 年現在における「現代型」いじめと聞いて想像されるのは，「ネットいじめ」ではないだろうか。再び，CiNii を用いて，フリーワード「ネットいじめ」として検索した結果，2006 年までは 1 本の論文も検索されず，2007

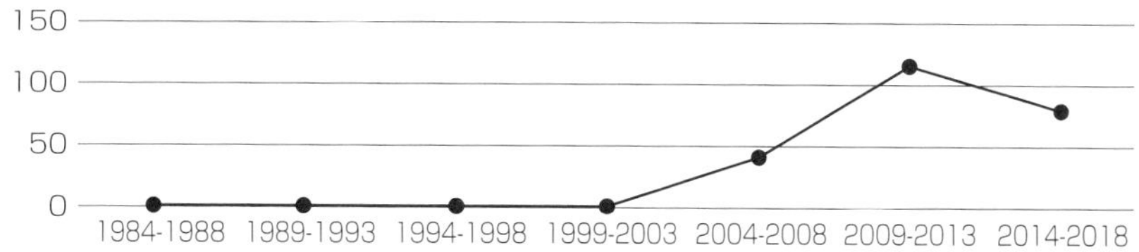

図３　CiNii におけるフリーワード「ネットいじめ」で検索される５年毎の論文数

年に８本の論文が検索された（図３）。つまり，家庭にインターネットが広がり始めた 1990 年代後半は「ネットいじめ」という概念すらまだなかったのである。その後，インターネットや携帯電話やスマートフォンの急速な普及とともに，現代版の新しいいじめともいえる「ネットいじめ」が増加し，それに伴い，「ネットいじめ」の研究が進んでいる。

「ネットいじめ」が生じるには，インターネット環境とそれに接続する機器が必要となる。内閣府の「平成 30 年度　青少年のインターネット利用環境実態調査の調査結果（概要）」によると，小学生・中学生・高校生の合計 3079 名のうち，93.2% がインターネットを利用していると回答していた。機器ごとのインターネット利用状況では，平成 26（2014）年から小学生・中学生・高校生ともにパソコンの利用率が年々減少している一方で，スマートフォンの利用率は年々増加している。平成 30（2018）年では小学生の 45.9%，中学生の 70.6%，高校生の 97.5% がスマートフォンを利用しており（内閣府 2019：概要 1），スマートフォンを利用している小学生全体では 57.1% が「スマートフォンを親と共用」と答えていた（内閣府 2019：概要 2）。しかし，スマートフォンでインターネットを利用している子どものうち「親と共用している」割合は小学校高学年になると急激に減少する。11 歳は自分専用のスマートフォン専用率は 32.9%（親と共用 58.7%）であるが，12 歳になると 57.8%（親と共用 38.0%）となり，５年生から６年生にかけて専用率と共用率が逆転することとなるのである（内閣府 2019：概要 10）。この数字はスマートフォンでインターネットを利用している子どもに関する割合であるため，小学６年生全体の 57.8% が自分専用のスマートフォンを持っているという意味ではない。しかし，小学生のスマートフォン利用率は平成 26（2014）年 12.5%，27（2015）年 19.4%，28（2016）年 22.3%，29（2017）年 23%，30（2018）年 45.9% と急激に上昇しているうえに，この数字は小学生全体であるため，高学年はより高い利用率であると考えられる（内閣府 2019：参考資料 1）。

これらのことから，子どもたちのインターネット環境はパソコンからスマートフォンへ移りつつあり，インターネット環境はより人目に付きにくい個別の環境へと変わってきているといえる。先ほど述べたように，小学生のスマートフォンの利用率は平成 26 年からわずか 4 年後に 4 倍近くとなっている。このような急速なスマートフォン利用率の高まりの中，保護者が懸命に子どもとの攻防を繰り広げて「親子共有のスマートフォン」を使わせていると推測される。しかし，わずか数年後には，小学生のスマートフォン専用率はこれまで以上に高まっていると思われる。つまり，大人の目が届かないところでインターネットに接続できる状況が，急速に低年齢化しているのである。

2 「現代のいじめ」の特徴を考える

(1) いつからいじめの研究がなされているのだろうか

現代社会のいじめを考えるとき，「ネットいじめ」や「スマートフォン」などはよく見られるキーワードである。「ネットいじめ」の研究は 2006 年まで一つも見当たらなかったと先述したが，心理学における「いじめ」の研究はいつ頃から始まっているのだろうか。ここでは，いじめ研究の始まりを探ることとする。

鈴木（1995）は，心理学において「いじめ」に関する研究が戦後はなかったと述べている。具体的には，1950 年出版の『教育心理学』や，1955 年の『教育心理学研究　第 2 巻』に掲載されている学級構造を調べた研究などを例に挙げ，いじめの文字が見られなかったことを示しているのである。いじめ問題が顕在化し，多くのいじめ論が出されたのは 1985 年であり，「いじめ」が新聞の第 1 面に掲載され，国会でいじめ問題が論議された時以降であるとのことである。CiNii で検索したところ，「1970 年以前」と年代を指定してフリーワード「いじめ」で検索した結果，4 件がヒットしたが，心理・教育の分野ではなかった（「繊維をいじめるか」など）。初めて，心理・教育分野におけるいじめの論文を検索結果から見出せるのは，1971 年の「いじめられっ子・いじめっ子　その心理と扱い方について」と題されたものである（田中 1971)。2件目は1975年の「いじめっこの指導」(高橋 1975) であり，いずれも雑誌『児童心理』からであった。その後，1980年には『児童心理』において，おそらくいじめに関する日本で最初の特集「いじめっ子・いじめられっ子の今日的状況――その教育的課題」が組まれ，7本の論文が収められている。

つまり，鈴木 (1995) では1985年にいじめ問題が新聞の一面に掲載されてから多くの議論が活発化したとあるが，その5年前にすでに危機感を持った人々により，特集が組まれていたことがうかがえる。しかし，論文数は少なく，鈴木が述べるように，1985年前後から飛躍的にいじめ研究が増えていっている。

(2) 1980年代のいじめと「現代のいじめ」は異なっているのか

では，多くのいじめ論が出された1985年前後と現代のいじめは異なっているのだろうか。「ネットいじめ」に代表されるように，現代のいじめは陰湿であるとの印象を持たれることが多い。ここでは1980年代のいじめの特徴と比較していくこととする。

令和，平成，昭和とさかのぼり，1980年代の時代風景を少しのぞいてみたい。1982年テレホンカード発売，東北新幹線・上越新幹線開業，1984年日経平均株価終値が初めて1万円を突破，1985年ファミコンソフト「スーパーマリオブラザーズ」発売，1986年ファミコンソフト「ドラゴンクエスト」発売，1987年東北自動車道全線開通，日経平均株価終値2万円突破，1988年日経平均株価終値3万円突破，1989年昭和から平成へ，ゲームボーイ発売 (出来事JP 1980年代)。バブル経済が始まり，日本経済の拡大を感じさせる内容である。

さて，ではこの時代のいじめはどのように書かれているのかをいくつかの文献から見ていく。鈴木 (1995) は，当時の複数の研究を紹介して「1980年代後半以降のいじめに質的変貌があることを示唆している」と論じている。小林 (1985 : 9) も当時のいじめの特徴について，陰湿化 (相手に対する攻撃がカラッとしていない)，長期化 (高学年になるほどいじめられている期間が長い)，正当化(「相手がずるいから」など，いじめを正当化する論理を持っていじめている)，偽装 (いじめっ子だけでなく，いじめられっ子も，いじめの本質を隠し，教師に偽装することがよくある)，巧妙化 (親友同士を喧嘩させる，下半身の下着の部分を集中的に襲う）してきたことを指摘している。また，筑波大学児童心理学研究室が行った調査をまとめた高野（1986：23）は，いじめたことのある者もいじめられたことのある者もともに7割近いことを挙げ，「多くの子どもたちがいじめる者であって同時にいじめられる者でもある」とし，これを「現代の病理と言われるいじめの特徴である」（P.27）と述べている。つまり，「「誰がいじめるのか」という考え方ではなくて，「どんな時にいじめるのか」という考え方で見るべきである」と調査結果は示していたのである（p.38）。

少し時代が進むが，1996年の日本教育心理学会において，いじめに関するシンポジウムが開かれている。そこでは「現代の子どもたちの世界に広がっているいじめ問題には，「現代型」とでもいうべき新たな特質が混入し，大きく様変わりしている」と述べられている。その六つの「現代型」問題行動の特徴は，「3. 問題行動を起こしている当人には加害性の認識が低く，罪悪感も希薄」「4. いじめへのさまざまな歯止めが欠如したり，有効に作用せず」「5. いじめは一般化し，日常化し，加害・被害関係の転換が容易に行われる」などとされている（森田 1996）。

ここで紹介した小林（1985）の「今日のいじめっ子たち」の特徴は約35年前，森田（1996）の「現代の子どもたちのいじめ」の特徴は約25年前に書かれたものであった。しかし，すでに「質的変貌」「陰湿」「巧妙化」「現代の病理」「罪悪感が希薄」など，われわれが抱く「現代のいじめ」の特徴と非常によく似た状況が描き出されているのである。

最後の文献として，さらにさかのぼり，約40年前の「子どもたちは今…」と題された本の冒頭を紹介したい（読売新聞社婦人部 1979）。

> 昔は，子どもがどんなわるさをしても，親は自分自身の遠い過去を探ってみれば似たような姿を思い当たることができた。（……）つかみにくい子ども像を“現代っ子”と名付けて，親世代が無理に納得してから，すでに十数年たつ。（同前：3）

この文章は40年経った現在の「現代っ子」のイメージと驚くほど似ており，そのまま使えるものではないだろうか。ここではいじめという文言は使われていないが，当時の子どもの生活がよくわかるものとして，「電話っ子」

や「まんが世代」という言葉が示されている。電話っ子については，今のスマホ世代と同じような状況であったことがよくわかる。

> いまの子どもたちにとって，テレビと同様，電話も，物心ついたときからのおなじみ。足にたよらず，電話にたよる行動形態が身についた“電話っ子”なのだ。(同前：142)

> 子どもたちの電話の使用を，原則として夕方6時までに制限させたが，夜も友達からかかってくる。母親が先生に，友達の間の電話を自粛してほしいと訴えたが，あまり効果はなかった。ところが最近，電電公社で「キャッチホン」というサービスをしていることを知り，そっちにしようかと考慮中なのだ。(同前：142)

> 3, 4歳から遊び道具として電話をかけるようになり，親もそれを喜んでいる光景もよくみられる。(同前：143)

これらの文章の「電話」を「スマホ」に入れ替えると，そのまま現代の状況が書かれているかのようである。このように考えると，いじめは以前から「陰湿」で「現代病理」であり，これらを30年，40年前も「現代のいじめ」の特徴として捉えていたようである。

現代の子どもたちはスマートフォンやインターネットを使うようになったが，彼らが急に陰湿ないじめをするようになったのではないと考えられる。少なくとも，3, 40年前のいじめはすでに「陰湿」であり，その上の世代からは「現代のいじめ」つまり「新しい形態のいじめ」と捉えられ続けていたのである。

3　いじめに対する心理学的アプローチ

(1) すべての子どもに援助する

ここまで，心理学におけるいじめの研究数が増加していること，数十年前から今と変わらない「現代のいじめ」の特徴が捉えられていたことを見てきた。最後に，いじめに対して心理学がどのようにアプローチできるのかを考

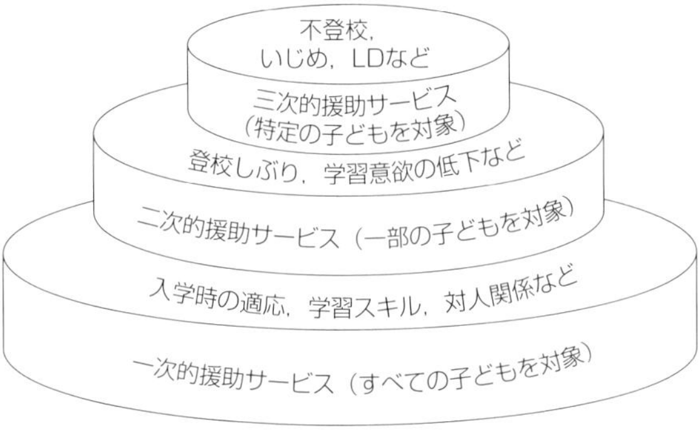

（出所）学校心理士資格認定委員会（2012）p.48 より。

図４　３段階の心理教育的援助サービス，その対象，および問題の例

えたい。

冒頭で，「心理学」と「いじめ」について何を思い浮かべるか大学生に尋ねたところ，カウンセリングやアンケートと答える学生が多かったと述べた。このことは，多くの人が「どちらかといえば，いじめが起こってから関わるのが心理学」と捉えているように感じられる。いじめられてからカウンセリングを受け，問題が起こってから頻繁にアンケートをするという具合にである。しかし，決してそうではない。

学校心理学における援助サービスは３種類に分けられている（図４）。すべての子どもを対象とした一次的援助サービス（一番下の段），一部の子どもを対象とした二次的援助サービス（中央の段），特定の子どもを対象とした三次的援助サービス（一番上の段）である。図に示されるとおり，いじめは，特別な援助を個別に提供する必要がある三次的援助サービスに分類されており，担任や養護教諭などから成る援助チームがアセスメントを行い，共通の援助方針のもとで援助サービスを行うこととなる（学校心理士資格認定委員会 2012）。

しかし，これはいじめが起こってから対処すればよいということを示しているのではない。いじめの予防には，一番下の段に示される一時的援助サービスが重要となってくるのである。これは，すべての子どもを対象に行う発達促進的あるいは予防的な援助サービスとされており，わかりやすい授業作

りや自分を発揮できる学級づくり，親切な学級環境の整備（提示物をわかりやすくする）なども含まれている。つまり，いじめについて考えるとき，明確に「いじめ」と認められる事柄だけではなく，普段の環境作りがいじめの予防につながっているという考え方が必要なのである。

(2) 実態と研究の時間差が小さくなるように努力する

これまでに見てきたように，過去の研究を振り返ると，いじめが独立して生じている問題ではないことがうかがわれる。「ネットいじめ」を例にしても，そこには子どもにスマートフォンを持たせざるを得ない学校外での環境（両親の共働き，防犯，塾や習い事の増加など）や，学校内での環境（部活やクラスの連絡にスマートフォンのアプリが使用されるなど）があり，多くの子どもはスマートフォンやインターネットに関わらざるを得ない生活環境に取り囲まれているのである。

このように，「いじめ」という一つの事柄も，社会環境と複雑に絡み合っている。そして，学術研究は，心理学に限らず，社会で問題が生じた後に研究がなされることも多い（「インターネット社会がなければ，ネットいじめの研究は生まれない」「1985年にいじめが新聞の一覧に掲載された後に，いじめ研究が活発化した」など）。このことは，社会的に問題提起がなされてから研究が行われるまでに，時間差が生じることを示している。さらに研究者が問題点を整理し，研究手法や研究対象者を調整している間にも社会は変化し続けているのである。

したがって，日々，子どもと向かい合っている教員や保護者の肌感覚や違和感などの「もやもやした気持ち」とでもいえるものが，最新の情報となると考えられる。非常に難しいことではあるが，その感覚をくみ取って研究を進め，少しでも，時間差を小さくすることが，これまで以上に求められる。

(3) 研究者と「現代っ子」の乖離を防ぐ努力をする

最後に，心理学がいじめ問題に取り組もうとするとき，現代を生きる子どもたちを見ようとすることが大切だと考える。本章で見てきたように，現代っ子のいじめは数十年前のいじめとも似た特徴を持っていた。しかし，研究者と子どもの時代差・環境差が加速していることは事実であり，研究をする際は，そのことを意識しておく必要がある。

先日，「スマホを取り上げられてTwitterができなくなった少女がスマート冷蔵庫からツイートする」というインターネット記事を読んだ（exciteニュース／yahoo！ニュース）。ある外国の15歳の少女が留守番中に鍋を焦がしてしまった罰として，iPhoneを取り上げられたそうである。そこで，彼女はNintendo 3DSから「スマホを取り上げられた」とツイートしたが，それも母親に見つかってしまい取り上げられたため，次はWiiUからツイートをしたのである。しかしそれも見つかり，ついには電化製品をすべて没収されたため，スマート冷蔵庫からツイートしたという内容であった。この記事の真偽はともかく，この子どもと同じことができる研究者はどれほどいるだろうか。同じことができなくとも，大体の手順が想像できるだろうか。少なくとも筆者は「そのようなことができるのか」と驚いた。そして，そこまでしてツイートしたいという熱意を理解するのが難しかった。筆者は大学時代に携帯電話（高校生のときはポケベルであった）を使い始めたが，現代っ子たちとの時代差が毎年開いていくことを意識せざるを得ない。以前，大学生が「今の小学生は自分たちとは違う。小学生にスマホは早すぎる」と発言しているのを聞き，筆者と小学生の時代差が開くのは当然であると妙に納得したことがある。

このように，子どもたちを取り巻く環境の変化があまりにも加速しており，研究者という大人が知っている（暮らしてきた）世界だけで，子どものいじめの研究を進めると何かを見落とす可能性があると考えざるを得ない。たとえば，「SNSなどで嫌なことを言われたことがありますか」という質問項目を作ったとする。それに対して「いいえ」と答えられていたとしても安心はできない。それは「そもそも招待してもらえない」「グループから外される」ところでいじめが起こっている可能性があるのだが，研究者側がこのような機能を知らなければ，思いつきもしないこととなる。つまり，子どもに関わる多様な人の意見を聞きながら研究を進める姿勢が，ますます求められていると思われる。

心理・教育分野におけるいじめ論文において，2番目に古かったものとして紹介した1975年の論文は，下記のように結論づけられていた。

> どのようにその集団で認めていくか，認められているという安定感を抱かせるかが，指導の基盤になってくるのである。（……）担任ひとりで

はなく，教師集団の結集した力を生かすことである（高橋 1975：139）

現代はさらに，学問領域・研究者・実践者などの枠組みを超えた「結集した力」が必要となっているのではないだろうか。　（寺井　朋子）

〈引用文献〉

学校心理士資格認定委員会（2012）『学校心理学ガイドブック　第 3 版』風間書房。

小林剛（1985）『いじめを克服する――教師への期待』有斐閣。

内閣府（2019）「平成 30 年度　青少年のインターネット利用環境実態調査の調査結果（概要）」（https://www8.cao.go.jp/youth/youth-harm/chousa/net-jittai_list.html　2019 年 9 月 30 日閲覧）

高橋信雄（1975）「いじめっ子の指導」『児童心理』29（7），pp.133－139.

高野清純（1986）『やさしい心理学　いじめのメカニズム』教育出版。

田中熊次郎（1971）「いじめられっ子・いじめっ子　その心理と扱い方について」『児童心理』25（3），pp.90－95.

読売新聞社婦人部（1979）『子どもたちは今…――国際児童年子ども白書』よつば新書。

〈参考文献〉

「母にスマホを取り上げられたネット中毒の 15 歳少女，3DS，Wii U，を経て LG 冷蔵庫からツイート送信に成功！ …はフェイク？」（https://www.excite.co.jp/news/article/Gizmodo_201908_free-dorothy-tweet-from-lg-smart-refrigerator/　2019 年 8 月 16 日 excite. ニュース，2019 年 9 月 30 日閲覧）https://headlines.yahoo.co.jp/hl?a=20190816-00000014-giz-sci　2019 年 8 月 16 日 Yahoo！ニュース，2019 年 9 月 30 日閲覧）

出来事 JP（https://出来事.jp/　2019 年 9 月 30 日閲覧）

第5章

いじめの心理

いじめの構造は，加害者がいて被害者が生じ，被害者がいる状況を取り巻いて，それをはやしたてるなど面白がって加害者に加担している観衆，そして両者に関わるでもなく，ただ中立的に，見て見ぬふりをして眺めている傍観者の存在，という四つの構造から成り立っていると言われている（森田・清永 1994）。いじめの被害者はいじめの加害者によって生まれる。そしていじめの発生する状況は，観衆と傍観者という第三者が存在して，それが鎮静化されたり持続・強化されたりする。つまり，いじめを防ぐには，これら四つの構造それぞれに対処することが求められるが，それぞれの立場には，そうならざるを得ない理由や背景となる状況がある。本章では，被害者，加害者，観衆，傍観者それぞれの心理的状況について考えてみる。

1　被害者の心理

いじめの被害者にとって，被害から受けるダメージは生命を落とすことにつながるほど深刻である。中学生や高校生だけでなく，小学生までもがいじめにより自殺したという報道は後を絶たない。いじめの被害者が発生しているのにもかかわらず，学校側は，なかなかいじめの事実を把握できないでいるが，第三者委員会の調査などで，結局はいじめによるものであったとされる報告は実に多く，後になって学校関係者が陳謝している姿をテレビなどで見ることが少なくない。いじめはなぜ命を落とすほどまでの，大きな心的ダメージを引き起こすのであろうか。

2016年7月，山口県周南市内の高校2年生男子が貨物列車に飛び込んで自殺した。遺族がいじめが原因ではないかと調査を申し立て，2年をかけて第三者調査委員会が調査した結果，体形や髪形をからかわれたり，無料通信アプリLINEで中傷されたり，教員が繰り返してあだ名を連呼したことなどの「いじめに類する行為」の事実が判明した。このような事例は，いじめがもたらす最悪の被害の一例である。

いじめの様態としては，無視される，悪口を言われる，笑いものにされる，脅される，ひどいあだ名で呼ばれる，支配され服従させられるなどの卑劣なやり方で，精神的に繰り返し攻撃されるものが中心にある。その他に，叩かれたり，蹴られる，殴られるなどの身体への攻撃・暴力行為のいじめ，所持品や金品を取られたり，恐喝されたりなどの盗難や犯罪被害に近いいじめにあうなどの多様な形態がある。このような被害を単発的にでも，あるいは持続的に受け続けると，被害者は心が深く傷つき，辛さや悲しみを肥大化させ，次に続くいじめに対する相手への恐怖心を募らせる。そして恐怖心は相手への怒りや恨みにつながる。怒りや恨みが強大になると世間や社会への恨みに発展することもある。被害者が加害者にだけに持っていた恨みや怒りは，社会への恨みや怒りとなって，強殺事件や銃撃事件など社会を震撼させる重大な犯罪に発展することもある。

いじめによる心の傷つき体験は，トラウマが引き起こす心的外傷後ストレス障害に類似した症状を引き起こす。人目を異常に気にする対人恐怖症の症状を見せ，対人関係が困難になり，ひきこもる，不登校，など行動上の問題を引き起こす。ひどくなるとフラッシュバックでいじめのシーンが再体験されたり，いじめの行われた場所に行けなくなったり，神経や感覚が過敏になり，不眠などの症状を引き起こすこともある。そして何よりも重大なのは，いじめの原因を自分に求めて自分を責め，自責感や自己否定感，自己卑下感にさいなまれて自分の価値を下げ，自責感や無力感から自傷行為や自殺行動を生じ，生命の危険に至る場合である。

いじめもトラウマとして考えることができる。そうなれば心的外傷後ストレス障害（Post-traumatic Stress Disorder：PTSD）が発生してもおかしくはない。トラウマは，抑うつや不眠，様々な身体的症状，PTSDを引き起こすが，PTSDのように慢性化すると，いじめの再体験症状（フラッシュバック），回避・麻痺症状，覚醒の亢進，否定的認知などの症状が生まれる。いじめによる恐怖の体験は，外傷的な記憶として心に格納され，それが意識に突然侵入してきて，記憶が再体験される。これは自分でコントロールできないために苦痛をもたらす。これがフラッシュバックであるが，睡眠中にこれが生じると悪夢になり，不眠や睡眠障害をもたらす。いじめが原因で人を信じられなくなり，誰も信用できなくなってひきこもるなど，孤立無援状態になることや，感情が麻痺して，悲しみや怒りなどの感情が消え失せてしまうこと，いじめの場所である学校や職場に行くことができなくなるなど，回避・麻痺症状を起こすこともある。そして，周囲に対する警戒心が亢進するために，絶えず緊張しており，リラックスできなくなり，眠りが浅くなって，不眠や早朝覚醒などが生じるが，これが覚醒の亢進症状である。そして，いじめなどの被害にあうと，自尊心や自己肯定感が傷つけられ，自己に対する否定感や自己卑下感を持つようになる。つまり「自分がだめだから」とか，「自分のせいで」とか，「自分さえ何々しなければ」というように否定的認知に支配されるようになるのである。これがひいては抑うつ感情や自殺願望に発展することもある。

われわれにとって，自己に対して肯定的感情を持てることは，生きてゆくうえで極めて必要不可欠なことである。自己肯定感を持てないまま成長すると，自分だけでなく他者を尊重し，信頼することも難しくなる。いじめは自己否定的な感情を引き起こす。そうなると他者を尊重することも信頼することもできず，対人関係を閉ざし，孤立無援な生活を送ることになるのである。

自己肯定感は，心理学的には自己愛という表現で使われることもある。自己愛には健康な自己愛と病的な自己愛があり，前者は健康で創造的な生活をしてゆくうえで必要不可欠なものである。いじめはこの自己愛を深く傷つけ損傷させ，病的な自己愛を形成する。その結果，自己のまとまりを欠いた人格形成を招き，時には反社会的な行動をしてしまうこともある。2005年に寝屋川で起きた18歳の卒業生による小学校教師殺害事件は，過去のいじめの報復で学校に侵入し，教師を殺害した事件であり，海外ではいじめの報復で銃乱射事件を起こしたりすることもあった。

事例：A男は，高校1年生の2学期明けに相談室に来室した。学校に馴染めない，クラスで浮いている，教室内や学校内を歩くとき，上を見ることができず，常に足元を見て歩いていると言う。そのために，視線恐怖症のような状態になり，級友が自分を見てヒソヒソ話をしているなど，被害関係妄想的な気分もある。弁当も人と一緒には食べることができず，一人で食べている。もともと自閉症スペクトラムの傾向はあったようで，小学校からいじめにあっていた。中学校では，さらに無視され「気持ち悪い」などと言われていた。カウンセリングの中で，「人から親切にされても裏があると思ってしまう」，「自分に接近してきた人はみな不幸になる」など，他人への信頼感の低さ，自己肯定感が相当に低いことなどをうかがわせた。その結果，今のような対人恐怖症的な状態に陥っている。A 男は，生来の特性のために他人からいじめの長期的な被害にあい，今では学校不適応，神経症的状態を呈している事例である。

弁護士として活躍している大平（2000）は，著書の中で，いじめの被害者の心理を告白している。彼女は転校してきた中学校で無視や陰口，所持品を盗まれる，水をかけられる，などのいじめを受けた。そのときのことを，他人が信じられなくなる，人に対する恐怖心が出る，誰にも頼ることができなくなり孤立無援になる，と振り返っている。そして，彼女は未来に絶望して実際に割腹による自殺未遂をし，非行など反社会的な問題行動も起こしている。

このように，いじめの被害にあうと，世界への信頼感を失うようである。未来への生きる希望を無くし，他者を信頼することができなくなり，心を閉ざしてしまうという重大な事態に発展する。

PTSD 症状についてもそうだが，人にはトラウマから回復しようとする自然治癒力がある。強いトラウマを経験しても，その直後から回復の過程が始まる。PTSD 症状は，その回復の過程でそれを阻むものがあり，その結果回復が遅れる場合に発生している状況である。この自然治癒のことを心的外傷後成長という。つまり，いじめで傷ついた心も，回復の過程でそれを阻むものがなければ回復してゆく。被害者はいじめの被害から回復に向かう力も自然に兼ね備えているのである。

筆者は，大学の心理学部に所属している教員であるが，卒業論文や修士論文の指導をしていると，時々いじめをテーマにしている学生と出会う。彼らにその理由を問うと，過去にいじめの被害にあったことがあって，それが研究の動機になっているという。心理学を学ぶ学生の中にいじめの被害者がいるというわけである。これはいじめの被害経験を研究という形で昇華させることで，いじめの外傷後成長がなされていると考えることもでき，それだけ長い間，この問題を引きずっており，いじめを克服するためには，相当，長い時間をかけなければならない，長い時間の中で，少しずつ成長していると考えることもできる例である。

2 加害者の心理

いじめは，加害が集団で行われる場合と個人で行われる場合がある。いじめが複数の集団で行われる場合，学校でいうと学級集団など，被害者が所属する集団や仲間の文化や性質が問題になる。こういう場合，集団いじめの標的が被害者になってしまう形が多い。学級などで集団いじめが発生する場合，いじめを実行するメンバーといじめを指示するメンバーが別の場合がある。いじめのリーダーシップを取っているメンバーが，仲間に指示して被害者に対して加害をする，あるいは，リーダーに忠誠を示すために加害に加わる者もいる。つまり，自分がいじめの被害にあうのを恐れて，加害者側につく場合である。これは観衆や傍観者の心理に通じるものでもあるが，加害者側の集団に帰属することで自分の安全を保とうとする結果，いじめに加わることになる。この場合，加害する集団は，被害者を異質化・差別化し，それを排除し，攻撃の対象にすることで，自分たちの集団を守ろうとする心理が働く。その結果，加害者集団は等質な関係になるが，それは，メンバーがそう認知しているだけであって，実はいじめの序列は存在しており，その集団の中で次のいじめ被害が生まれる可能性はある。この集団いじめは，時に恐喝や暴力など，非行や犯罪などの深刻な被害に結び付く場合もある。

2013 年 7 月に呉市で起きた 16 歳の少女の殺害遺棄事件は，LINE によるいじめが暴行殺人にまで発展した悲惨なケースである。少年少女が 7 人逮捕されたが，主犯格の少女 17 歳は，金銭トラブルや嫉妬心から被害者少女への憎しみや憎悪感を強め，ほかの 3 人の少女がそれに同調した形になった。関わった男子 3 人は，少女たちのそれぞれの交際相手である。7 人はそれぞれが背景に家庭的問題などを抱え，ネットなどで知り合って疑似家族を作り同居生活などをしていた。そこでの連帯意識やトラブルが LINE などでの言い争いに発展し，被害者を殺害し，山中に遺棄することにまでなった。これは集団で行われるいじめの最悪のケースである。

いじめはどの発達段階でも見られるが，特に顕著になるのは前思春期と言われる小学校の高学年から中学生，高校生のような思春期の発達段階にある子どもたちである。この時期は，身体的発達や性的発達に伴って，人間関係や異性関係など仲間意識や恋愛意識が高まってくる。それとともに仲間関係などは複雑化し，親密感や嫉妬や差別意識，好悪感情の明確化，集団への所属意識，同族意識，金銭などの物質的欲求の高まりなど，対人関係をめぐる生活状況が複雑化し，独占や排除などが繰り返されるようになる。

いじめは集団的に行われる場合が多いが，いじめの加害者が個人の場合，個人が特定の個人をいじめの標的にする場合がある。これは二人の間の人間関係が独特の性質を帯びていることになる。明らかに力関係は加害者が上位であるが，加害者が相手を徹底的に執拗にいじめるのには，理由がある。加害者本人に理由を聞いても説明できないことはあるが，加害者への対応の過程でそれは徐々に明らかになるものである。特に意図的にいじめていないときでも相手が傷ついていることがあり，相手がそれをいじめと捉えたらいじめになるので，結果的にいじめになっていることを理解させ，改めてその理由を明らかにしなければならない。一般的にいじめの加害者は，自己主張的で，活動的であり，集団の中では良い適応状態を示しているが，家族や学校教師などとの関係の中では強いストレス状況に置かれていたり，欲求不満状態にあることがある。そのような心理状態の中で，相手の性格や言動に対して「むかつく」など，怒りやいらいらの感情がコントロールできなくなり，相手に攻撃的に振る舞ってしまう。ストレスや欲求不満の耐性には個人差があるので，耐性の弱い者は，いじめ行動に走りやすい。攻撃性のたらい回し，八つ当たりのメカニズムと同じである。

また，いじめの加害者は自己肯定感が低いこともある。他者から適切に評価されて自己肯定感を発達させている者は，他者に対しても寛容な態度をとることができるが，そうでないものは攻撃的態度に出やすい。その際，加害者の自己肯定感が十分に育っていない背景を理解し，対応する必要がある。背景としては運動・学習能力の低さや親の養育態度など，様々なものが考えられる。その意味では加害者も被害者である。自身の養育環境の中で，無視されネグレクトを受け続けると，虐待という被害者になる。かつてはいじめられていた子どもが，後にいじめる側に回ることもよくあることである。そういう環境の中で生きていると，他者に対して許容的になれず，些細なことで攻撃的態度に出やすい。

一般的には加害行為が，加害者の孤立を生み，それが周囲への不信感を生じさせ，その結果，さらに憎悪を強め加害行為が起きるという悪循環がある。この悪循環を断つためには，被害者だけではなく，加害者のケアが必要になる。加害者も被害者であるという視点の重要性がそこにある。このことが端的に表れるのは非行少年の反社会的行為などである。窃盗や強盗・恐喝などで非行少年として補導された青少年は，警察や裁判所に対して，「自分は虐待されてきた」「いじめにあっていた」「すべての大人から見捨てられてきた」と自分が被害者のように供述し，加害者でありながら被害者意識が強いことが多いが，これはこの悪循環を示している。この悪循環はDVの加害者，非行や犯罪でも顕著に生じるが，虐待の連鎖も似たような現象として現れる。信田（2008）は，DV加害者の持つ二つの被害者性について論じている。DVの加害者である夫は，「妻が～だから暴力を振るわざるを得なかった」「妻が認めてくれない，理解してくれない」など自分は被害者だという主張がうかがわれ，暴力を正当化しているという。また，親からの虐待被害者そのものでもあるともいう。このことはいじめの加害者にも当てはまる。

自閉症や境界例の研究領域で，こころの理論という理論がある。これは他者の行動をその背後にある精神状態（感情，願望，意図，信念など）と関連させて理解する心理的能力のことである。つまり，人には人の感情や意思があることを推測し，認識し，認め，尊重する能力である。イギリスの心理学者で精神分析家のA. ベイトマンとP. フォナギー（2004）は，これをメンタライジングと名付け，一連の愛着関係を乳幼児の観察や実験などを通して研究した。愛着関係には，安定型，回避型，アンビヴァレント型，無秩序型の四つがあり，安定型以外は，このメンタライジング能力に課題をもたらすと結論した。つまり，適切な養育を受けない乳幼児は，他者の精神状態を推測する能力を発達させないために，愛着障害や発達障害を生み，他者への共感能力や自己への内省能力に課題を残すという考えである。他者への共感能力の欠如は，いじめの加害者の特徴でもある。自分の加害行動が相手に与える影響や問題に対し，内省や共感が欠如するために思いやり行動が取れないのである。

3　観衆の心理

観衆とは，いじめを目撃しながら直接は手を出さず，心理的には加害者になっている者のことを言う。

観衆は，代理的いじめをしている。他人同士のいじめを見ることで代理的満足を得ているので，心理的にはいじめの加害者側に立っている。つまり異質なものを排除し，攻撃しようという点ではいじめの加害者と同じ意識を持っている。これは，いじめを遷延させ，強化する原因になる。観衆は加害者とほぼ同じ意識を持っているが，いじめには直接参加せず，はやし立て，けしかけている，影の攻撃者である。したがって，いじめを認識しながら積極的にいじめに関わっているとみなすことができる。直接的にいじめてはいないが，これも加害者と考えることができる。中には，影で加害者を巧みに操って，いじめを実行させている場合もある。

また，消極的にいじめに関与している場合もある。これは加害者を恐れており，加害者に加担しないと自分が被害者になることを予測し，自分を守るために観衆としての立場にいる者たちで傍観者に近い。

観衆は，いじめの加害者側に立っているが，直接的にはいじめに参加しない。集団の連帯性や協調性には無関心で，いじめを楽しむ傾向にある。いじめを遊びやふざけという面白い出来事として捉える傾向にある。この快感情しかない自己中心性は発達の未熟性と関連がある。規範意識や道徳観も歪んでおり，大人の正義感などに対して反発しているなどの問題も背景には潜んでいる。犯罪行為など，社会的な良い悪いの判断は一応できていても，いじめになると価値判断が異なってくることもある。

そこで，このような観衆を生まないためには，普段から教育場面などで道徳観や倫理意識を正しく持てるようにしなければならない。差別意識を無くし，公平で寛大な姿勢や態度を普段から教育しておく必要がある。このような意識が集団規範を生み出し，このような観衆を生まないように機能する。集団規範がいじめに否定的であれば，観衆もその規範に影響される。そのためには，集団を構成するメンバーが，普段から「いじめは悪である」という意識を持つようにならなければならない。

また，学校や教師に対する不満があるなど，学校への不適応感が高い生徒は，容易にいじめに加担しやすいと考えることもでき，観衆を生まないためには，教師は普段から学校不適応感を下げるような教育相談的対応をして，生徒から信頼を得ておく必要がある。

4　傍観者の心理

傍観者と言っても，加害者に心情的には味方しており観衆に近い者，いじめを認識し，それが悪いとわかっていて傍観者的態度を取る者，まったく無関心で，そもそもいじめを自分とは関係ないものとして切り離し，心理的葛藤を抱えない者もいる。このように，傍観者は，はじめからいじめに関わりたくないと思い，被害者を救済しようともせず，加害者を糾弾しようともしない者たちである。一応の正義感は持っており，それに照らしていじめは悪いと思い，いじめに気づいてはいるが，いじめには加担していないと思っている。しかし，傍観者の存在は，いじめが行われていることを許してしまっているのである。残念ながらそのことへの認識はないので，行動を起こさないで傍観している。傍観者は，被害者を救済しようとする動きを開始すると，それを支える集団の存在を確信できないために，次は自分が孤立し，いじめの被害者になるのではないかという不安を抱く。その結果，関わらないという傍観者的態度を選ぶようになる。集団内でメンバーが周囲からの共感や支持が得られないと不安を抱くような集団力動は，力を持つ一部のメンバーが集団を牛耳っており，集団としての民主的で公平な規範ができていないことを意味する。

またそこには思春期的な心性（集団化・同調性）も関係している。思春期では友人との対人関係は重要な意味を持ってくる。他者から嫌われたくない，無視されたくない，孤立したくないというような感情や，仲間から認められ，仲間集団に所属できるという意識が強くなり，これが得られないと自分が排除されるという恐怖感が増大し不安になる。そのために余計に傍観者的態度をとらざるを得なくなってくる。自分の仲間が傍観者的であれば，仲間と同様の傍観者的態度をとらざるを得なくなり，そうすることで自分の身を守る。

三好（2018）は，修士論文で「いじめの目撃経験」について研究し，いじめの目撃者に共通する心的過程の特徴として次のように論じている。三好は，いじめの目撃体験のある女子大学生５人に面接調査を実施し，中学・高校生当時のいじめの目撃経験を遡及的に調査した。その結果，いじめの目撃者は，そのときの不快な感情を乖離させることで安全を保つ，いじめと切り離すことで不快な状況に対応していることがわかったという。つまり，傍観するということである。いじめをいじめとして認識しないようにし，いじめを傍観する。よく新聞報道などで，いじめがあったことが予測された場合にもかかわらず，学校側がいじめとなかなか認識しないことがあるが，これはこの傍観者のメカニズムと共通した部分かもしれない。人間の心理として，心で受け止めきれない事実に遭遇するとそれを否認という形で防衛するが，それが傍観者の心理には働いている可能性がある。三好は，具体的にはいじめを目撃してもいじめと認識しないという考えがみられるという。何回も繰り返されるいじめを目撃することでいじめという事象に慣れが生じ，いじめが当たり前になるというのである。そのため，いじめを目撃しても態度を変えないという傍観者的行動になるらしい。また，いじめの加害者はクラスの中心人物であることが多く，そのことも関係しているという。いじめがあって当たり前という認識で集団に適応していることもあるという。ただ，いじめを是認しているわけではなく，良くないとは思いながら，良くなってほしいと思いながら集団にとどまっているという状況が見えてくる。時間が経過して，いじめの場面から逃れて振り返ったときに，いじめを目撃した当時を振り返って罪悪感を持っている者があるという。目撃当時は集団に適応するために傍観者として存在していたが，時間が経った後の段階では，いじめと認識できるようになるのだという。さらに小学校・中学校を通して，いじめを体験・目撃してきた者は，いじめを目撃しても「何も思わない」という状況になりやすいという。つまりいじめに対して感覚が麻痺してしまうということである。いじめに対して特別なことと思わなくなるので，傍観者的態度になるのである。傍観者は全般的に他者と関わらないというスタンスをとるために，普段から全体的に希薄な友人関係を保ち，維持するようになっている。

私たちは事件や事故を目撃したとき，その場面に自分以外の人がいる場合，すぐに警察や救急車を呼んだりはしないことがある。これは傍観者効果といい，自分以外の人が行動を起こすだろうと考えて，他人に任し，自分が率先して行動しない行為といえる。いじめの場合もこれと似たような心理が働き，傍観者となっていることが考えられる。

（藤沢　敏幸）

〈参考文献〉
森田洋司・清永賢二（1994）『新訂版　いじめ――教室の病い』金子書房。
大平光代（2000）『だからあなたも生き抜いて』講談社。
三好由希帆（2018）『いじめ目撃経験における心理的プロセス』安田女子大学大学院文学研究科教育学専攻修士論文。
Bateman, A. and P. Fonagy（2004）*Psychotherapy for borderline personality disorder : mentalization-based treatment*, Oxford : Oxford University Press.（A. ベイトマン／P. フォナギー（2008）『メンタライゼーションと境界パーソナリティ障害』狩野力八郎・白波瀬丈一郎監訳，岩崎学術出版社）
一丸藤太郎・菅野信夫編著（2002）『学校教育相談』ミネルヴァ書房。
信田さよ子（2008）「DV 加害者」廣井亮一編『加害者臨床』〈現代のエスプリ 491〉至文堂。

第6章

いじめ問題を克服する「心の育ち」

1　人と関わる心の教育

(1) 学校現場に「心の育ち」の教育を

いじめの克服には，児童生徒自身の「心の育ち」が必要である。学校教育の中で，「心の育ち」を主とする授業があるだろうか。たとえば，社会科や，国語，道徳の時間の中で，人としてあるべき姿，倫理観にふれることはあるであろう。「心の育ち」は，教材や先生の指導を通して，また友達との話し合いの体験を通して，学びが蓄積されていくものである。そのために，これからは「心の育ち」を目的として，教育の中でより積極的に取り組む必要がある。子どもが自分自身で心の問題に向き合う力とスキルすなわち「心の育ち」は「生きる力」としても重要なのである。

現在，こうした点から教育内容を見ると，2017年3月告示の中学校の学習指導要領では，保健体育におけるストレスとその対処がある。2018年3月告示の高等学校の学習指導要領では，保健体育で精神疾患について，家庭科で生涯発達について取り入れられている。ところが，近年の災害や犯罪の増加により様々な予期せぬ問題が生じ，心の問題は深刻化する状況にある。心理学の専門家が行う支援やケアもより必要とされるようになり，国民の心の健康に寄与する目的で公認心理師法が2017年9月に施行されることとなった。この法律は，文部科学省と厚生労働省の二つの省の連携によって施行され，教育現場においても心の問題に対するいっそうの取り組みが期待されているのである。こうした状況を考えてみると，自分で自分の心をケアする力を育てる実践的な授業をより多く取り入れることが求められていると言えよう。

また，昨今の学校でのいじめ問題からは，人との関わりをどのように進めるかなど，人間関係づくりについての授業が盛り込まれる必要がある。

人間関係づくりの学びは，いじめ問題はもちろんのこと，災害時における近隣住民の助け合いにおいても，日ごろからのコミュニケーションに活かしていくことができる。これまで人とのつきあい方は，普段の家族や友達との関係の中で自然に培われるものととらえ，わざわざ学校で教えてもらう必要はないと考える人も少なくなかった。インターネットが普及する以前は，今よりも人と人とが対面でつながる時代であった。対面でのコミュニケーションにおいては，自分が何を言えば相手がどう反応したか，相手の言葉だけでなく，表情やしぐさなどによってもすぐに理解できる。よって，自分の言動が相手に与える影響についてタイムラグなく学習することができていた。ところが昨今ではSNSが日常生活に入りこみ，隣にいる友達とでさえもツイッターやLINEでコミュニケーションをしている現実を目の当たりにする。このようにSNSがメインのコミュニケーションでは，自分の言動が相手にどう影響を与えるかについて，学習しにくい状況がある。なぜなら，相手の反応をリアルにかつ即座に見ることができないからである。よって，学校生活の場を積極的に活用し，人と人とが直接ふれあう機会において，人間関係やコミュニケーションについて学ぶ授業を実施することがよりいっそう求められるのである。

(2) 人間関係づくりの力はコミュニケーション

日常生活において自然な形でコミュニケーション力を培うことが難しくなっている現状においては，学校という社会の中が，その力を培っていく大切な場になる可能性があると述べた。

それでは，コミュニケーションとはどんなものか。一言でいうならば，コミュニケーションとは「関係づくり」である。コミュニケーションは，「聞く（受信する）」と「話す（発信する）」の二つの機能がある。ところが，コミュニケーションというと，どちらかというと「話す」ほうをイメージしがちではないだろうか。それは就職活動に象徴されている。たとえば，就職活動においては，自分がどういう人間であるかについてアピールしていくことが，一つの大きな取り組みとなっている。就職における面接においては，学生たちは質問に対して“何を言うか”に集中しがちである。また，面接指導の場では，これを重点的に指導されるので，就職活動では「話す」というスキルが向上するかもしれない。しかし，コミュニケーションはキャッチボールである。自分が投げたボールは，まず相手が受けとめなければ，相手はボールを投げ返すことができない。反対に，相手が投げたボールを自分が受けとめなければ，次に自分が相手にボールを投げ返すことができない。つまり，相手の伝えることをいったん受けとめていくこと，つまり「聞く」ことが大切なコミュニケーションの力となる。よって，コミュニケーションを成立させるためには，「聞く」と「話す」の両方が大切なのである。つまり，コミュニケーションは対話なのである。“何を言うか”は二の次であり，互いに「やりとり」ができるかどうかが大切なのである。さらに言えば，その「やりとり」は必ずしも言語でなくてもよく，身振りや手振り，表情，うなずきなどの非言語による方法でもよいのである。このことを理解するだけでも，人間関係づくりはずいぶん楽になるはずである。心理学を取り入れた授業として提案するとすれば，お互いの「やりとり」を体験する内容をカリキュラムに盛り込むことは重要である。

(3)「聞く」ことから生まれるもの

相手の言うことをまずは受けとめていくこと，すなわち「聞く」ことがコミュニケーションにおいて大切であると述べた。しかし，それは容易なことではない。「聞く」ことを専門的に行う職種の一つにカウンセラーがある。「話す」専門家にアナウンサーや噺家《はなしか》がいるように，「聞く」ことにも専門性があることをこの職種は教えてくれている。カウンセリングにおいて大切なのは，クライエント（相談者）との信頼関係づくりである。臨床心理学の演習授業で，学生に「これまで誰かにしっかり話を聞いてもらったという経験はありますか？」，「その経験はあなたにとってどういうものでしたか？」とたずねることがある。学生から意見としてよく出るのは，すっきりした，気持ちが楽になった，考えがまとまった，意見を聞いてもらえて自信になった，嬉しかった，安心感を得たなどである。また，「聞いてくれた相手に対してどのように思いましたか（相手の印象を含めて）？」という質問には，ありがたいと思った（感謝），頼りになると思った（信頼感），否定をされず受けとめてくれて心が広い人だと思った（安心感），こんな人になりたい（尊敬），今度は相手の話を聞いてあげたいと思った（心の余裕）などの回答が出る。このことから，「聞く」という行動は一見消極的に見えるが，聞いてもらった人の心に肯定的な影響を与えることがわかる。

2　心を理解する「心の育ち」

（1）人間関係づくりのための「心の理論」

人間関係づくりにおける発達的基盤を考えるうえで，「心の理論」は欠かせないものである。「心の理論」とは，他者の心や考えを推測する能力を言う。有名な「サリー・アン課題」によって確かめることのできる心の機能で，4歳半から5歳くらいに発達する。これは，幼児期に，自分の心と他者の心が異なることを理解する心の機能が育つということである。この「心の理論」は，人間関係を築くうえで重要な心の機能である。なぜなら，自分と他者と考え方が異なるという認識は，相手を理解しようとする行動の必然性を生む。また，幼児期には，ピアジェの有名な「三つ山問題」の実験から，「自己中心性」という特徴がある。それは，自分の見ている風景と他者が別の視点から見ている風景との違いが理解できないという特徴である。6, 7歳まで続くが，11歳から12歳頃までには「脱中心化」を獲得していく。「脱中心化」は，見た目に左右されてものごとを判断する心の状態から，その背後にある見えないものを見るという想像力の基盤となるものである。心は見えないものであるが，その見えない心に取り組んでいく力にもなるであろう。このような発達段階をへて，他者が自分と同じように感じたり考えたりしているとは限らないことを理解し，だからこそコミュニケーションが大切であることに気づいていく。このように，人間関係づくりをしていくための基盤となる発達は，すでに幼児期から始まっているのである。しかし，その発達が困難な場合や個人差が大きい場合は，何らかの支援が必要となってくる。そのことを踏まえ，適切な時期に適切な支援が届くように，子どもを見守っていくことが重要である。

（2）自分との対話

言語の発達において，ヴィゴツキーによれば思考は外言から内言へ発達的に移行していく。つまり，声に出さなくとも頭の中でものごとを考えることができるようになる。そして，われわれは日常的なコミュニケーションにおいて，他者との対話以外に自分との対話をしている。たとえば，向こうから苦手な知り合いが歩いてきたとする。挨拶をしようかどうか考えるかもしれない。挨拶をしたほうがよいと考えれば，知り合いに挨拶という行動をする。つまり，知り合いに対する挨拶は外言であり，その直前に心の中で自分との対話をしているのだが，これは内言である。もっとも最近では，内言さえもSNSを通して簡単に発信され，インターネット上ではもはや内言ではなくなっている。自身の内言を配慮なく，何の加工もせず，ありのままを発信した場合に炎上という現象が起こることがある。そのことが，大きく人間関係に悪影響を及ぼすことにもなっていく。よって，他者とのコミュニケーションにおいては，実際に他者とどのような「やりとり」をするかだけでなく，その前に自分とどのような「やりとり」をするか，つまり自分との対話をどのようにするかが重要となる。その結果，他者にどのようなアウトプットがなされるかが決まるのである。つまり，自分との対話は自分の次の行動に影響を与える。そしてさらに，自分の考え方やそのときの自分の感情を把握することで，それをコントロールすることができる。つまり，自分との対話をすることで自分の考えや感情を把握し，そこからどのような言葉を発するかを選択することで，他者とのコミュニケーションをよい方向へもっていくことができる。ところが，子どもにとっては，個人差はあるが自分との対話をすることは難しいことがある。なぜなら，脳の発達において，感情の制御や思考をつかさどる前頭葉が未発達だからである。しかし，授業において自分との対話について学ぶ機会があることは，やがてそういった行動ができるようになる可能性を高めると言えよう。すでに臨床心理士による中学生を対象としたストレスマネジメントの心の健康授業の一つに「「心のつぶやき」をキャッチしよう」というワーク（冨永 2015）がある。

冨永（2015）によると，「「心のつぶやき」をキャッチしよう」は，認知療法の理論，すなわち出来事をどう認知するかが感情や心身反応に影響を及ぼすという理論をベースとしている。教師の教示に従って，ワークシートを用いて進めていく。ワークシートには，“あるストレスフルな出来事”が書いてあり，もし自分がその出来事に遭遇したら，心の中で何をつぶやくか，どのような気持ちになるか，どのような行動をしそうかについて書き込む欄がある。たとえば，中学生のＡ君は，「友達に挨拶したのに返事がなかった」という“出来事”にあったと仮定した場合，そのときの“気持ち”欄の悲しい表情の顔を選んで，悲しみの強さに応じた点数にマルをつけた。そして，“心のつぶやき”欄に「嫌われているかも」と，さらに“行動”欄には「家で寝込んだ」と書き込んだ。このようなワークを通して，ある出来事に遭遇した際の“心のつぶやき”，“気持ち”，“行動”について振り返りながら，自分との対話の練習ができる。そして実際に，ストレスフルな出来事に遭遇した際に，どのように自分との対話をしていけば“気持ち”をよい方向に切り替えることができるか，トラブルにならない“行動”を選択できるかについて考える力となっていく。

(3) 行動してみる

前述したワークは，認知（心のつぶやき）と感情（気持ち）と行動は互いに影響しあうという認知療法の基本理論に基づいたものである。この理論では，同じ出来事に遭遇したとしても，“心のつぶやき”すなわち自分との対話を変化させれば“気持ち”や“行動”も変化させることができると考える。ストレスフルな出来事に遭遇しても，それに対処する適応的な“行動”を見つけたら，実際に日常生活で実践してみることが大切である。また，“行動”から変えてみるということもあるであろう。自分がこのようにするのがよいと思う“行動”の中で，できそうなものから実験的にやってみるのである。“行動”してみることで，後から“気持ち”や“心のつぶやき”も変化してくる。“行動”してみてどうだったか，“気持ち”や“心のつぶやき”の変化も含めて振り返ってみることも一つの方法である。たとえ最初からうまくいかなくとも，この体験の積み重ねは，目に見えない自信となっていくであろう。“行動”をすることは勇気が必要であり，失敗するかもしれないという不安もある。しかし，そばで寄り添って見守ってくれる人がいれば，一歩踏み出せることがある。それは，親かもしれないし，友達，学校の先生，スクールカウンセラー，近所に住む人かもしれない。見守ってくれている人の存在は，一歩“行動”に踏み出す勇気を生み出すうえで重要である。

3　自己理解と他者理解

(1) 人間関係づくりのために重要な自己理解

人が自分自身を成長させようとするときや，また，人間関係づくりをしていくためには自分のことを客観的に知ることが重要である。なぜなら，自分を知ることは，自分の何をどう変えたらよいかについてヒントを得ることができるからである。自分を知る方法には，いくつかある。心理検査をして客観的な情報を得ることも一つの方法であるが，他者との関係を通して，自分のことを知ることもできる。星野（2003）は，「ジョハリの窓」という有名な理論を用いた人間関係づくりトレーニングのためのエクササイズを紹介している。「ジョハリの窓」では，自分の心に四つの領域があることを仮定している。一つは，自分が知っていて他者も知っている領域（開放領域），自分は知らないが他者は知っている領域（盲点領域），自分は知っているが他者は知らない領域（隠ぺい領域），自分も他者も知らない領域（未知領域）の四つの領域である。他者との良好な人間関係づくりのためには開放領域を広げていくことが重要であり，そのために次の二つのポイントがあるとしている。一つは，自分のことを他者に自己開示をしていくことで，隠ぺい領域を小さくしていくことである。もう一つは，他者から自分のことについてフィードバックしてもらうことである。これは，盲点領域を小さくしていくことで，自己理解を促進させることができる。星野（2003）は，わかりやすく図式化してエクササイズを実施しやすいように紹介している。自分から相手にフィードバックする場合の留意点は，短所を伝える際に，相手と自分との間に信頼関係があるか，相手に対して感情的になっていないか，選択する言葉は適切か，相手が受け入れられる心理状態かなどを確認することである。少しでも心配なことがある場合は，できるだけ相手の長所や強みを伝えることに配慮し，言いにくくとも伝えなくてはならないことがあれば，長所とあわせて伝えることが望ましい。また，フィードバックを受ける側は，相手の伝え方や伝える内容がどうであれ，相手の言外の真意を汲み取り，どのようなフィードバックも受けとめて自己理解につなげ，自らを成長させるという精神的な強さを培っていくことが大切であろう。このことは，より自己理解を促進させ，自分を変えていくことにつながり，同時に他者理解にも通じていくのである。

(2) 他者理解のために大切なこと

人間関係づくりにおいては，自己理解とともに他者理解が必要である。他者理解には何が大切か，カウンセリングの考え方からヒントを得ることができる。カウンセリングでは，カウンセラーとクライエントとの信頼関係をつくっていく。クライエント中心療法を創始したロジャーズは，そのために大切なカウンセラーの態度について述べている。それは，共感的理解，無条件の肯定的配慮といった受容的態度である。コミュニケーションはキャッチボールであると述べたが，まず相手の投げたボールを受けとめていくところから始まる。そうすることによって，相手は安心して自己開示をしてくれる可能性が高まる。つまり，他者を理解するためには，相手に自分のことを語ってもらうことが重要なのである。否定的な応答をしないで，自分の話を肯定的に受けとめてくれる相手には，安心して自己開示ができる。つまり，相手が安心できる態度で話を聞いていくことで，相手をより深く理解することにつながるであろう。しかし，そのまま受けとめていくことはなかなか難しいことがある。なぜなら，人は自分の考えというのを持ち，それを主張したいという欲求を持っているからである。相手の話を聞きながら，つい自分の意見を先に言ってしまうのが人情であろう。それをできるだけしないで聞くことは意外と難しく，日頃の心がけと訓練が必要になる。

(3) 自己肯定感を高めるエクササイズ

榎本（2010）によると，今いる環境にうまく適応できていると感じるときに自己肯定感が生じるという。今いる環境にうまく適応できているというのはどのような状況だろうか。衣食住において十分な生活を送っていることも立派な適応状態といえるが，人は社会的な存在であることから，自分が所属している集団にありのままの自分が受け入れられていて，ふれあいがあるという実感，つまりそのコミュニティの中で自分の居場所があるという実感が必要なのである。それを感じられるときに，自己肯定感が生じるのではないだろうか。特に，親離れをしていこうとする学齢期の子どもたちは，友達との関係や集団において，その実感が重要である。今の子どもたちは友達づくりが必ずしも上手とはいえず，人との関係づくりにおいて困難な状況がある。

不登校傾向の子どもが，何かのきっかけでクラスの友達とつながりができることにより，再び登校できるようになるということもある。そこで学級では，クラスメート同士のふれあいや感情交流の時間を設けて，クラスを居場所にしていくきっかけをつくるとよいであろう。その際に用いられることがあるのが，構成的グループ・エンカウンター（Structured Group Encounter）である。構成的グループ・エンカウンターは，人間関係開発の技法すなわちふれあいと自己発見のためのグループ体験の技法として開発された（國分 2001）。構成的グループ・エンカウンターには様々なエクササイズがある。中でも自己肯定感を高める効果が期待されるエクササイズとして「私の四面鏡」（川崎 1996）を紹介する。このエクササイズは，5〜6 人のグループになり，お互いの印象について 50 個のポジティブな形容詞の中から選び，伝えあうというものである。自分に対するポジティブなイメージをグループのメンバーからフィードバックをしてもらう。また，グループのメンバーに対するポジティブなイメージをそれぞれのメンバーにフィードバックをする。このことは，仲間からよいところを伝えてもらうという自己理解の体験となり，自己肯定感を高める効果をねらうことができる。また，肯定的な他者理解を深め，友好関係づくりの機会となる。形容詞が書かれたワークシートと筆記用具があれば，比較的手軽にできるエクササイズである。学期の半ばあたりにすると効果的である。このエクササイズのよいところは，相手のよいところを見ていくところである。お互いのよいところを見つけて，それをあえて口に出して伝えていくということは日常的にあまりない。そこで，このようなエクササイズが，お互いの存在を認め合い，受け入れていくという，クラスまたは集団における仲間づくり，助け合いの土壌づくりに貢献するのである。

4　いじめ問題と「心の育ち」

（1）環境的視点からの理解

いじめ問題においては，環境が人の行動に与える影響が大きいことから，その問題の全体を見ることが重要である。すなわち，問題が発生する背景要因を適切に見極めていくことは非常に重要なことと言える。人は他者の行動を見たとき，その他者の個人要因，例えば性格などに行動の原因を帰属させる傾向があるという。しかし，人の行動はその人がいる環境から常に様々な影響を複雑に受けている。レヴィン（1962）は，「場の理論」において，人間の行動（Behavior）はその人のパーソナリティ（Personality）と，その人がおかれている状況（Environment）の組み合わせによって決まる（Function）とした。このことから，人の行動を理解する際には，性格などの個人要因だけでなく，その人がおかれている状況や環境からの影響について考慮する必要がある。いじめ問題においても，当事者らの生い立ちや生活環境などを総合的にみていく必要がある。もちろん，いじめの行為そのものは許されない。しかし，その行為をとがめておさえこむだけでは根本的な解決は困難である。環境要因にも目を向け，いじめの行為を誘発させる背景を見る必要がある。いじめを誘発させるような環境がそのままであれば，別の形で再びいじめ問題が生じる可能性がある。いじめの状況の渦中にある加害者および被害者は，自身をとりまく環境に気づくことは難しい。環境を自ら変えていくことはさらに難しい。よって，それを客観的に見極めて，支援する第三者的立場の存在，教師やスクールカウンセラーなどの専門家との連携により，適切な対応が求められるであろう。

(2) 個人要因への取り組み

いじめ問題については，環境要因にあわせて個人要因に対する取り組みも重要である。そのためにまず，一人一人の特性を理解することから始める。

いじめ加害の立場からみた個人要因の問題の一つに，感情のコントロールおよびストレス耐性の問題がある。特に，日常生活で感じる「怒り」に適切に対処していくことは，生活の質（Quality of life：QOL）を向上させるだけではなく，日頃のストレス軽減につながることが注目されている（小澤ほか 2018）。近年，様々なハラスメントや児童虐待の問題がとりあげられる中，「怒り」の適切な対処，すなわちアンガーマネジメントが話題になっている。最近では学校現場においても児童生徒の問題行動に対する取り組みとして多様な場面で活用されている。小澤ら（2018）によると，アンガーマネジメントの方法は複数あるが，中でも遭遇した出来事や状況の受けとめ方または解釈を変化させることによって感情の強さや種類を変化させる方法が有効であるとする研究を紹介している。これは，自分に起こった状況をどう受けとめ，それによってどのような気持ちになったか，どのような行動をしたかなど，「自分との対話」を通して整理していくことが「怒り」のコントロールに有効であることを示している。「自分との対話」をする力を育てていくことは，状況の理解と今後の見通しを持って，自分や他者にとってどのような行動を選択するとよいのかについて深く考えることにつながる。そして，「自分との対話」のプロセスを援助する工夫が，専門家および支援者にとって大切なことではないだろうか。

いじめ被害の立場からみた個人要因の一つにレジリエンス（resilience）がある。レジリエンスとは，「精神的回復力または回復過程」であり，逆境にあっても自らストレスを緩和させ，環境に適応していく能力である。小塩ほか（2002）は，精神的回復力尺度を作成し，“新奇性追究”，“感情調整”，“肯定的な未来志向”をレジリエンスの特性として抽出しており，やはり感情のコントロールが重要な要素であることを示している。また，小林・宮谷・中尾（2018）は，ネガティブ感情の状態からの回復の早さと「心のゆとり」が関係していることを示した。富田（2005）の質的研究によると，「心のゆとり」がある心理状態として，〈切迫感がない〉，〈焦燥感がない〉，〈不安や悩みがない〉という消極的側面と，〈充実感〉や〈安心感〉という積極的側面がみられた。また，行動面においては，好きなことができたり，自分自身を振り返って客観的に眺めたり，他人について考えることができ，前向きな姿勢である状態などがみられた。菅野（1994）は，「心のゆとり」は心の安定と心のエネルギーがあることから生まれ，その上に社会性や自己発揮があると述べている。よって，一人一人が「心のゆとり」を持つための心の安定と心のエネルギーは何からもたらされるのかについて，実践や研究を通して検討することも大切なことではないだろうか。

以上，述べてきたように，いじめ問題の克服には，感情のコントロールや精神的回復力などの「心の育ち」を大切にした教育の充実がいっそう求められるのである。

（山本　文枝）

〈参考文献〉

國分康孝（1979）『カウンセリングの技法』誠信書房。
下山晴彦編（2014）『誠信心理学辞典［新版］』誠信書房。
藤永保監修（2013）『最新心理学事典』平凡社。
富永良喜編著（2015）『ストレスマネジメント理論によるこころのサポート授業ツール集』あいり出版。
星野欣生（2003）『人間関係づくりトレーニング』金子出版。

榎本博明（2010）「子どもの自己肯定感をもつ意味――自己肯定感の基盤の揺らぎを乗り越えるために」『児童心理』No.910，金子出版。
國分康孝・片野智治（2001）『構成的グループ・エンカウンターの原理と進め方――リーダーのためのガイド』誠信書房。
川崎知已・片野智治編（1996）『エンカウンターで学級が変わる　中学校編　グループ体験を生かしたふれあいの学級づくり』図書文化。
レヴィン，クルト（1962）『社会科学における場の理論』猪股佐登留訳，誠信書房。
小澤優璃ほか（2018）「感情制御とマインドフルネスがアンガーマネジメントに及ぼす影響」『早稲田大学臨床心理学研究』18（1），pp.13－18.
小塩真司ほか（2002）「ネガティブな出来事からの立ち直りを導く心理的特性――精神的回復力尺度の作成」『カウンセリング研究』35，pp.57－65.
小林亮太・宮谷真人・中尾敬（2018）「心のゆとりを有する者はネガティブ感情状態からの回復が早いか？――心のゆとりに関する実験的研究」『対人社会心理学研究』18，pp.21－26.
富田真弓・高橋靖恵（2005）「現代青年の‘心のゆとり’に関する基礎的研究――質的データの分析から」『九州大学心理学研究』6，pp.229－235.
坂野雄二・宮川充司・大野裕明編（1994）『生徒指導と学校カウンセリング』ナカニシヤ出版。

第7章

いじめの定義の変遷と問題点

1　いじめの定義の変遷

いじめの定義は，1986（昭和61）年から2019（令和元）年まで，4回にわたって変容している。文部科学省（2013）は，「児童生徒の問題行動等生徒指導上の諸問題に関する調査」において，いじめの定義の変遷について次のことを示している[(1)]。

▒1986（昭和61）年度調査から（図1のA）

①自分より弱い者に対して一方的に，②身体的・心理的な攻撃を継続的に加え，③相手が深刻な苦痛を感じているものであって，学校としてその事実（関係児童生徒，いじめの内容等）を確認しているもの。

なお，起こった場所は学校の内外を問わないものとする。

▒1994（平成6）年度調査から（図1のB）

①自分より弱い者に対して一方的に，②身体的・心理的な攻撃を継続的に加え，③相手が深刻な苦痛を感じているもの。

なお，起こった場所は学校の内外を問わないとする。また，個々の行為がいじめに当たるか否かの判断を表面的・形式的に行うことなく，いじめられた児童生徒の立場に立って行うこと。

▩2006（平成 18）年度調査から（図 1 の C）

個々の行為が「いじめ」に当たるか否かの判断は，表面的・形式的に行うことなく，いじめられた児童生徒の立場に立って行うものとする。「いじめ」とは，当該児童生徒が，一定の人間関係のある者から，心理的・物理的な攻撃を受けたことにより，精神的な苦痛を感じているものとする。

なお，起こった場所は学校の内外を問わない。

▩いじめ防止対策推進法（2013〔平成 25〕年 9 月施行）（図 1 の D）

児童生徒に対して，当該児童生徒が在籍する学校に在籍している等当該児童生徒と一定の人的関係のある他の児童生徒が行う心理的又は物理的な影響を与える行為（インターネットを通じて行われるものも含む。）であって，当該行為の対象となった児童生徒が心身の苦痛を感じているものとする。

なお，起こった場所は学校の内外を問わない。

1986（昭和 61）年度から 1994（平成 6）年度，2006（平成 18）年度への定義の変容は，「身体的・心理的な攻撃を継続的に加え」が，「心理的・物理的な攻撃を受けた」となり，継続的に行われないような攻撃についてもいじめとして認知することが可能になった。また，「深刻な苦痛」が「精神的な苦痛」に変化し，深刻な苦痛ではなくても，何らかの精神的な苦痛があれば，いじめとして認知することが可能になった。さらに，共通項の「（いじめの）起こった場所は学校の内外を問わない」こともいじめの認知（発生）件数を上げることに貢献するものといえる。その一方で，1986（昭和 61）年度の定義にある「学校としてその事実（関係児童生徒，いじめの内容等）を確認しているもの」については，いじめの認知件数を上げることにおいてハードルが高いといえる。このこととは逆に，1994（平成 6）年度の定義にある「個々の行為がいじめに当たるか否かの判断を表面的・形式的に行うことなく，いじめられた児童生徒の立場に立って行う」ことは，いじめの認知件数を上げることに貢献するものといえる。

2006（平成 18）年度から 2013（平成 25）年度への変容は，「心理的・物理的な攻撃」が「心理的又は物理的な影響」となり，「精神的な苦痛」が「心身の苦痛」となっており，心理的・物理的な影響や苦痛については広くいじめとして認知することが可能になった。

2　いじめの定義の変遷といじめの認知（発生）件数の相関関係

全国の小中学校，高等学校，特別支援学校のいじめ認知（発生）件数が，2017（平成29）年度において41万4378件（前年度比9万1235件増）であることがわかった。過去最多となった。学校別では，小学校が31万7121件（前年度比7万9865件増）と最も多く，特に低学年で増えた。中学校は8万424件（同9115件増），高等学校は1万4789件（同1915件増），特別支援学校は2044件（同340件増）であった。いじめの実態は，2013（平成25）年以降，年々右肩上がりになっている。なぜなのか。図１を参照されたい[2]。

過去30年間において2013（平成25）年度に設定された定義が最もいじめ認知（発生）件数を上げることに貢献するものであることは言うまでもない。2013（平成25）年度設定のいじめの定義によって，いじめの認知件数は格段に上がった。このことからも，いじめの定義が認知（発生）件数に大きく影響していることがわかる。

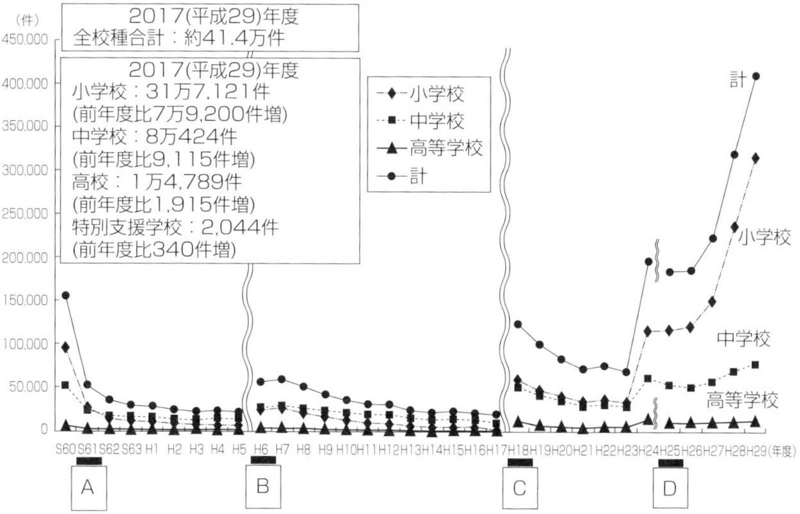

図１　いじめの認知（発生）件数の推移（国公私立）

いじめの定義の変容がいじめから児童生徒を救済することに貢献しているのである。逆説的に言えば，いじめの定義の客観性・信頼性・妥当性の如何が，いじめの認知（発生）件数に大きく影響するということである。

3　いじめの定義の問題点と課題

(1) いじめの実態

文部科学省（2018年10月25日）の「児童生徒の問題行動・不登校等生徒指導上の諸問題に関する調査結果」から，いじめの実態が見て取れる。「いじめの認知件数の推移」については，図1で示したとおりである。

「学年別いじめの認知件数」は，2017（平成29）年度調査によると，小学校1年生から5年生までのいじめ認知件数が，中学校1年生のいじめ認知件数を上回っている（2015〔平成27〕年度調査では，小学校1年生から5年生までのいじめの認知件数は，中学校1年生のいじめの認知件数を下回っていた）。図2を参照されたい[3]。

2017（平成29）年度の「いじめられた児童生徒の相談の状況の推移」は，「学級担任に相談」が79.5%，「友人に相談」が6.5%である。このことは，いじめられた児童生徒が，友人に相談できる状況にないことを意味しており，傍観者が多いことを知ることができる。図3を参照されたい[4]。

2017（平成29）年度の「いじめ発見のきっかけの推移」は，「アンケート調査等の学校の取組」が52.8%と最も高く，「本人を除く児童生徒からの情報」は3.4%と低い。このことからも，いじめを傍観している児童生徒が多

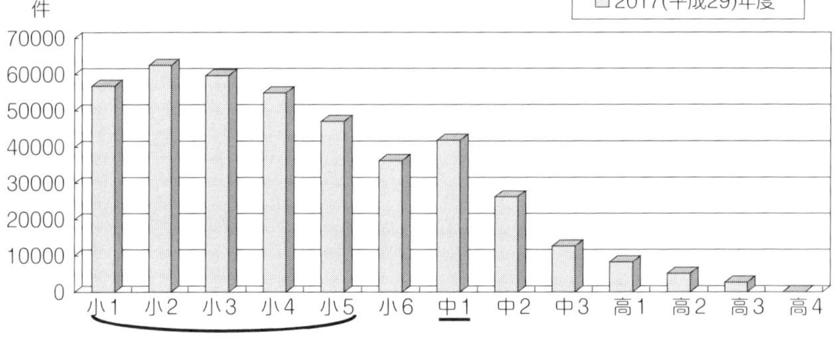

図2　学年別いじめの認知件数（国公私立）

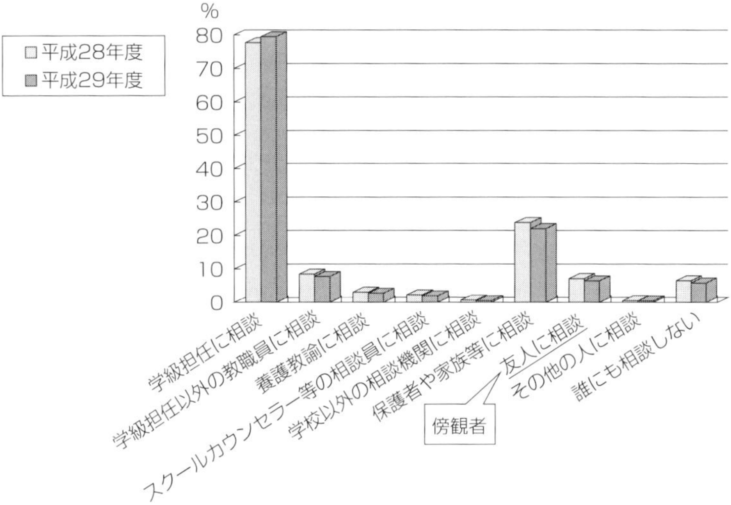

図３　いじめられた児童生徒の相談の状況の推移（国公私立）

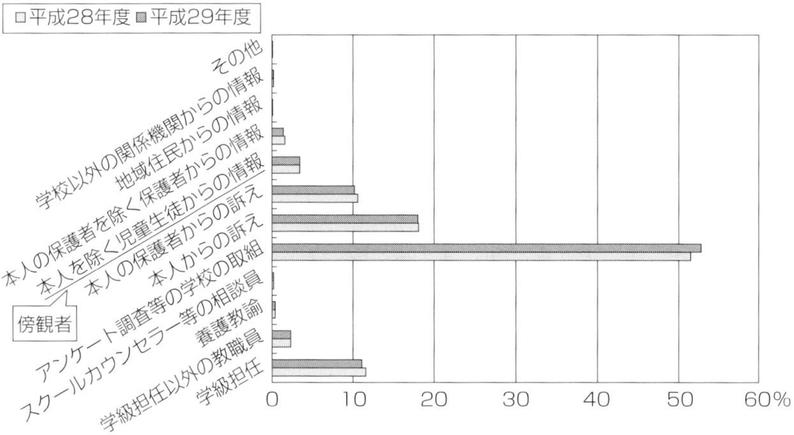

図４　いじめ発見のきっかけの推移（国公私立）

いことを知ることができる。図４を参照されたい[5]。

(2) いじめの実態からみられるいじめの定義の意義と課題

2017（平成 29）年度調査の「学年別いじめの認知件数」から，ここ数年において，小学校１年生から５年生までのいじめ認知件数が，中学校１年生のいじめ認知件数を上回ったことは，現行のいじめ防止対策推進法（2013〔平成25〕年度に制定）の第２条第１項に示されているいじめの定義の成果といえる。

しかし，2017（平成29）年度の「いじめられた児童生徒の相談の状況の推移」から，「友人に相談」がわずかの6.5％であり，いじめられた児童生徒が，友人に相談できる状況にないこと（それだけ傍観者が多いこと）や，2017（平成29）年度の「いじめ発見のきっかけの推移」から，「本人を除く児童生徒からの情報」が3.4％と低く，いじめを傍観している児童生徒が多いことについては，現行のいじめの定義が功を奏しているとはいえない。

すなわち，現行のいじめの定義はいじめの認知件数を上げることに貢献するものではあるが，いじめの未然防止や早期発見，早期解決に貢献するものになってはいない。

４　いじめの定義の構築

(1) いじめの４層構造を踏まえたいじめの定義

森田（1986）はいじめの構造（いじめの４層構造）を次のように捉えている[6]。

> ①いじめる生徒〔加害者〕
> ②観衆（はやしたてたり，おもしろがったりして見ている）
> ③傍観者（見て見ない振りをする）
> ④いじめられる生徒〔被害者〕
>
> いじめの持続や拡大には，いじめる生徒といじめられる生徒以外の「観衆」や「傍観者」の立場にいる生徒が大きく影響している。「観衆」はいじめを積極的に是認し，「傍観者」はいじめを暗黙的に支持し，いじめを促進する役割を担っている。（〔　〕は竹田による）

池島（2007）は，このいじめの構造をわかりやすく概略図化している。次の図５，図６を参照されたい[7]。

図５から，「（いじめ）是認の体系」にある「観衆」と「（いじめ）黙認の体系」にある「傍観者」が「いじめの強化」につながること，「傍観者」か

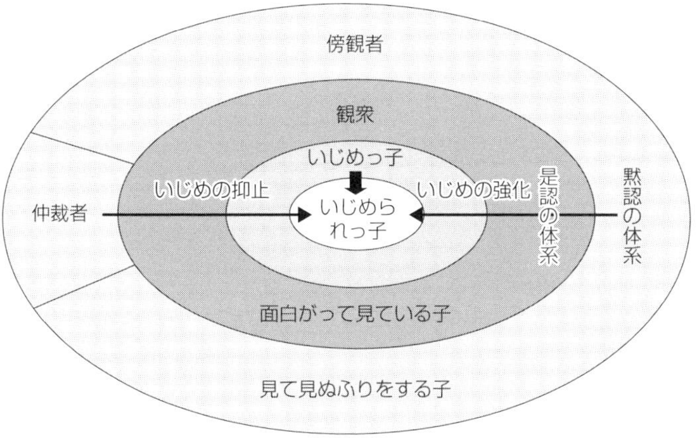

（出所）森田（1986）を概略図化。

図５　いじめの４層構造

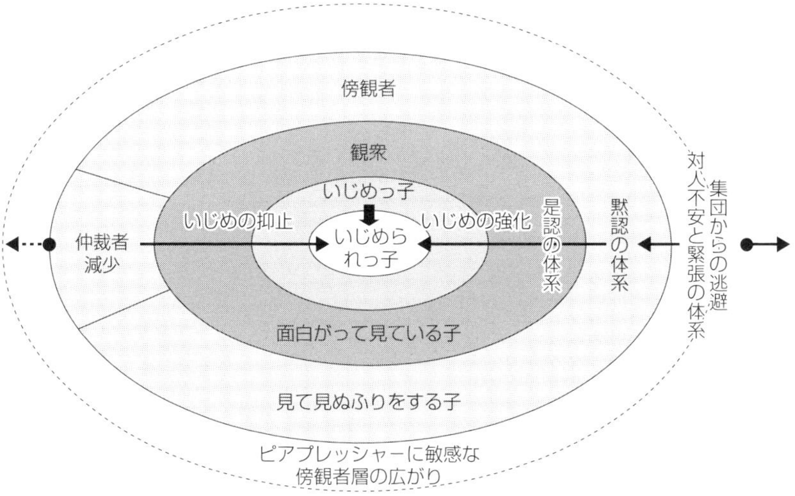

図６　近年のいじめの特徴・構造

らの変容が期待される「仲裁者」が「いじめの抑止」の機能を果たすことが見て取れる。また，図６から，「対人不安と緊張の体系」（集団からの逃避）が，「（いじめ）黙認の体系」にある「傍観者」を「（いじめ）是認の体系」にある「観衆」へと導き，いじめの強化が図られることになることや，ピアプレッシャー（仲間の圧力）に敏感な「傍観者」層が広がり，仲裁者が減少することが見て取れる。

いじめの４層構造を踏まえたいじめの定義を構築するにはどうすればよいのか。図６からもわかるように，ピアプレッシャーに敏感な傍観者層の広がりを阻止しなければならない。彼らの対人不安と緊張を和らげ，集団から逃避することを安易に許さない取組が必要である。そのためには，個々の児童生徒の勇気や正義感のみに頼るのではなく，不正に立ち向かう集団としての力を結集するべく，加害者や観衆を上回る数的に有利な条件や環境を整えることが求められる。組織的な取組，チーム学校としての取組が欠かせないのである。そのことを可能にする「いじめの定義」がいじめ防止対策推進法に明記されていなければならない。

(2) いじめの定義の構築に向けて

現行のいじめ防止対策推進法第２条第１項の「いじめの定義」と，いじめの４層構造およびいじめの分類を示したものが，次の図７である。

現行のいじめ防止対策推進法（2013〔平成 25〕年９月施行）にいういじめの定義は，いじめの加害者が被害者に対して「心理的又は物理的な影響を与える行為（インターネットを通じて行われるものも含む。）」であり，いじめの被害者が「心身の苦痛を感じているもの」である。この定義によって，いじ

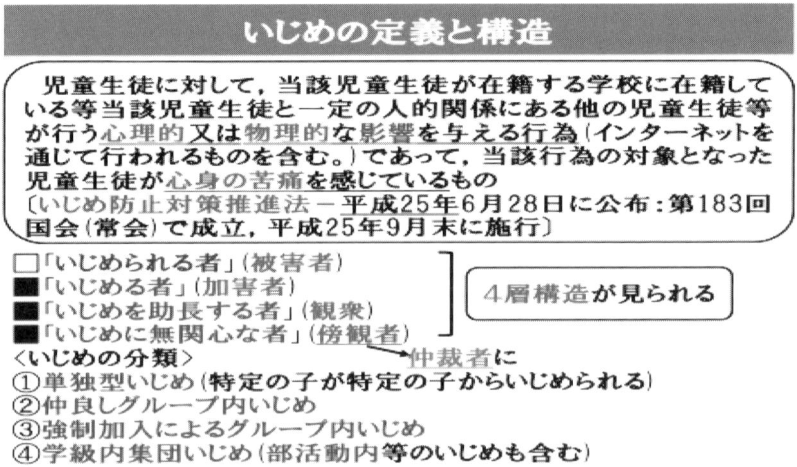

図７　現行のいじめの定義といじめの構造及び分類

めの認知（発生）件数を上げることは容易になった。しかし，このことがいじめの改善や未然防止にどれだけ貢献するものであるかについては，はなはだ疑問であると言わざるを得ない。なぜなら，いじめの実態が改善に向かっていないからである。

いじめの改善や未然防止，早期発見，早期解決に貢献できるようないじめの定義はどうあればよいのか。圧倒的多数の傍観者を仲裁者に変えていくことが可能になるようないじめの定義はどうすればよいのか。

いじめ自殺事案に学ぶ教訓と課題からいじめの定義を構築することも一考に値する。岩手県矢巾町立Ａ中学校のいじめ自殺事件の概要と経緯は次のとおりである[8]。

【事件の概要と経緯】

岩手県矢巾町立Ａ中学校２年の男子生徒が，2015（平成27）年７月５日に，東北本線矢巾駅のホームで，列車に飛び込み自殺した。その背景にはいじめがあった。また学校側の不適切な対応も指摘された。

自殺した生徒は，１年生のときからいじめを受け，学級担任教諭に提出する「生活記録ノート」に，いじめの具体的な内容を訴えていた。しかし１年次の学級担任教諭，２年次の学級担任教諭ともに，いじめを訴える生徒の記述を読み赤ペンで返事を書きながらも，返事の内容は生徒の訴えと噛み合うものにはならなかった。

男子生徒は学級担任に予告していたとおり，自殺した。その２日後，当該中学校は「いじめに関するアンケート調査」を行った。その結果，アンケート総数446名のうち，121名の生徒がいじめの事実を確認していたことがわかった。つまり，４人に１人以上の生徒が，「いじめ行為」「暴力行為」を見ていたことになる。当該生徒が自殺するまで，いじめを認知していたことを学校や教師に知らせる生徒は皆無に等しいものであったことがうかがわれる。このことからも，傍観者の存在の多さを改めて知ることができる。

また，当該生徒がいじめを訴えていたにもかかわらず，学校側は当初「いじめは把握していない」として扱った。その後，学校側はいじめを６件について認め，いじめが自殺の原因になったことは否定できないと判断した。

【教訓と課題】

学校（学級担任を含む），教育委員会のいじめへの対応の問題点と傍観者として存在する多数の生徒の無力ぶりを知ることができる。

特に，当該生徒が自殺するまで，いじめを認知していたことを学校や教師に知らせる生徒が皆無に等しいものであったこと，学級担任が生徒のSOSをすくい上げることができなかったこと，他の教員との連携が欠落していたこと，組織的に生徒指導を展開するための学校力が欠落していたこと，「最優先で命を守る」との認識，感性が欠落していたことなど，いじめを認知していたにもかかわらず，適切な対応ができず，いじめが日常化していたにもかかわらず，透明化していたことなどが課題として挙げられる。

これらのことを教訓と課題にして，問題解決に向けた取り組みの改善・改革を推進していくことが求められる。いじめの定義はこのことを踏まえて再構築されなければならない。

(3) 現行のいじめの定義を発展的に捉えた「試案としてのいじめの定義」

現行のいじめの定義を踏まえて，さらなるいじめ防止，いじめ早期発見，いじめ早期解決などのいじめ問題の改善を図るべく，私案としてのいじめの定義を提案する。次の枠内を参照されたい。

> 児童生徒に対して，当該児童生徒が在籍する学校に在籍している等当該児童生徒と一定の人的関係のある他の児童生徒が行う心理的又は物理的な影響を与える行為（インターネットを通じて行われるものも含む。）であって，当該行為の対象となった児童生徒が心身の苦痛を感じているものとする。
>
> なお，いじめの起こった場所は学校の内外を問わない。個々の行為がいじめに当たるか否かの判断は，表面的・形式的に行うことなく，いじめられた児童生徒の立場に立って行うものとする。その場合，いじめを是認する加害者・観衆のみならずいじめを黙認する傍観者もいじめの加担者であることを認識しなければならない。このことは児童生徒のみならず，学校及び教育委員会にも適用されなければならない。

ここに示した「試案としてのいじめの定義」は，現行のいじめの定義（2013〔平成25〕年9月施行）に，1994（平成6）年度，2006（平成18）年度の定義の一部および「いじめの4層構造」（傍観者もいじめの加担者であるとの認識）を加えたものであり，現状のいじめの実態を考慮したものである。

児童生徒はもちろんのこと，教育委員会，学校，教職員は，この定義を踏まえ，チーム学校として，「いじめは絶対に許さない」との自覚をもって，責任のある対応をしなければならない。（竹田　敏彦）

〈注〉

(1)　文部科学省（2013）『いじめの定義の変遷：児童生徒の問題行動等生徒指導上の諸問題に関する調査における定義』。

(2)　文部科学省（2018）『児童生徒の問題行動・不登校等生徒指導上の諸問題に関する調査結果について』。

(3)　同前。図２は資料に基づいて筆者がグラフ化。

(4)　同前。図３は資料に基づいて筆者がグラフ化。

(5)　文部科学省（2013）前出。図４は資料に基づいて筆者がグラフ化。

(6)　森田洋司・清永賢二（1994）『いじめ　教室の病』金子書房，pp.48－50.

(7)　池島徳大監修（2007）「いじめ問題解決への教育的支援」『奈良教育大学いじめ問題プロジェクト（代表：重松敬一）』。

(8)　増田修治（2017）『「いじめ・自殺事件」の深層を考える――岩手県矢巾町「いじめ・自殺」を中心として』本の泉社，pp.11－70.

第8章

「いじめ問題」から学ぶ教訓と課題

1　いじめ社会問題化の「三つの波」

(1) 第1の波

日本で「いじめ」の問題が注目を集めたのは，1980年代前半からであるとされる。ただし，いじめがそれまでに存在しなかったかといえば，そうではない。むしろいじめと呼ばれうる事象は，いじめについて社会的な注目が集まる以前から存在していたが，あくまで日本において社会的な問題としては関心を集めていなかったのだと考えるべきであろう。

森田洋司は，日本におけるいじめ問題に対する社会的な認識の変化を，「3つの波」として説明している。1980年代前半にいじめが大きな関心を集め，研究や調査が公表された後，80年代半ばには，マスメディアにおいていじめに関連した自殺が相次いで報道された[1]。森田はこれをいじめの社会問題化の「第1の波」と呼ぶ。この第1の波の時期は，日本社会にいじめの概念が浸透した時期であるといえるだろう[2]。

(2) 第2の波

この第1の波の後，文部省（当時）の調査によれば，いじめの件数は1985年をピークに減少を続ける。しかし，1994年に起こった愛知県西尾市の中学校2年生の男子の自殺事件をきっかけに，再びいじめに対する関心が高まることになる。これを森田はいじめの社会問題化の「第2の波」と呼んでいる[3]。特に，自殺した生徒が受けていたとされるいじめの凄惨な状況が報道されると，いじめに対する社会的な注目は国内で改めて高まることとなった。こうしたいじめ問題への関心の高まりに応じる形で，1994年にはいじめの定義が修正され，「学校としてその事実（関係児童生徒，いじめの内容等）を確認しているもの」が削除，「いじめに当たるか否かの判断を表面的・形式的に行うことなく，いじめられた児童生徒の立場に立って行うこと」の文言が追加されることになる。この「第2の波」の時期に行われたいじめの定義の変化は，いじめ問題への社会的な関心の高まりを象徴していると言えよう。

さらに文部省はいじめ問題への関心の高まりを受けて，1994年12月には「いじめ対策緊急会議」を設置するとともに，第1回の会議では「緊急アピール」を示し，1995年3月には同会議での審議結果をまとめた報告を発表している。この報告ではいじめの問題について，①「まず誰よりもいじめる側が悪いのだということ」，②「いじめは卑劣な行為であり，人間として絶対に許されない」行為であるということ，そして③いじめは絶対に許されないのだという「自覚を促す指導を行い，その責任の所在を明確にすること」などが指摘された。特に③については，それまでの被害者への対応に重点を置いてきたいじめ問題への対応から，加害者への対応として「行為責任」を意識させる必要があることを強調した点で，新たな局面を迎えるものであったといえよう[(4)]。

(3) 第3の波

しかしその後，またもいじめに関する凄惨な事件の報道を受けて，いじめ問題に対する「第3の波」が訪れることになる。具体的には，2005年に起こった北海道滝川市の小学校6年生の女子の自殺事件，2006年に起こった福岡県筑前町の中学校2年生の男子の自殺事件などを受けて，いじめの問題に再び注目が集まることとなる[(5)]。この「第3の波」の時期には，第1次安倍内閣の主導による「教育再生会議」の設置（2006年10月）や，戦後以降一度も改正されていなかった「教育基本法」の改正（2006年12月22日に公布・施行）が行われている。また，いじめの定義もこの時期にあらためて修正された。

特に教育再生会議においては，いじめの対応策について，それまでの政府による提言からさらに踏み込んだ内容の提言がなされた。教育再生会議により2006年11月に出された「いじめ問題への緊急提言」においては，「学校は，問題を起こす子どもに対して，指導，懲戒の基準を明確にし，毅然とした対応をとる」とし，その後の第1次報告（2007年1月）においては，いじめた子どもに対する出席停止措置，懲戒の行使の活用にも言及している[(6)]。こうした加害者の責任に厳しい目を向ける提言の背景には，森田も指摘しているように，「加害責任という視点が弱かったことに対する反省」を見て取ることができる[(7)]。

さらに「緊急提言」においては，いじめの傍観者に対する指導についても言及されている[(8)]。「緊急提言」では「学校は，子どもに対し，いじめは反社会的な行為として絶対許されないことであり，かつ，いじめを見て見ぬふりをする者も加害者であることを徹底して指導する」ことの必要性を指摘し，傍観者も加害者であることを指摘するとともに，傍観者に対する学校の指導についても言及している[(9)]。ただしここでは，傍観者に対する具体的な教育方法等が示されているわけではない。しかし，いじめの「加害責任」を明確にすることについて考える中で，いじめの問題を加害者と被害者の2者により構成される問題としてとらえるのではなく，傍観者も加害者であるという視点からとらえようとしたことは大きな点であったといえよう[(10)]。

また，教育再生会議においては,「徳育を教科化し，現在の「道徳の時間」よりも指導内容，教材を充実させる」として，それまでの道徳の時間に代わり，「徳育」の教科化が提言されている[(11)]。2007年9月の第1次安倍内閣の退陣に伴い，教育再生会議も2008年1月をもって解散したため，徳育の教科化は実現されなかったが，徳育に関する議論の内容は，後の第2次安倍内閣における教育再生実行会議，そしてそこで提言される道徳の教科化へと引き継がれることになる。

2　いじめ社会問題化の「第4の波」

こうしたいじめの社会問題化の三つの波を経て，日本のいじめ問題に対する認識や対応は変化していった。しかし，いじめの問題への対応は2011年頃にまた新たな局面を迎える。この2011年頃に迎えたいじめ問題の新たな局面は，いじめ社会問題化の「第4の波」と呼ぶことができるだろう[(12)]。

(1) 滋賀県大津市A中学校のいじめ自殺事件

いじめの社会問題化の第4の波は，それまでの三つの波と同様に，いじめに関する事件の報道を受けて生じた。2011年10月，滋賀県大津市の中学校2年生の男子が自宅マンションから飛び降り自殺をした事件が報道され，自殺といじめとの関連が疑われた。学校と市教育委員会は当初，生徒の自殺といじめの関連を否定していたが，自殺の後，学校で2度にわたって行われたいじめに関するアンケートに，自殺した生徒が「自殺の練習」をさせられていた等の記載があった他，学校が自殺した生徒の保護者に対し，いじめに関するアンケートの結果を外部に漏らさないよう誓約書を書かせていたことも明らかになり，事件に対する社会的な注目が集まるとともに，学校や市教委のいじめに対する隠蔽的な態度に社会的な非難の声が上がった。

事件の社会問題化を背景に，市はいじめの調査委員会を設置し，本事件に関する調査を行うことになった。本委員会を構成する委員は，調査の中立性を確保するという観点から，市や市教委の関係者ではなく，外部の第三者により構成された。この第三者により構成された調査委員会は，①本件におけるいじめなどの事実を明らかにすること，②自殺の原因について調査すること，③生徒の自殺に関する学校と教育委員会の対応のあり方について調査をすること，④再発防止に関する提言を示すことを目的に調査を行い[(13)]，2013年1月に3部構成の調査報告書を作成した[(14)]。

調査報告書では，①「いじめなどの事実」について，19の具体的な行為を挙げ，いじめの事実を認定したうえで[(15)]，②「自殺の原因」については，いじめが自殺の直接的な要因となったと結論づけている。また，③「学校と教育委員会の対応のあり方」については，生徒の自殺以降の対応を時系列順に詳細に整理したうえで，学校の事実究明の不徹底，教育委員会による事実究明に関する主体性，指導力のなさが指摘された。調査報告書によれば，学校はいじめを受けた生徒が亡くなった後，他の生徒に対するアンケート調査や個別の聞き取り調査を行っており，いじめの実態について情報を得ていたものの，情報を集約し，十分な事実究明を行うことはなかった[(16)]。

また学校は，十分な事実究明を行う前に，2011年10月末には早々といじめと自殺の関係を不明と結論づけたうえ，その後，学校や市教委の組織内では，事件の背景には自殺した生徒の「家庭環境」の問題があったのではないかという「フィクション」が見解として流布されていたとされる[(17)]。調査報告書は，こうした学校，市教委の事件に関する誤った認識により，事実究明がそれ以上行われず，学校や市教委が自らの「組織防衛」へと向かっていったことについても指摘している。

調査報告書では，いじめ事件についての詳細な分析の後，最後に④「再発防止に関する提言」（以下「提言」と略）を示している。ここでは，調査報告書は「教員への提言」，「学校への提言」，「教育委員会への提言」，「スクールカウンセラーへの提言」，「危機対応」，「将来に向けての課題」の6項目を挙げ，いじめ対応についての改善策を提案している。ここで注意すべきは,「提言」では，まずこの提言があくまで「本件中学校や市教育委員会を批判するために為すものではない」ことを述べたうえで，「本件中学校を含む，日本の全ての学校に，このような事象が起こらないための予防的方策として，不幸にもいじめ，あるいはいじめ自死が起きてしまったときの対応策として，必要な事項」について提言を行っている点である。こうした立場から示された調査報告書における「提言」の内容は，いじめ事件についての感情的な事態把握にとどまらず，事件についての詳細な調査結果の分析をもとに，いじめの防止に向けた対応の改善策を示そうとしている点で，いじめ問題への対応として従来とは異なる側面を有している。

この大津市のいじめ自殺事件が一因となり，2013年には第2次安倍内閣により教育再生実行会議が構成され,「いじめの問題等への対応について（第一次提言）」が示された。この提言では，①道徳を新たな枠組みによって教科化し，人間性に深く迫る教育を行うこと[18]，②社会総がかりでいじめに対峙していくための法律の制定すること，③学校，家庭，地域，全ての関係者が一丸となって，いじめに向き合う責任のある体制を築くこと，④いじめられている子を守り抜き，いじめている子には毅然として適切な指導を行うこと，⑤体罰禁止の徹底と，子どもの意欲を引き出し，成長を促す部活動指導ガイドラインの策定が示された。

特に②「社会総がかりでいじめに対峙していくための法律の制定」に関連して，2013年6月にはいじめ防止対策推進法が公布され，いじめの防止，いじめの早期発見およびいじめへの対処についての基本的な方針が示されることとなった。また，本法律の制定に伴い，いじめの定義についても変更がなされた。こうしたいじめ対応についての法律の制定という点でも，2012年頃のいじめ問題への社会的な注目の高まりは，いじめの社会問題化の第4

の波と呼ぶに値する，大きな社会的変化を伴ったものであるといえるだろう。

(2) 岩手県矢巾町B中学校のいじめ自殺事件

もう一つ，いじめの社会問題化の第4の波の後に表面化したいじめに関する重大な事件として，岩手県矢巾町の中学校におけるいじめ自殺事件が挙げられる。

2015年7月，岩手県矢巾町の中学2年生の男子生徒が，電車にひかれて死亡するという痛ましい事件が発生した。この事件を警察は自殺と断定，その後，亡くなった生徒が残していたノートの内容が明らかとなり，学校および教師に対する非難の声が上がった。

その後2015年9月には，大津市のいじめ自殺事件と同様に，第3者の立場にある有識者により構成された「矢巾町いじめ問題対策委員会」(以下，対策委員会と略) が設置され，2016年12月には対策委員会による調査報告書がまとめられた。調査報告書では，亡くなった生徒が1年次からすでに部活動において練習中に強い言葉をかけられるなどの攻撃を受けており，2年次には「クラス内において，同級生から顔を殴られ，頭を机に押しつけられ，わき腹を突かれるなどの暴力，ちょっかい，からかいの対象とされ，心理的，物理的な攻撃を受けていた」ことが指摘されている。そしてこうした攻撃について，亡くなった生徒が「精神的な苦痛を感じ，生活記録ノートに記載するなどして担任に訴えたり，家族に相談したりしたこともあった」ことを指摘し，亡くなった生徒が，いじめ防止対策推進法における「いじめ」を受けていたと認定した[19]。

ただし，対策委員会は，生活記録ノートに記載された内容から，いじめが生徒に「希死念慮」(「死にたい」と思う考えが続く精神症状) をもたらした一つの原因になっていたことは認定しつつも，生活記録ノートに記載された「最終的な希死念慮の表明とみられる記述は必ずしもいじめを苦にしていることを窺わせる表現にはなっておらず」，「なぜ自ら死を選ぶことにしたのかその理由を示す遺書を残していない」と指摘し，「いじめが自殺に対してどの程度の影響を与えたのか断定することはできない」とした[20]。

また，亡くなった生徒が受けていたいじめに対する中学校の対応については，学校が生活記録ノートに記載されていた内容について踏み込んだ介入を行っていなかったこと，生徒自身が保護者への報告を望んでいなかったことを踏まえても，保護者に対し一度もノートの記載内容について情報提供を行わなかったことを挙げ，不適切な対応であったと結論づけている[21]。

この岩手県矢巾町いじめ自殺事件は，日本におけるいじめの社会問題化の第４の波の後に生じた大きな事件の一つであった。以下，第４の波以降に生じた，二つの事件を中心に考察することにより見えてくる，いじめ対応についての課題について考えたい。

3　事例から考える
——いじめを認知することの難しさ——

いじめの社会問題化の四つの波を経て，日本のいじめ問題への対応は，いじめの防止を目指して改善が図られてきた。しかし，第４の波の時期に生じた，大津市いじめ自殺事件，矢巾町いじめ自殺事件の二つの事例を見てもわかるように，いじめ問題の解決に向け，今なお課題も見えてくる。ここでは，特に大津市と矢巾町の二つの事例を中心に考察する中で浮かび上がってくる課題について考えたい。

われわれは大津市や矢巾町の事件に限らず，いじめに関する事件についての報道に触れるたびに，事件の凄惨さについて心を痛めると同時に，「なぜこのようなことが起こってしまったのか」あるいは「なぜこのような事態に至るまでに止めることができなかったのか」という，その事件の発生に対する（時に怒りも交えた）疑問を持つ。ましてや，二つの事例に関する報告書を見てみると，いずれの事例においてもいじめ被害者からの周りの人々に対するSOSともいえる表現がうかがわれる。なぜこうした被害者からのSOSがありながらも，それを救い上げることができず，自殺という最悪の結末にまで至ってしまうのだろうか。ここでは，なぜいじめがこれほどまでに重篤化してしまうのか考えたい。

二つの事例を通して第１に見えてくるのは，いじめを認知することの難しさである。ここでいう「いじめを認知することの難しさ」について，①いじめの透明性と②学校・教師に課せられた重圧という二つの要素を取り上げて考察しよう。

(1) いじめの透明化

ある状況がいじめとして認知されるためには，誰かによってその状況がいじめとして見出される必要がある。そして，その状況がいじめに関わる者の周りで公に「いじめ」という言葉で説明づけられることによって，いじめは認知される。しかしこうしたいじめ認知の過程を言葉でいうことは簡単だが，実際に行うことは容易ではない。たとえば川上亮一は，いじめを見出すことの難しさについて以下のように述べている。

> いじめは最初から確固とした事実としてそこに存在しているわけではない。それぞれの生徒，教師，親が，それをいじめであると認定したとき，初めて姿を現すものである。しかも，それはそれぞれの立場でまったくちがった様相を呈しており，多数決で民主的にどれかに決めることなどありえない。いじめた生徒がいじめを認めないことなどふつうのことだし，まわりの生徒も，他人に関心が薄いから気がつかないことのほうが多い。とすると，誰かがいじめの物語をつくって，それを関係者に押しつけることが必要になってくるわけだ。学校では，教師がその役割を担うことになるだろう。教師がいじめを確認しようとするとき，ある種の力が必要なのは，そのためである[(22)]。

教師が一般に，教室において指導的な役割を果たすべき存在としてみなされており，特別な権力の行使を許された存在であることを踏まえれば，川上の指摘するとおり，いじめを見出す際に中心的役割を担うのは教師であるということになるかもしれない。しかし，教室において権力の行使を許された教師にとってすら，いじめを見出すことは容易ではない。

こうしたいじめを見出すことの難しさを理解するうえで，中井久夫の指摘が参考になるかもしれない。中井は，いじめを見出すことが困難である理由として，「いじめの政治学」の存在を指摘している。中井によれば，いじめを見出すことが困難であるのは，いじめがいじめに関わる人物の間で「ある一定の順序を以て進行するからであり，この順序が実に政治的に巧妙」であるためだという[(23)]。中井は，このいじめが見えにくくなる過程を「孤立化」「無力化」「透明化」の３段階に分けて説明している。

中井によれば，まずいじめは，いじめの加害者により被害者が「孤立化」

させられることから始まる。「孤立化」とは，被害者が「いつどこにいても孤立無援である」と実感させられる状況のことであり，これは加害者による「孤立化作戦」により生じる。そしてこの孤立化作戦は，まず誰がマークされたのかということを周りに意識させる「標的化」から始まる。そしてその後，標的となった人物に対する「いじめられる者がいかにいじめられるに値するかという PR 作戦が始まる[24]」のだという。

> 些細な身体的特徴や癖からはじまって，いわれのない穢れや美醜や何ということはない行動やちょっとした癖が問題になる。これは周囲の差別意識に訴える力がある。なんの意味であっても「自分より下」の者がいることはリーダーになりたくてなれない人間の権力への飢餓感を多少軽くする。／この PR 作戦は年長者にも向けられる。うかうかしていると教師といえども巻き込まれる。いや，うかうかしていなくてもである。「そういえばあいつにそんなところがあるよなぁ」という何げない一言，いやかすかなうなずき，黙って聞いていることさえも，加害者には千万の味方を得た思いを与え，傍観者には傍観の許しを与える[25]。

しかし，中井によれば，「孤立化の過程においては，相手〔いじめ被害者のこと〕はまだ精神的に屈服していない[26]」（〔　〕は奥田による）。したがって次に，いじめの加害者は被害者を無力化することへと進んでいく。ここで加害者は被害者を無力化するために，「反撃は一切無効である」ということを「教育」する過程に入るという。この過程では，もし被害者が反撃しようものなら，加害者はその反撃に対して暴力などによって罰を与える。ましてや，被害者が教師や親などの大人に訴え出ることに関しては特に重い罰が与えられる。

中井によれば，こうした懲罰の意味は「大人に話すことは卑怯である」「醜いことである」という「道徳教育」を被害者に施すことにある。さらにこうした「教育」を被害者に施すことによって，もはや加害者は被害者に対して暴力を振るう必要すらなくなることになる。なぜなら，すでに孤立化し，助けを得ることが困難になった被害者は，その状況に絶望し，加害者に対して反撃することや，誰かの助けを得る可能性をあきらめさせられているからである。これが「無力化」の段階である。

最後に，いじめは「透明化」の段階に進む。この段階に進むと，いじめは

「古都風景の中の電信柱が「見えない」ように，繁華街のホームレスが「見えない」ように」，「いじめが行われていても，それが自然の一部，風景の一部としか見えなくなる。あるいは全く見えなくなる[27]」。この段階においてはもはや，いじめは日常化している。

またこの段階においては，加害者による「透明化作戦」により，大人がいじめを発見することはさらに困難になる。ここでいう透明化作戦とは，周りの大人に対して，あたかも被害者と加害者の間に仲の良い関係があるかのような印象を与え，いじめを見えなくする在り方のことである。この段階においては，被害者は加害者に従属する状況下にあるため，時に加害者と仲良く遊んでいる（あるいはいじめと区別が困難な「冗談」や「からかい」が行われている）かのように見える。こうなると，被害者にとっては，自らの最後の拠りどころである，「自らが被害者であるというアイデンティティ」すら奪われることになる[28]。しかも，この段階においても実際はいじめの被害がなくなったわけではなく，むしろ多くの場合被害者は第３者の見えないところで加害者から無理難題を押し付けられている。その代表的なものとして，金銭の搾取がある。時に被害者は家族から金銭の盗難を余儀なくされるほど，加害者から多額の要求を突き付けられ，その要求に応えることによって自らが「罪人」であると感じるようになる。そして最悪の場合，いじめ被害者は自殺による開放幻想へと導かれていくことになる。

すべてのいじめが，中井のいう３段階の過程に従って進むとは限らないかもしれない。しかし，中井の指摘が，いじめが重大化する理由を考えるうえでわれわれに多くの手がかりを与えることは確かだろう。実際に大津市のいじめ事件の調査報告書には，中井のいう「透明化」の段階に関する説明が引かれ，大津市の事例においては学級でいじめの発生が日常化し，いじめが透明化していたことが指摘されている[29]。こうしたいじめの透明化の過程が，いじめが重大化するまで認知されない一因であると考えることができよう。

(2) 学校・教師に課せられた重圧

もう一つ，教師に課せられた重圧という観点からも，いじめを認知することの難しさを見出すことができる。先述したように，教師には学校において特別な権力が与えられている以上，いじめを認知することについて，中心的役割を担うことが期待されている。しかし同時に，いじめを認知することは教師にとって大変な勇気を要する行為であるといえる。なぜなら，学校や教師には，そもそも学校教育において「いじめを生じさせないこと」が社会から期待されているからである。

もちろん子どもたちのために，いじめをなくす，あるいは重大化させないための努力が学校に求められることは論をまたない。しかし，「いじめを生じさせない」ことに対する社会からの過剰な期待は，学校や教師を委縮させ，いじめの認知を遅らせることにつながる危険性もある。

2016年3月に文部科学省は「いじめの正確な認知に向けた教職員間での共通理解の形成及び新年度に向けた取組について（通知）」において，「いじめの認知に関する文部科学省の考え方」として，①「いじめの認知件数が多いことは教職員の目が行き届いていることのあかし」であり，②「組織で認知し対応することが重要」であることを示している。裏を返せば，こうした文部科学省の通知からは，学校のいじめの認知の在り方に疑いの目が向けられているということを見て取ることができる。確かに，大津市，矢巾町の二つの事例を見ても，いじめに対して早期に，なおかつ組織的な認知と対応が図られていれば，生徒の自殺は防ぐことができたと考えられる。

したがって，今後学校には，いじめを重大化させないよう，いじめを「芽」や「兆候」の段階から組織的な協力の下で早期に認知を行っていくことが求められる。ただし，学校関係者のみがこのような認識の下，いじめの問題に対応するだけでは十分であるとはいえない。いじめの対応は「社会総がかり」で行う必要があり，そのためには，保護者をはじめとする社会全体の理解が欠かせない。今後，学校や教育委員会には，子どもの教育を受ける権利を保障し，生命や心身を守るために，いじめの積極的な認知によりいじめの早期対応を進める必要があるということについて地域社会に向けて説明を行い，いじめ対応に向けて地域社会と協力的な関係を築いていくことが求められる。同時に，地域社会の側にも，子どもたちのために学校と連携していじめの問題に対応することが求められているということができるだろう。

（奥田　秀巳）

〈注〉

(1)　森田洋司（2010）『いじめとは何か』中公新書，p.4.

(2)　森田によれば，「いじめ」という言葉は1980年代以前から日常用語として使われていたが,「今日のように,一定の人間関係の中で精神的・物理的な攻撃を加える現象を総称する言葉として用いられていたわけではない」。森田(2010) pp.44－45.

(3) 森田(2010) pp.48－49.

(4) 森田(2010) p.51.

(5) 森田(2010) p.56.

(6) 教育再生会議の第1次報告には以下のような記述がある。「学校が最大限の努力を重ね,上記のような指導や懲戒にもかかわらずいじめや暴力行為を執拗に繰り返すような反社会的な行動をとる子供に対しては,学校教育法に基づく市町村教育委員会による出席停止制度を活用する。その場合は,関係機関が協力して指導・サポート体制をとるなど,教育委員会及び学校は適切に対応する。」教育再生会議「社会総がかりで教育再生を～公教育再生への第一歩～―第1次報告―」(2007) p.9.

(7) 森田(2010) p.57.

(8) いじめの4層構造については,本書第2章を参照。

(9) いじめの傍観者に関する教育については,本書第9章を参照。

(10) もっとも,森田(2010)が指摘しているように,1995年の「いじめ対策緊急会議」においても,「いじめをめぐってはいじめるものといじめられる者の他に,それを傍観したり,はやし立てたりする者が存在するが,こうした行為も同様に許されないとの認識を持たせることが大切である」ことが指摘されている。これについては森田(2010) p.58を参照。

(11) 教育再生会議では,「全ての子供たちに高い規範意識を身につけさせる」として,「国は,徳育を従来の教科とは異なる新たな教科と位置づけ,充実させる」(「第2次報告」2007),「徳育を「教科」とし,感動を与える教科書を作る」(「第3次報告」2007) ことが述べられ,徳育の教科化について言及されている。ここでは,「全ての学校・教員が,授業時間を確保して,年間を通じて計画的に指導するようにする」ことや,「徳育は,点数での評価はしない」ことが述べられており,2018年度以降(中学校では2019年度以降) 全面実施されている「特別の教科道徳」につながる内容が述べられている。

(12) 森田は,森田(2010)の時点では出版年の関係上,第4の波については言及していない。しかし,例えば尾木直樹は,「第4のピーク期」という言葉で,本章で述べる「第4の波」に当たるものを示している。これについては尾木直樹(2013)『いじめ問題をどう克服するか』岩波新書,p.13を参照。

(13) 越直美『教室のいじめとたたかう――大津いじめ自殺事件・女性市長の改革』(2014) ワニブックス新書,pp.53－54.

(14) 調査報告書は,第Ⅰ部「自死に至るまでの事実」,第Ⅱ部「事後対応」,第Ⅲ部「提言」の3部により構成されている。

(15) 大津市立中学校におけるいじめに関する第3者調査委員会「調査報告書」(2013) pp.52－53.

(16) 調査報告書では以下のように指摘されている。「本件では,事件発生後直後に,自主的に生徒から,教員に対し,Aに対するいじめの事実の申告があり,これを受けてアンケートが実施され，さらに教員によるアンケートに記名した生徒に対する聴き取りの結果，本件いじめの実態のかなりの部分が明らかとなった。しかし本件事案に関する大量の情報がありながら，学校には，こうした情報を全て集約して全貌を明らかにしようとする姿勢は必ずしも認められなかった」(p.151)。

(17)　調査報告書では以下のように述べられている。「結局，学校は，市教育委員会と同様に，いじめと自死との関係を絶ちたいとの潜在的な意向から家庭問題という虚構に乗ったのではないかと推測される」(p.152)。「確たる証拠もなく，また，それを否定する情報もあったにも関わらず，何故学校，市教育委員会はその見解を採用したのか。思うに，組織の体面を掛けても，いじめと自死との因果関係を否定したいという動機が，こうした虚構を作り出し，いつの間にか，そのストーリーが真実味を帯びて信じられていったと思われる」(p.160)。

(18)　2013年12月には道徳の教科化に向けて，教育再生実行会議の第一次提言を踏まえて設置された，文部科学省の「道徳教育の充実に関する懇談会」による報告が示され，2014年10月には中央教育審議会から「道徳に係る教育課程の改善等について（答申)」が示されている。こうした過程を経て，2015年3月の学習指導要領の一部改正により，それまで教科外活動であった小学校・中学校の「道徳」は，「特別の教科 道徳」として位置づけられることとなった。

(19)　矢巾町いじめ問題対策委員会「調査報告書【概要版】」(2016) pp.1－2.

(20)　同前，p.2.

(21)　矢巾町いじめ問題については，増田修治（2017)『「いじめ・自殺事件」の深層を考える――岩手県矢巾町「いじめ・自殺」を中心として』本の泉社において詳細にまとめられている。

(22)　川上亮一（1999)『学校崩壊』草思社，p.50.

(23)　中井久夫（2018)『いじめの政治学』みすず書房，p.244.

(24)　中井久夫（2018) p.245.

(25)　同前。

(26)　同書，p.247.

(27)　同書，p.250. なお中井は透明化の背景に，傍観者による共謀があることを指摘している。

(28)　同書，p.252.

(29)「この頃の当該クラスは学級規律の乱れと，Aに対するいじめが日常化しており，精神科医の中井久夫の言説を借りれば，「いじめの透明化」の段階にあり，「繁華街のホームレスが見えないように選択的非注意（selective inattention）という心理的メカニズムによっていじめが行われていても，それが自然の一部，風景の一部としか見えなくなる。」(中井久夫『アリアドネからの糸』1997年）状況であった。したがって重篤ないじめが発生していても，当該クラスの荒れた状況のなかで，クラスからはいじめ行為を抑止する力は失われていたと判断できる。担任も，同様の状況の中に陥っており，Aを救い出すことができない状態であった。」(大津市立中学校におけるいじめに関する第三者調査委員会（2013) p.57)

第9章

いじめ予防といじめ対応

1　KiVa プログラムに学ぶ

いじめの未然防止のためには，「傍観者」を「仲裁者」に変えていく手立てが必要である。このような取り組みを考えるうえで参考になるのが，フィンランドのキヴァ（KiVa）・プログラム（以下，「KiVa プログラム」と呼ぶ）である。

(1) KiVa プログラムの内容

戸田（2013）は，KiVa プログラムについて，次のように紹介している[1]。

> KiVa プログラムは，トゥルク大学のクリスティーナ・サルミヴァッリ教授とエリザ・ポスキパルタ博士が中心となって開発した「いじめ防止プログラム」である。フィンランド教育省は，2006 年から援助してきた KiVa プログラムを国レベルで展開することとした。そのきっかけは，フィンランドの衝撃——2007 年 11 月にヨケラ中高等学校で，18 歳の男子生徒が銃を乱射して，男子生徒 5 人，女子生徒 2 人と校長を殺害し，その後自殺した事件，翌 2008 年，カウハヨキの職業訓練学校で，同校の 22 歳の男子生徒が銃を乱射して 10 名を殺害し，自らを撃ち自殺した事件——にある。この衝撃が深刻なのは，後者の犯人がかつていじめの被害者であり，インターネットを通じてアメリカなどの若者と学校での銃乱射について情報交換をしていたことが明らかになったことである。

いじめが行われる場は，いじめ加害者といじめ被害者だけで成り立っているのではなく，いじめの中心者と一緒になっていじめをする「加担者」，いじめを見て笑ったり囃し立てたりする「強化者」，いじめ場面にかかわろうとしない「傍観者」，被害者の側に立つ「擁護者」の４つの役割がある。このような集団現象としていじめを認識すると，いじめ加害者や被害者に問題があるとして済むものではなく，この状況を変えるには傍観者がどう動くのかが重要である。傍観者の動き次第で，形成は逆転する。

クラス集団がいじめを面白がらないのであれば，いじめる側は対価を失い，結果的にいじめる気が失せていく。特に，クラスの中で人気があるなど，社会的な地位の高い子が被害者を守る側にまわれば，その社会的役割モデルが他の子にも影響を与えていく。

KiVaの主目標は，いじめの初期的な状況において，周囲の子どもたちが抑止的にかかわることで，いじめの深刻化を防ぐことである。

KiVaの開発者による実践の原型は，KiVaレッスン，KiVaゲーム，KiVaチームである。その具体は次のとおりである。

KiVaレッスン

２コマ連続の授業として月に１回ほどのペースで行う。話し合い，グループワーク，いじめについての短い映画，ロールプレイなどが含まれている。内容は，相互尊重などの話題から始まり，集団でのコミュニケーション，集団圧力などの話題を経て，いじめのメカニズムや結果について学ぶことになる。レッスンを重ねる中で，クラスの約束が形成され，最後に「キヴァ契約」としてクラス全員が署名する。

KiVaゲーム

個々人が自分の好きなだけ，自分のやりたいように，遊び感覚で取り組むことができる。仮想空間でのロールプレイングゲームで，社会的な関係について学ぶ。このゲームの特徴は，ある場面で立ち止まって考えることができること，相手の感情や考えが表示されることで現実には得にくいヒントが示されることなど，子どもが主体的かつ試行錯誤的にソーシャル・スキルを学ぶことができる。

KiVaチーム

原則各校３名程度のいじめ対策の中心的な教員が選任される。このチームは，予防的な実践を主導するだけではなく，いじめが顕在化した際には，各クラスの担任などと共同して，いじめ解決の中心的な役割を果たす。また，担任は，被害者を支えるための数人の同級生を集め，ピア・サポーターとしての活動を促す。それらの話し合いの手順や内容も，すべて教員用の手引きに示されている。

KiVaの効果は有望である。約2割のいじめの減少が見られる。KiVaによって，いじめへの加担や強化が減り，被害者を守る側の自己効力感が向上するなど，傍観者を擁護者に変容させる影響が見られる。また，KiVaにかかわった教員も，KiVaプログラムの導入後，いじめに対応できる自信がついたと感じている。KiVaのフィンランド全国への普及は，2008年秋に開始された。2009年はまず，1400校で開始した。現在のところ，スウェーデン，オランダ，英国（ウェールズ），アメリカ（デラウェア州）などで，KiVaプログラムの試験的実施が行われている。日本語版の翻訳も進んでおり，今後，さらに国際的な拡がりが見込まれる。

(2) KiVaチームの重要性

戸田（2013）の紹介によるフィンランドのKiVaプログラムは，国レベルで展開する「いじめ防止プログラム」である。そのきっかけとなったのが，学校で銃を乱射して多くの生徒や教師を殺害し，自殺した事件であったこと，その犯人がかつていじめの被害者であったことである。いじめ被害者がその報復として銃の乱射によって不特定多数の命を奪ったことは極めて衝撃的である。いじめ被害者が犯罪者となったこの事案は，いじめ被害者がいじめ加害者になりえることを示唆するものでもある。そうならないためにも，いじめの未然防止が大切になる。KiVaプログラムはその効果が検証されていることからも，有効な手段といえる。

いじめの中心者と一緒になっていじめをする「加担者」，いじめを見て笑ったり囃し立てたりする「強化者」，いじめ場面に関わろうとしない「傍観者」を学校，教師，生徒が傍観していてはならない。被害者の側に立つ「擁護者」や「仲裁者」にならなければならない。しかし，傍観者が「擁護者」や「仲裁者」になることは，児童生徒にとって決して容易なことではない。なぜなら，「傍観者」が「いじめの中心者」「加担者」「強化者」からのピアプレッシャーに敏感になり，対人不安と緊張の度合いを高めることになるからである。この状況を変えるためには，傍観者の動きが重要であり，その動き次第で形成は逆転することになる。

しかし，傍観者の動き次第とはいえ，傍観者任せでは事は成就しない。傍観者一人一人を孤立させないような配慮や工夫が不可欠である。個々人の力を結集するチームとしての動きが重要なのである。KiVa プログラムの中の KiVa チームがそのヒントとなる。

2 KiVa プログラムを応用する

(1)「KiVa レッスン」に相応する総合単元的な道徳学習

フィンランドのいじめ対策公式プログラムである KiVa プログラムの「KiVa レッスン」に着目する。日本の小・中学校のカリキュラムにおいて，「KiVa レッスン」に相応するプログラムの導入が可能なのは，「特別の教科道徳」（道徳科）を要とする総合単元的な道徳学習である。KiVa プログラムを応用するべく，道徳科を要とし，各教科等間の有機的な関連を図ることによって，いじめに係る重点的な道徳教育を展開することである。図 1（竹田作成）を参照されたい。

総合単元的な道徳学習とは，道徳科を要とした各教科等（各教科・特別活動・総合的な学習の時間など）の有機的な関連による教科横断的・総合的な学習をいう。このような学習を通して，傍観者を仲裁者に変える教育が可能になると考える。

(2) いじめの克服と総合単元的な道徳学習

いじめが行われる場は，いじめの加害者といじめの被害者だけでなく，いじめの中心者（主たる加害者），彼らと一緒になっていじめる「加担者」（従たる加害者），いじめを見て笑ったり囃し立てたりする「強化者」（観衆），いじめの場面に関わろうとしない「傍観者」，被害者の側に立つ「擁護者」（仲裁者）が想定される。いじめの問題は，加害者と被害者の関係だけで捉えられるものではない。加害者を取り巻く「加担者」（従たる加害者），「強化者」（観衆），「傍観者」の立ち位置や被害者からの距離感がいじめの深刻さに大きく影響することになる。加害者寄りの「強化者」（観衆），「傍観者」を「擁

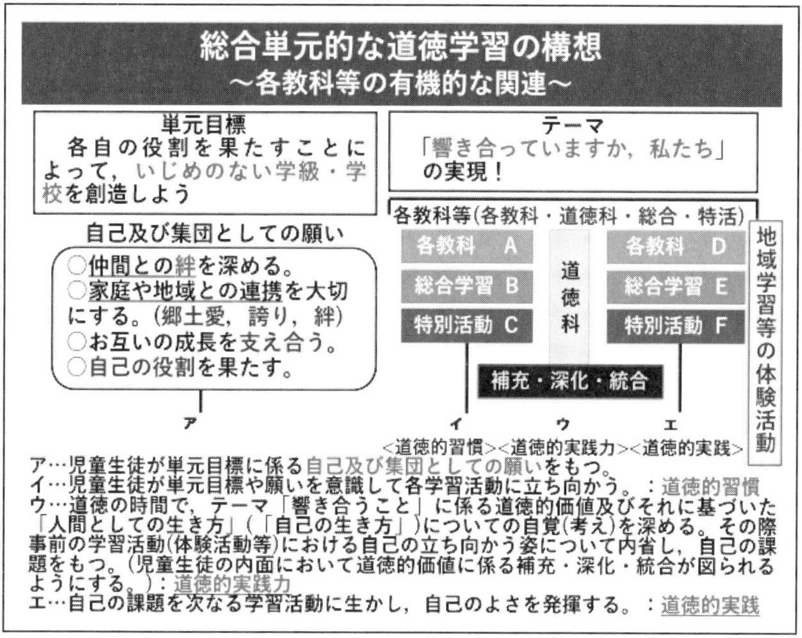

図1　総合単元的な道徳学習

護者」や「仲裁者」に変えることが求められる。そのポイントを握っているのが圧倒的多数の傍観者である。傍観者が単独で「加害者」や「加担者」「強化者」（観衆）に立ち向かうのではなく，「傍観者」が結束して集団として被害者に寄り添い，いじめに立ち向かうことができれば，いじめる側は数的不利に陥り，いじめによって威圧する術と価値（利益）を失うことになる。

「KiVa レッスン」は，2コマ連続（90分）の授業として月に1回ほどのペースで行う（約10回15時間の授業が想定される）。わが国の現行のカリキュラムからは，「KiVa レッスン」をそのまま導入することは難しいものの，各教科等横断的・総合的な学習によって組織的・計画的・継続的に行う「総合単元的な道徳学習」であれば，「KiVa レッスン」並みの授業を実施することは可能である。その際，各教科等間の有機的な関連を意図したカリキュラム・マネジメントが必要となる。また，「特別の教科 道徳」（道徳科）の授業を，年間約5回5時間程度をいじめ対応の授業として設定することも可能である。道徳科授業の内容項目としては，中学校の場合であれば，いじめを克服する

平成24年度　第1学年総合単元的な道徳学習の構想図

三原市立第二中学校

総合単元名	「各自の役割を果たして響き合い，誇り・絆・三原魂を確かなものにしよう」4月～11月	
めざす生徒像	思考力・判断力・表現力を身につけた生徒	中心項目：4－(4) 集団生活の向上 役割と責任の自覚
ねらい	自他理解を深め，自己の役割を果たすことを通して響き合い，誇り・絆・三原魂（郷土愛）を確かなものにすることによって，人間としての豊かな生き方を追求する。	関連項目：2－(2) 人間愛の精神 思いやり 関連項目：4－(8) 郷土愛
単元設定の理由	総合的な学習の時間を通して行う「ミュージカル創作学習」の機会を活かすことによって，自己の役割を果たす力，集団生活に必要なルール・マナーなどの規範意識，人間関係形成能力，コミュニケーション能力の高揚など，人間力の向上をめざしたい。生徒指導の三機能（自己存在感・共感的人間関係・自己決定）を生かした授業づくりや，郷土の伝統文化（三原やっさ）とのかかわりを深めることを通じて，自己効力感や自己有用感を養い，人間としての豊かな生き方を追求させたい。	

教科　｜　道徳の時間　｜　特別活動・総合的な学習の時間等　｜　生徒の意識の高まり

①4月（2時間）［特別活動］
「集団宿泊学習」
役割遂行・協力

②5月（1時間）
音楽科　教材「郷土の伝統音楽」
〈目標〉郷土の伝統音楽に関心を持つ。

③5～11月（50時間）〔総合的な学習の時間〕
「ミュージカル創作学習」
響き合うとは

④7月（1時間）
社会科　教材「身近な地域の歴史を調べよう」
〈目標〉身近な地域の歴史を調べ，伝統や文化への関心を高める。

⑤9月（1日）［特別活動］
「運動会」
誇り・絆・協力・責任

⑥10月（1時間）　道徳〈郷土愛〉4－（8），資料「胡蝶の舞」
地域社会の一員としての自覚をもって郷土を愛し，社会に尽くした先人に尊敬の念を深めることによって，郷土の発展に努めようとする態度を育てる。

⑦11月（2時間）〔総合的な学習の時間〕
「創作ミュージカルの発表」
誇り・絆・役割遂行

⑧12月（1時間）　道徳〈二中生としての自覚〉4－（7）
学校・地域の一員としての自覚をもち，協力してよりよい校風・郷土を樹立しようとする態度を育てる。
資料「ミュージカルの創作」

⑨1月（2時間）
国語科　教材「意見文を書こう」
〈目標〉「ミュージカルの創作を通して学んだこと」について理論的に書く

日常生活・委員会活動・当番活動・係活動・部活動

生徒の意識の高まり：
①役割を果たせて自信が持てた。
②三原に伝わる伝統音楽はすごい。
③響き合うということが分かった。
④三原の歴史の中で今日なお生き続けている伝統文化をもっと深く知りたいと思った。
⑤みんなが一生懸命に取り組んでクラスの団結が深まった。準備や係の役割を責任を持ってやり遂げて自信がついた。
⑥三原に生まれてよかった。
⑦みんなが協力してやり遂げた。自分の役割を果たせることに満足している。響き合うとはどういうことなのかを体感できた。
⑧二中生としての自覚や郷土愛が深まった。もっと成長したい。
⑨ミュージカルの創作の目的が「響き合うこと」や「郷土愛」を高めることにあったことがよくわかった。

響き合う生徒－誇り・絆・三原魂（郷土愛）を豊かに身につけた生徒

図2　総合単元的な道徳学習の構想図

重点項目として，A（1）［自主，自律，自由と責任］，B（6）［思いやり，感謝］，B（8）［友情，信頼］，B（9）［相互理解，寛容］，C（11）［公正，公平，社会正義］，C（15）［よりよい学校生活，集団生活の充実］，D（19）［生命の尊さ］，D（22）［よりよく生きる喜び］などを取り上げることが想定される。

図２（竹田作成）が総合単元的な道徳学習の構想図である。この構想図は，道徳科（道徳の授業）を道徳教育（総合単元的な道徳学習）の要とし，その前後に各教科等（各教科・特別活動・総合的な学習の時間など）を有機的に関連させるべく，カリキュラム・マネジメントによって構成されたものである。

総合単元的な道徳学習の要となる道徳科の授業とその前後において有機的な関連を図る各教科等（各教科・特別活動・総合的な学習の時間など）とのコラボレーションは，「KiVa レッスン」の内容（相互尊重などの話題から始まり，集団でのコミュニケーション，集団圧力などの話題を経て，いじめのメカニズムや結果について学ぶこと）と同様の内容で展開することになる。このような道徳科授業を要とした道徳教育（総合単元的な道徳学習）を重ねる中で，いじめを克服する環境が次第に形成されることになる。

３　傍観者を仲裁者に

国内外のいじめ研究の動向は，「傍観者を仲裁者に変える」ことに見られる。このことがいじめを克服する最大のポイントであることは言うまでもない。しかし，日本におけるいじめの現状は，マスメディアの報道でもわかるように，児童生徒のみならず教育委員会，学校，教師までもが傍観者になり下がっているように見える。2019 年 4 月 17 日（水）付の朝日新聞の記事からもそのことがうかがわれる。記事の概要は次のとおりである。

中 3 自殺 いじめ原因「教職員 深刻に受け止めず」 神戸・再調査委

神戸市垂水区で 2016 年に市立中学 3 年の女子生徒（当時 14）が自殺した問題で，市の再調査委員会は 16 日，いじめが自殺の要因と認定する調査報告書を市に提出した。中 1 からいじめがあったが教職員の誰も深刻に受け止めなかったとし，「寄り添える教師が 1 人でもいたら命を

> 救えた可能性がある」と指摘した。
>
> 報告書では，女子生徒は中1のころからインターネット上で中傷されるなどのいじめを受けていた。中2になると「絵がきもい」など陰口や悪口などが続き，中2が終わる時点で「強い喪失感などを抱き，心理的にかなり脆弱な状態になっていた」とした。
>
> 一方，教職員は誰もいじめと認識せずに「よくある女子同士の人間関係のトラブル」と捉えた。(……)
>
> この問題を巡っては，学校側が他の生徒と面談した際に作られたいじめに関するメモは，市教委の第三者委員会の報告書で「破棄された」とされていたが，主席指導主事が当時の校長に隠蔽を指示したことが発覚。主席指導主事は今年1月，停職3カ月の懲戒処分を受けた。(……)

教育委員会，学校，教師，児童生徒はそれぞれ不正に立ち向かう正義と勇気を持たなければならない。とりわけ圧倒的多数の傍観者となっている児童生徒は，被害者の擁護や仲裁の役割を果たすことができるような存在にならなければならない。にもかかわらず，傍観者が増え続けている現状は，これまで以上に，いじめの未然防止や早期発見・早期解決が困難になることを意味している。

このことを改善するには，傍観者を仲裁者に変えていく教育の営みが必要不可欠である。そのためには，学習指導要領の改訂によって新たに教科化された「特別の教科 道徳」（道徳科）の充実や道徳科を要とする道徳教育（総合単元的な道徳学習）の充実，とりわけいじめの未然防止に貢献する「いじめ阻止プログラム」が待たれる。KiVa プログラムのような日本版の「いじめ阻止プログラム」の開発である。

4　いじめ阻止プログラム案

(1)「KiVa レッスン」に相応する日本版プログラム

フィンランドの KiVa プログラムのような日本版プログラムを開発するにはどうすればよいのか。このことについては，**2** の「KiVa プログラムを応用する」でも触れたが，日本の小・中学校のカリキュラムにおいて，「KiVa レッスン」に相応するプログラムを導入することが考えられる。「特別の教

科 道徳」（道徳科）を要とする総合単元的な道徳学習である。以下がその具体案（竹田の私案）である。

【カリキュラムの位置付け】

○「特別の教科 道徳」（道徳科）を要する「総合単元的な道徳学習」

＊各教科等横断的・総合的な学習

＊教科書会社が編集した道徳科教科書の「いじめ防止ユニット」を有効活用する。

【コマ数】

○「特別の教科 道徳」（道徳科）：1コマ50分の授業×5回（5時間扱い）

○各教科等（道徳科以外）：10時間扱い程度（各教科，特別活動，総合的な学習の時間の組合せを10時間程度）。

○「特別の教科 道徳」（道徳科）を5時間，各教科等（道徳科以外）を10時間，合計15時間扱い。⇒「総合単元的な道徳学習の構想図」を作成する。

【授業内容】

○「KiVaレッスン」の内容を参考にする。⇒相互尊重などの話題から始まり，集団でのコミュニケーション，集団圧力などの話題を経て，いじめのメカニズムや結果について学ぶ。

○教科書会社が編集した道徳科教科書の「いじめ防止ユニット」を取り入れる。

〈例：日本文教出版〉

☆中学道徳　あすを生きる 1[2]

＊「いじめ」と向き合う①

• 「いじめ」と向き合う：特別活動「学級活動」

• 「さかなのなみだ」：道徳科　内容項目：A（1）

「いじめ」のない集団にするために，何が大切かを考える。

• 「いじめ」って何？：特別活動「学級活動」

• 「近くにいた友」：道徳科　内容項目：A（1）

友達とお互いに信じ合える関係になるために，どんなことができるかを考える。

• 怒りの感情と上手につき合おう：特別活動「学級活動」

• 「トマトとメロン」：道徳科　内容項目：A（1）

どうすれば，一人ひとりの個性を伸ばし，認め合うことができるのかを考える。

＊「いじめ」と向き合う②

• 「二人の約束」：道徳科　内容項目：A（1）

自分にも相手にも誠実な行動をするために，何が大切かを考える。

• 心の様子をチェックしよう：特別活動「学級活動」

• 「むかで競走」：道徳科　内容項目：A（1）

どうすれば，学級の仲間と協力して，ものごとに取り組めるのかを考える。

＊「いじめ」と向き合う③

• 「旗」：道徳科　内容項目：A（1）

友達と支え合う関係を築いていくために，何が大切かを考える。

• 「自分だけ「余り」になってしまう……」：道徳科　内容項目：A（1）

「ひとりになる」ことについて，どうすれば，お互いを尊重する生き方ができるかを考える。

☆中学道徳　あすを生きる　2[(3)]

＊「いじめ」と向き合う①

• 「いじめ」と向き合う：特別活動「学級活動」

• 「五月の風　カナ」：道徳科　内容項目：A（1）自主，自律，自由と責任

自分の考えや思いを人に伝えるために，何が大切かを考える。

• 「五月の風　ミカ」：道徳科　内容項目：B（8）友情，信頼

同じ出来事でも立場によって受け止め方が違うことを踏まえて，どうすれば，よりよい友達関係が築けるのかを考える。

• 自分の考え方を見つめよう：特別活動「学級活動」

• 「リスペクト　アザーズ」：道徳科　内容項目：C（11）公正，公平，社会正義

「いじめ」や差別のない社会にするために，どんなことを大切に生きればよいかを考える。

• 人権課題への取り組み：社会科

＊「いじめ」と向き合う②

- 「ハイタッチがくれたもの」：道徳科　内容項目：C（15）よりよい学校生活，集団生活の充実

　「いじめ」を起こさないために，学校全体で何ができるかを考える。

- 「いじめ」をなくすために：特別活動「学級活動」
- 「ヨシト」：道徳科　内容項目：C（11）公正，公平，社会正義

　どうすれば，周りの空気に流されず，正義を貫けるのかを考える。

☆中学道徳　あすを生きる　3[4]

＊「いじめ」と向き合う

- 「いじめ」と向き合う：特別活動「学級活動」
- 「卒業文集最後の二行」：道徳科　内容項目：C（11）公正，公平，社会正義

　「いじめ」のない集団にするために，何が大切かを考える。

- 私たちは，なぜ人を攻撃するの？：特別活動「学級活動」
- 「思いを伝えることの難しさ」：道徳科　内容項目：B（9）相互理解，寛容

　友達とお互いに信じ合える関係になるために，どんなことができるかを考える。

- 私ってどんな人？：特別活動「学級活動」

【授業方法】

○対話の成立を図る

＊対話：dialogos［ギリシャ語］⇒logos（言葉，理性，道理，真理，真相）を dia する（分かちもつ）ということ

○集団でのコミュニケーションを大切にする

＊ペアトーク，グループトーク，クラストーク

○エンパシー（empathy）教育を重視する

＊シンパシー（sympathy：感情移入）からエンパシー（empathy：自己移入）へ

＊主人公の立場を自分自身に置き換えて考える。

○いじめの4層構造を意図し，傍観者が仲裁者に変容する姿を追求する

＊傍観者が仲裁者に変容する姿が描かれた教材が望まれる。

＊問題解決的な学習，体験的な活動，ロールプレイを取り入れた学習を展

開する。
◯モラルジレンマ
＊善と善の葛藤（倫理的葛藤，道徳的葛藤）
◯判断力重視
＊判断とその理由（道徳性の発達段階の違いが現れる）を大切にする。
◯道徳性の発達段階の違いによる道徳的葛藤討議
＊倫理的葛藤⇔心理的葛藤
＊道徳的思考（道徳的価値を引き付けた思考）を深める。
◯考え，議論する道徳
＊自分自身の問題として捉え，向き合う。

(2)「KiVa チーム」に相応する日本版プログラム

KiVa チームは，原則各校 3 名程度のいじめ対策の中心的な教員が選任され，予防的な実践を主導するのみならず，いじめが顕在化した際には，各クラスの担任などと共同して，いじめ解決の中心的な役割を果たす。執筆者(竹田) は「KiVa チーム」に相応する日本版プログラムとして，ミュージカル教育を試みてきた。次に示すものは「広島県三原市立第二中学校におけるミュージカル創作の記録[5]」である。

「今日，教育を語るとき，「絆」は欠かせないキーワードとなっている。平成 23 年 3 月 11 日，記憶に止め今後に生かすべき東日本大震災の教訓，人や地域の絆をよりどころとする被災地発の教育モデルは全ての学校，地域において共有されなければならない。」このことは，中国新聞社論説委員の石丸賢氏が，広島県三原市立第二中学校の創作ミュージカルを取材し，2011 年（平成 23 年）9 月 4 日付の朝刊（p.24「解説・評論」）で述べた「無縁化するコミュニティー，子どもの心をつかみあぐねる学校や家庭〔中略〕。すさむ現実に，誰もが焦る。」ことへの教訓でもある。

石丸氏の論説はさらに続く，「総合芸術の一つに数えられるミュージカル。芝居に歌，ダンスで舞台を盛り上げる。照明や効果音，道具作りに加えて宣伝のチラシ作りなど，どの生徒にも「一人一役」の出番と責任を用意する。連帯感を醸すための種まきなのだろう。」「演じ手は地域からも募っている。昨年の公演に感激し，ことしは PTA 会長や民生児童委員も出演する。名前さえ知らなかった生徒と待ち時間におしゃべりが弾む住民たち。「地域で出会えばつい笑顔になる」と互いに感想が出るのは，心の糸がつながりだした証にみえる。」「脚本と配役，音楽にステージ。すべてがそろったとき，ミュージカルの幕は開く。その舞台をコミュニティーに，配役を住民に置き換えて考えられないか，と思う。」「含蓄に富むミュージカル教育の手法は，地域づくりにも十分応用できそうな気がする。」この石丸氏の論説は，執筆者〔竹田〕が主催したミュージカルを，「絆を生む舞台の一体感」と題し，ミュージカル教育として紹介したものである。執筆者〔竹田〕の思いを実に的確に表現している。

①ミュージカル創作の構想と道徳教育

ミュージカル創作の構想は，中１ギャップの解消や校訓「響き合う二中っ子」の実現を図るべく，「個性の伸長」「人間愛」「人格の尊重」「感謝」「社会連帯」「役割と責任の自覚」「集団生活の向上」「集団の一員としての自覚」「愛校心」「郷土愛」を培うための道徳教育の推進にある。ミュージカル創作のメンバーは，一年生全員と教員，保護者，市民（三原やっさ振興協議会の指導員を含む），そしてプロの脚本家・演出家・声楽家である。このミュージカルは，既成の脚本・演出によってその完成度を高めるものではない。脚本は，プロの脚本家に依頼して，「三原やっさ」の450年の歴史（小早川隆景の三原城の築城祝いとして三原の民衆が踊った「やっさ踊り」）とその当時の民話をベースに，「誇り」「絆」「正義」「誠実」「思いやり」をもって生き抜くことの大切さを描いたものである。そして，プロの演出家による，4月から11月までの８ヶ月にわたる熱き創作のプロセスが続く。このプロセスを経て，生徒たちは最高の舞台（ポポロ〈三原市芸術文化センター〉）に立つ。そして輝く。舞台の表と裏，全ての構成員が主役である。

②ミュージカル創作のねらい・目的・意義

このミージカルは，生徒に校訓の精神ともいえる「響き合うとはどういうことなのか」を早い段階で感得させるねらいがある。そのためには，総合的な学習の時間で創作するミュージカルと道徳の時間（道徳授業）の接続が不可欠である。ミュージカル創作の目的は二つある。一つは創作のメンバーである生徒・教員，保護者・市民，脚本家・演出家・声楽家が創作過程での相互作用（対話）を通して「響き合う」こと，今一つは生徒が三原市の伝統文化とのかかわりを深め，その後継者としての自覚を高める（「郷土愛」を育む）ことである。このことを単に体験活動として終わらせるのではなく，道徳授業に接続させて道徳的価値を追究することによって，体験の経験化（体験の知的加工をなすことによって体験の価値を獲得し，体験の意義を見い出すこと）を図っている。ミュージカルは音声表現，言語表現，身体表現を必要とする総合的な芸術である。生徒はそれぞれの役割（キャスト・合唱・舞台美術・大道具・小道具・衣装・音響・映像・照明・広報・ダンス・和楽器・オーケストラ・舞台助監督等）を自覚し，各教科等で習得した知識・技能を活用・探究することを通して，完成をめざす。ミュージカル創作の意義は，生徒が仲間や大人（演出家，キャスト〈保護者・市民〉，三原やっさ振興協議会の指導員，教員など）と切磋琢磨し合うことによって，道徳性・感性・社会力・コミュニケーション力・論理力（論理的な思考力・判断力・表現力）を身につけることにある。

③ミュージカル創作の実際

生徒は最高の舞台で最高のミュージカルを披露する。毎年，脚本の内容（物語）が進化していることに伴い，生徒・教員・市民（地域住民）相互の「絆」も深化している。かつてのクレーマーは今やサポーターに変身している。クレーマーから苦言ばかりを聞かされた数年前とは大きく異なる。開かれた学校づくりが，これほどまでに家庭・地域から信頼されることに結び付くとは，予想以上のことであった。生徒指導上の問題に追われ，教職員の心身が疲弊していたとき，執筆者〔竹田〕は逆転の発想をもって，学校経営の舵取りをした。「主舵いっぱい」といったところであったろうか。保護者や市民（地域住民）にしっかり学校に入っていただき，率直なご意見とご示唆をいただくことにしたのである。ミュージカルの創作は，このような状況下にあってスタートし，2年目にして軌道に乗った。規範に最も背を向けたがる思春期の中学生に，何がフェアなのかを考えさせることは重要である。生徒たちは，約800名の市民の前で，鳥肌が立つほどの見事なミュージカルをやってのけた。歌って踊って語るミュージカル。全ての構成員がそれぞれの役割を自覚し確実にその責任を果たさない限り，ミュージカルは成り立たない。何が彼らをこれほどまでに成長させるのであろうか。プロの脚本家，演出家，声楽家の力はいうまでもない。プロの指導のもと，生徒と生徒，生徒と大人(保護者・市民・教員がキャスト並びにサポーターとして参加)による相互作用（対話）の力も大きい。一流の劇場（ポポロ＝三原市芸術文化センター）に立つことも大きな効果といえる。4 月にスタートし，11 月の本番を迎えるまでの約 8 ヶ月間，生徒は幾多の試練を乗り越えなければならない。その道のりは決して平坦ではない。だからこそ，やり遂げたときの達成感や成就感はこの上もない喜びとなる。

④ミュージカル教育の成果

生徒は，ミュージカルの創作を通して，仲間や大人（地域住民・教員等）との「絆」を深め，母校や郷土への「誇り」を高めていく。ミュージカル創作のプロセスそのものが道徳教育であり，総合単元的な道徳学習である。貴重な体験を体験のみで止めるのではなく，体験の意味・意義（道徳的価値）を追究する道徳科を通して，生徒は，「響き合うこと」（役割と責任の自覚，愛校心，郷土愛）をより確かなものにしていく。体験の経験化である。

児童生徒は，大人（教師，保護者，地域住民等の市民）との接点を持つことが重要であり，大人も学校に入って児童理解や生徒理解を図ることが重要なのである。このように児童生徒と大人の相互作用を通して，教師も，保護者も，市民も道徳性を高めることが可能になる。このようにして成立した学校文化は，「いじめ」を否定する文化として機能することになる。

（竹田　敏彦）

〈注〉

(1)　戸田有一（2013）「欧州の予防教育」山崎勝之・戸田有一・渡辺弥生編著『世界の学校予防教育』金子書房，pp.168－181.

(2)「中学道徳　あすを生きる」指導書編集委員会（2019）『中学道徳　あすを生きる　1　教師用指導書　朱書編』日本文教出版，pp.28－49，pp.82－91，pp.154－165.

(3)「中学道徳　あすを生きる」指導書編集委員会（2019）『中学道徳　あすを生きる　2　教師用指導書　朱書編』日本文教出版，pp.30－47，pp.116－127.

(4)「中学道徳　あすを生きる」指導書編集委員会（2019）『中学道徳　あすを生きる　3　教師用指導書　朱書編』日本文教出版，pp.38－55.

(5)　竹田敏彦編著（2016）『なぜ学校での体罰はなくならないのか――教育倫理学

的アプローチで体罰概念を質す』ミネルヴァ書房，pp.139－147.

第10章

いじめの未然防止と道徳教育・道徳科

小中学校の道徳が，2015年3月の一部改正学習指導要領によって，「特別の教科 道徳」（以下「道徳科」と呼ぶ）として新たに位置付けられた。そして，他の教科に先行して2018年度より小学校，2019年度より中学校で全面的に実施された。道徳の時間が道徳科へと位置付けられたその背景は，子どもたちのいじめ問題などの心の危機的状況に対して，道徳の時間が，十分に応えてこなかったことが大きな要因である[(1)]。これまでも道徳の時間では，いじめに関する内容が数多く含まれていた。たとえば，善悪の判断・自立・自由と責任，正直・誠実，個性の伸長，希望と勇気・努力と強い意志，親切・思いやり等である。しかし，いまだに道徳教育そのものを忌避しがちな風潮があり，道徳教育の理念が関係者に共有されておらず，教員の指導力が十分でなく，他教科に比べて軽んじられ，道徳の時間が，実際には他の教科に振り替えられていることもあるのではないかなど，多くの事柄が指摘されてきた[(2)]。そこで今回の学習指導要領の改正では，いじめ問題への対応の充実や発達段階をよりいっそう踏まえた体系的なものにする観点からの内容の改善，問題解決的な学習を取り入れるなどの指導方法の工夫を図ることなどが示された[(3)]。

本章では，これらのことを踏まえて道徳性の発達段階を意図した授業展開や道徳的葛藤場面での教師の役割を示すとともに，いじめの未然防止の道徳授業の具体例を示すことを目指す。

1　道徳性の発達段階を意図した授業展開

(1) 道徳性とは何か

道徳性については，様々な考え方があるが，「中学校学習指導要領解説 総則編」(2017年) では，「道徳性とは，人間としての本来的な在り方やよりよい生き方を目指して行われる道徳的行為を可能にする人間的特性であり，人格の基盤をなすものである。それはまた，人間らしいよさであり，道徳的諸価値が一人一人の内面において統合されたものといえる。」と説明している[4]。また「中学校学習指導要領解説　特別な教科 道徳編」(2017年) (以下，「道徳編」と呼ぶ。) では，「道徳性とは，人間としてよりよく生きようとする人格的特性であり，道徳性を構成する諸様相である道徳的判断力，道徳的心情，道徳的実践意欲と態度を養うことを求めている。」と説明している[5]。道徳教育も道徳科も目指すのは，児童生徒の道徳性の育成である。

(2) 子供の道徳性の発達的特徴

道徳科の授業を実施するにあたり，子どもの道徳性の発達的特徴についての基本的な知識を持ち，クラスの児童生徒の個々の発達がどの段階にあるかを意識しておくことは重要な視点となる。道徳編では，「生徒の発達は年齢によってほぼ共通した特徴を示すこと，年齢相応の課題があることを十分把握して指導に当たる必要がある。しかし同時に，生徒の発達には個人差が著しいことや，日々の生活において個々の生徒が様々な課題を抱えていることを踏まえて，生徒一人一人や学級，学年の傾向をよく把握し，適切な指導を工夫する必要がある。」と説明している[6]。

また，内容を発達の段階を踏まえた体系的なものにするため，小学校低学年に「個性の伸長」「公正，公平，社会正義」「国際理解，国際親善」，中学年に「相互理解，寛容」「公正，公平，社会正義」，高学年に「よりよく生きる喜び」が新規内容として学習するように改訂された[7]。

(3) 道徳性の発達段階を意図した授業実践例

広島県庄原市立総領小学校と総領中学校は，2016年度文部科学省委託「「道徳教育改善・充実」総合対策事業【メニュー3】」において，道徳性の発達

図１「総領中学校区見取の三段階」

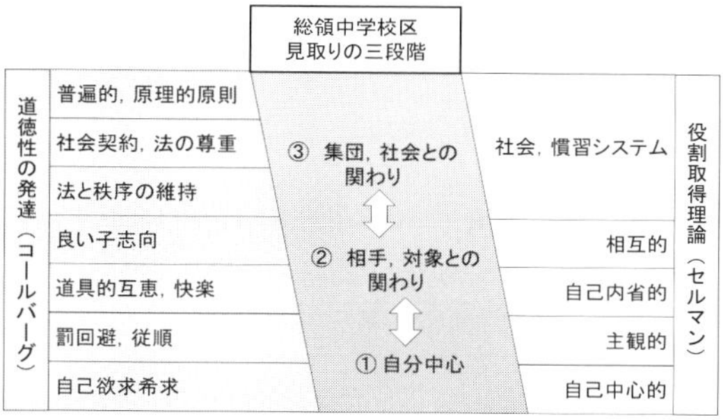

表１「総領中学校区見取の三段階」の例

段階	生徒の記述
① （自分中心）	今まで自分は参加するだけで，地域の祭りのために何もしていなかったことに気付いた。
② （相手，対象との関わり）	剛は，自分たちの力で祭りを作り上げることの楽しさを知っていて，達成感を味わっているなと思った。
③ （集団，社会との関わり）	剛たちみたいに，自分も地域の祭りを開催させるために何かできるのではないかと気付いた。

段階の理論を参考にして「総領中学校区見取りの三段階」を独自に作り授業実践を行った（図１参照）。まず道徳科の授業準備では，中心発問に対して予想される児童生徒の反応を「①自分中心」「②相手・対象との関わり」「③集団・社会との関わり」の三段階を①～③の番号で学習指導案に明記した（表１参照）。そして道徳科の授業において，机間指導の際に児童生徒の考えを三段階に分けて把握し，その後の全体交流で意図的指名に使った。意図的指名では，原則として「①自分中心」→「②相手・対象との関わり」→「③集団・社会との関わり」の順に指名して，理由をつけて発表させた。その理由の中に思考の広がりと道徳的価値の深まりを見取り，補助発問（「問い返し」「ゆさぶり」等）を行うことで，考えを深めさせたり，矛盾に気づかせたりした。この取組により，教師は児童生徒の考えを道徳的な発達段階に照らして把握することができ，生徒の道徳的価値の自覚を促すための手立てとなった。

2　道徳的葛藤場面での教師の役割

(1) 教師がパイロット役（ファシリテーター）となり議論を深める

教師がパイロット役（ファシリテーター）となり，反対意見を紹介したり，思考がより深くなるように新しい視点や考えを示したり，ディスカッションが脇道に反れたときは方向修正したり，出てきた発言を整理してまとめたりすることが重要である。そして，道徳性の発達段階を捉えた意図的指名により多面的・多角的に道徳的価値の理解を促すことも有効である。また，人権を無視した発言には，速やかに制止し指導しなければならない。

(2) ペアトーク，グループトーク等の話合いの工夫で議論を深める

ペアトーク，グループトーク等を活用することにより，児童生徒が多様な意見に接しながら，多面的・多角的に考え，判断し，表現することを通してさらに新しい考えを生み出していくように促すことが大切である。単なる生活経験の話し合いや読み物教材の登場人物の心情の読み取りに偏った形式的指導ではなく，多様な価値観の，時には対立があるような場面を設定し，自分自身の問題として捉え，向き合いながら考えを深める議論に導くことが重要である。

(3) 補助発問で議論を深める

道徳科の発問には，中心発問，基本発問，そして補助発問がある。発問を構成する場合は，中心発問をまず考え，次にそれを生かす前後の発問（基本発問）を考え，全体を一体的に捉えようとする場合が多い。しかし，中心発問と基本発問だけでは，授業は深まっていかない。補助発問は，あまり指導案に書かれることがなく，教師の臨機応変な対応を必要とするが，教師の適切な補助発問により，児童生徒が道徳的価値に気づき新しい価値を獲得するきっかけになる。それだけに，児童生徒の発言をあらかじめ予想し，道徳的な価値の理解が深まるように補助発問を考えておくことが重要である。

3 「いじめの未然防止」に対する道徳科教材の開発
──『卒業文集最後の二行』を例として[8]──

(1) 教材の概要

起　Ｔ子さんは幼くして母親を亡くし，二人の弟の面倒を見ていた。父は魚の行商をしていたが，経済的には恵まれていない。そのことにより，Ｔ子さんの服はいつも汚かった。小学6年生の時，「私」（筆者）はＴ子さんと隣の席になり，そのことがきっかけで先頭に立ってＴ子さんをいじめるようになる。

承　ある日，「私」は漢字の小テストでＴ子さんの解答用紙をカンニングする。「私」はテストで満点をとり，最高得点者として発表されるが，Ｔ子さんは1問違いで2番目であった。「私」がカンニングしていなければ，本当はＴ子さんが最高得点者となるはずであった。ところが，「私」の周りの悪童はＴ子さんが「私」の解答をカンニングしたのではないかとＴ子さんを責めてしまう。はじめは荷担できなかったものの，「私」も一緒になってＴ子さんを責めてしまう。その時，Ｔ子さんは，はじめて泣き叫び教室を出ていった。「私」は謝ることができないまま卒業式を迎える。

転　卒業式の夜，「私」はＴ子さんの書いた卒業文集の「私が今一番ほしいものは，母でもなく，本当のお友達です。そして，きれいなお洋服です。」という最後の二行を読み，Ｔ子さんの苦しみを知り，深く後悔し涙を流す。

結　30年余が過ぎた今でも，Ｔ子さんへの罪業を思い出すたびに忍び泣いてしまう私である。あの二行を読まなかったら，現在の私はどうなっていたであろう。

(2) 教材の解釈

本教材は，いじめに対して被害者が受けた心の傷の大きさと，加害者が30年余り過ぎた今でも悔恨となって苦しんでいる心境が綴られ，被害者，加害者の両方の立場からいじめ問題を考えることができる内容である。この教材には，傍観者であるクラスの児童について触れられておらず，いじめの仲裁者は現れない。担任は，いじめ問題への対策を何ら講じておらず，成績優秀者だけを褒めるような学級経営を行っていたとも推測される。また，石炭小

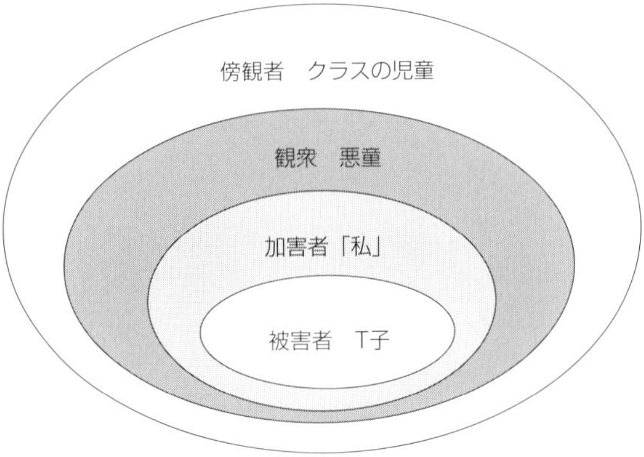

図２　いじめの４層構造

屋のある学校の時代の様子について，授業者の補足説明が必要であろう。簡潔に綴られた状況説明の中で，想像力を働かせながらいじめの４層構造に照らし合わせて考えを深めることが必要である。

(3) 教材分析

主な場面	「私」の心の動き	生徒の意識
[起] 小学校時代，同級生の「私」は，先頭に立ってT子さんをけなした。	・自分の方が上だと思っていた。 ・担任に言わないのでいじめやすかった。	・悪いことをしている意識がなく，安易な気持ちでけなしていた。 ・クラスの者はだれも助けないのか。
[承] 漢字テストで，「私」はT子さんの答えをカンニングして満点をとった。T子さんは賞賛してくれた。	・後ろめたさを感じたが，満足だった。 ・自分を褒める気持ちが分からなかった。	・本当は嬉しくないはずだ。 ・情けない男だ。 ・カンニングされたことを知らないT子さんがかわいそうだ。
[承] T子さんは，悪童たちにカンニングしたと中傷され，「私」は尻馬に乗る発言をしてしまった。T子さんは初めて泣き叫び，その場を逃げ出した。	・内心悪いと思いながら調子に乗ってやった。 ・様子がおかしいと思われたらまずい。 ・謝りたい思いも瞬時に吹っ飛んだ。	・自分の過ちを隠したかった。 ・担任は，いじめに何も気づかなかったのか。
[転] 卒業式を迎え，「私」はT子さんに謝らずじまいに終わったが，卒業文集のT子さんの最後の二行に果てもなく泣いた。	・こんな辛い思いをしていることに初めて気づいた。 ・自分の罪の深さに後悔してもしきれない。	・T子さんの辛さが，痛いほどわかった。 ・謝って許されることではない。
[結] T子さんへの罪業を思い出すたび忍び泣いている。あの二行を読まなかったら，現在の「私」はどうなっていただろう。	・大いなる悔いを与えてくれた。 ・あの二行を読まなかったら現在の「私」は同じ罪業を繰り返していただろう。	・30年余り過ぎても罪業への悔いは残るものなのだ。 ・いじめは，被害者も加害者も深く心を傷つける。

（4）学習の流れ

<table>
<tr><td>指導方法</td><td>問題解決的な学習の展開例
（A 案）</td><td>登場人物への自我関与を生かした展開例
（B 案）</td></tr>
<tr><td>内容項目</td><td colspan="2">〔公正，公平，社会正義〕
正義と公正さを重んじ，誰に対しても公平に接し，差別や偏見のない社会の実現に努めること。</td></tr>
<tr><td>ねらい</td><td colspan="2">いじめがいかに非情であるかを理解し，差別や偏見を見抜き，人間として許されないことを許さない態度を育てる。</td></tr>
<tr><td>中心発問</td><td>「私」がT子さんに謝罪しても謝罪し尽くすことができない一番の罪業は何か。</td><td>T子さんの卒業文集最後の二行を読み，「私」が果てもなく泣いたのはなぜだろう。</td></tr>
<tr><td rowspan="2">整理</td><td>• 服装や経済的なことや成績で人を見下し，差別や偏見を持っていた。
• 自分勝手で人のせいにする傲慢さやずるさがあった。
• 自分の心の弱さから人に対して取り返しのつかない大きな傷を負わせた。</td><td>•「私」のいじめが，T子さんの心を深く傷つけていた。
• T子さんのあまりにも切なく辛い悲しい本当の気持ちに初めて気づいた。
•「私」の罪業は，謝罪しても謝罪し尽くせるものではない。</td></tr>
<tr><td colspan="2">いじめは友達を深く傷つける罪業で，被害者に謝罪しても謝罪し尽くせるものではなく，加害者にも深い後悔の傷跡を残すものである。</td></tr>
<tr><td>自分との関わり</td><td colspan="2">「私」が深い後悔の残る心の傷を抱えて生きてきたことを通して，自分自身のこれからの生き方を考える。</td></tr>
</table>

4 「いじめの未然防止」に対応するための道徳科学習指導案の開発

（1）学年，主題名，内容項目，ねらい，教材名

1　学　年　中学校３年

2　主題名　いじめを許さない心（内容項目　C－(11)公正，公平，社会正義）

3　ねらい　いじめがいかに非情であるかを理解し，差別や偏見を見抜き，人間として許されないことを許さない態度を育てる。

4　教材名　「卒業文集最後の二行」（中学校道徳あすを生きる力３　日本文教出版[9]）

(2) 主題設定の理由

○主題観

人は，時に自己中心的な考え方や偏った見方をしてしまい，他者に対して不公平な態度をとる場合がある。よりよい社会を実現するためには，正義と公正，公平さを重んじる精神が不可欠である。物事の是非を見極めて，自他の不正や不公平を許さず，誰に対しても公正，公平に接し続ける姿勢と，力を合わせて積極的に差別や偏見をなくし，強い姿勢でよりよい社会を作る努力をすることが大切である。

○生徒観

中学生の時期は，社会に目を向け始め，正義感や理想を求める気持ちが強くなる。しかしその反面，友達の目を意識したり，人の意見や考えに振り回されたり自己中心的な考え方に偏ったりしがちである。そのため，いじめなど目の前で起こっても，勇気を出して止めることに躊躇し消極的になってしまうことも多い。いじめや差別，偏見などに対して正しいことを言える心の強さを持ち，誰に対しても公正・公平に接する態度を育てる必要がある。

○指導観

本教材は，主人公の「私」が，小学校時代にいじめを繰り返した，忘れられない苦い思い出を描いたエッセイである。同級生のＴ子さんをいじめたことへの後悔と懺悔の気持ちが描かれている。Ｔ子さんの書いた卒業文集の最後の二行を読んで，切なさ悔しさを知り衝撃を受け深く後悔し涙を流す。そして，30年余り過ぎた今でも，Ｔ子さんへの罪業を思い出すたびに忍び泣きしている。この「私」の罪業や思いに焦点を当て，自分のこれからの生き方を考えさせることを通して，いじめを絶対に許さない態度を育てたい。

(3) 評価について

いじめが人間として絶対に許されないことであることを理解し，いじめを生まないために自分にできることを考えた発言や記述があったか。

(4) 他の教育活動との関わりについて

学級活動で授業前にいじめの４層構造を学習する。生徒会が「いじめは絶対に許されない」と宣言し，「いじめ防止の標語」「いじめ防止の横断幕」等の作成をする。

(5) 学習指導過程

【問題解決的な学習の展開例】(A 案)

段階	学習活動	主な発問と予想される生徒の心の動き(◎中心発問)
導入	1 学校生活を振り返り課題意識を持つ。	○学校生活で楽しくないときはどんなときだろう。 ・人に無視されたり悪口を言われたとき。
展開前段	2 教材を読み,考える。 (1)T子さんの気持ちを考える。 (2)「私」の人間としての弱さについて考える。	(石炭小屋があった当時の学校の様子を補足説明する。) ○T子さんが書いた最後の二行には,どんな思いが込められていただろう。 ・もういじめるのをやめてほしい。 ・これ以上,惨めで悲しい思いをしたくない。 ・自分の本当の気持ちを周りの人にわかってほしい。 ・自分の気持ちをわかってくれる本当の友達がほしい。 ◎「私」がT子さんに謝罪しても謝罪し尽くすことができない一番の罪業は何か。 ・服装や経済的なこと,そして成績などから見下しいじめを続けた。 ・自分勝手で人のせいにする傲慢さやずるさがあった。
展開後段	3 自分の生活とつなげて考える。	○「私」が心の傷を抱えながら生きてきたことを通して,これから自分自身がどのような生き方をしていけばいいか考えてみよう。 ・いじめは被害者にも加害者にも大きな心の傷が残る。だから誰にも公正・公平に接して行く。 ・いじめはしないし,させないようにする。
終末	4 教師の説話を聞き,本時のまとめをする。	○正しいと思った行動に躊躇したら,いつまでも後悔が残ることを伝える。 道徳ノートに書かせ,数名に発表させる。

【登場人物への自我関与を生かした展開例】(B 案)

段階	学習活動	主な発問と予想される生徒の心の動き(◎中心発問)
導入	1 自己の体験について振り返り,課題意識を持つ。	○今までに忘れられないような後悔はありますか。 ・親に叱られたときに,友達の責任にして嘘をついてごまかした。
展開前段	2 資料を読み,考える。 (1)「私」がT子さんをいじめる気持ちを考える。 (2)カンニングしたことを隠し,T子さんを責めた「私」の気持	(石炭小屋があった当時の学校の様子を補足説明する。) ○「私」は,どんな気持ちで,くさい,汚いなどとT子さんをけなしたのだろう。 ・悪いことをしている意識がない。 ・先生に言わないのでいじめやすい。 ○カンニングしたことを隠し,T子さんを責めた「私」はどんな気持ちだっただろう。 ・悪童に様子がおかしいと思われたらまずい。

	ちを考える。 (3)「私」の涙の意味を考える。	・追いかけて謝りたい気持ちがあったが，調子にのり瞬時にその気持ちは吹っ飛んだ。 ◎T子さんの卒業文集最後の二行を読んで，「私」が果てもなく泣いたのはなぜだろう。 ・T子さんのあまりにも切なく辛く悲しい気持ちに初めて気づいた。 ・自分の罪の深さに後悔してもしきれない。
展開後段	3　その後の「私」の生き方を推測する。	○「あの二行を読まなかったら，現在の私はどうなっていただろう」という「私」は，その後，どのような生き方をしただろう。 ・人の痛みがわかり，人に対して公平に接する生き方をした。
終末	4　本時のまとめをする。	○これから自分はどのような生き方をしたいか考えをまとめてみよう。 道徳ノートに書かせ，数名に発表させる。

（堀江　信之）

〈注〉

（1）　教育再生実行会議（2013）『いじめの問題等への対応について（第一次提言）』，pp.1－2.

（2）　道徳教育の充実に関する懇談会（2013）『今後の道徳教育の改善・充実方策について（報告）～新しい時代を，人としてより良く生きる力を育てるために～』，pp.2－3.

（3）　文部科学省（2017）『中学校学習指導要領解説 特別の教科 道徳編』，p.2.

（4）　文部科学省（2017）『中学校学習指導要領解説 総則編』，p.28.

（5）　文部科学省（2017）『中学校学習指導要領解説 特別の教科 道徳編』，p.17.

（6）　同書，p.77.

（7）　文部科学省（2017）『小学校学習指導要領解説 特別の教科 道徳編』，pp.26－27.

（8）「中学道徳　あすを生きる」指導書編集委員会（2019）『中学道徳　あすを生きる 3　教師用指導書　朱書編』日本文教出版，pp.36－39.

（9）　同書，pp.40－45.

〈参考文献〉

文部科学省（2016）『「私たちの道徳」活用のための指導資料（中学校）』。

徳本達夫（2016）『道徳教育指導考（Ⅱ）――「卒業論文最後の二行」を例に』広島文教女子大学教職センター年報　2016　第4号。

森田洋司・清水賢二（1994）『新訂版　いじめ――教室の病』金子書房。

冨永良喜・森田啓之編著（2014）『「いじめ」と「体罰」その現状と対応　道徳教育・心の健康教育・スポーツ指導のあり方への提言』金子書房。

竹田敏彦監修・編著，中島正明・角田昌則編著（2019）『道徳科を要とする道徳教育の理論と実践』ナカニシヤ出版。

鈴木由美子・宮里智恵編著（2012）『やさしい道徳授業のつくり方』渓水社。
永田繁雄監修,「道徳教育」編集部編著（2017）『平成 29 年度版学習指導要領改訂のポイント　小中学校　特別の教科　道徳』明治図書。
佐野安仁・吉田健二編著（1993）『コールバーグ理論の基底』世界思想社。
竹田敏彦編著（2016）『なぜ学校での体罰はなくならないのか――教育倫理学的アプローチで体罰概念を質す』ミネルヴァ書房。
丸山恭司編著（2014）『教師教育講座第 7 巻　道徳教育指導論』協同出版。

第11章

いじめの未然防止に対応する道徳教育の創造

――平成31年度文部科学省委託「『道徳教育改善・充実』総合対策事業【メニュー2】」に係る三次市立吉舎中学校区（吉舎中学校・吉舎小学校・八幡小学校）の実践

1　はじめに

吉舎《きさ》町は，鎌倉時代の承久の乱後，後鳥羽上皇が隠岐の島に流されるときに，吉舎に立ち寄り，地域の人にあたたかいもてなしを受け，地域の神社に1泊された際「吉《きち》き舎《やど》りなり。」というお言葉を残されたという伝説があり，そのことが地名の由来ともいわれる歴史と文化の薫る町である。

吉舎町は，町内に2保育所，2小学校，1中学校，県立日彰館高等学校があり，保・小・中・高が連携しつつ一貫教育を行う条件が整っており，「きさ」教育創造に生かすべき大きな特色ととらえている。また日彰館高等学校はその前身を私学日彰館として館祖奥愛次郎が「徳教主義」（道徳教育を基本とし，生徒の人格の養成を重視する），「田舎主義」（静かで美しい自然と人情豊かな環境が勉学や養成に適している），「私学主義」（一人ひとりに適した，特色ある教育を実践する）を日彰館の三大主義として唱え，その精神が現在の日彰館高等学校に脈々と受け継がれている。

今年度，吉舎中学校区の小中学校で，文部科学省委託「道徳教育改善・充実」総合対策事業メニュー2の指定を受け，吉舎町の特色を生かし，「道徳教育の町吉舎」を目指して取組を進めている。

2　吉舎中学校区の取組

(1) はじめに

吉舎中学校区では，これまで取り組んできた小中一貫教育が発展期を迎え，幼保小連携教育の推進，中・高連携も進めている。町内保育所長にも参加していただき，小学校，中学校，日彰館高等学校校長で毎月定例での所長・校長会を開き，連携して「きさ」教育を創造してきている。平成30年度より町内の安田小学校，八幡小学校，吉舎小学校，吉舎中学校の4校で「特別の教科　道徳」を共通研究教科として合同研修等に取り組んだ。

平成30年度の研究から見えた吉舎中学校区の児童・生徒の課題として，①価値に対する道徳的葛藤が不十分，②考えを伝え合うことに苦手意識があること，③多角的・多面的に思考することができにくいこと，④自分ごととして考えられないことが挙げられた。その主原因は次の2点である。

①道徳的諸価値の理解につながらない授業になっている。
②自分との関わりの中で考えたり，多角的・多面的に考えたりすることを促していくための教員の指導力に課題がある。

このように課題を明らかにし，平成31年度に吉舎中学校区の小中学校で「道徳教育改善・充実」総合対策事業メニュー2の指定を受けて道徳教育の改善・充実に継続して取り組んでいる。研究主題を「自己をみつめ，人としての生き方について考え，よりよく生きようとする力を育む道徳教育の創造～小・中をつなぐ主体的・対話的で深い学びの授業づくりと道徳学習プログラム「吉き舎りプログラム」を通して～」とし，研究の概要を①主体的・対話的で深い学びの授業」づくり，②他教科等と関連付けた「吉き舎りプログラム」の開発，③評価方法の工夫とし，取り組んでいる。

(2) 主体的・対話的で深い学びの授業づくり

吉舎中学校区では，授業モデル「きさの未来」を構想し，実践している。まず①問いをもつ。(課題意識をもたせる導入の工夫)，②考えをあきらかにする。(考えの根拠をもたせる発問や教具，学習形態の工夫)。特に児童・生徒の課題として表現力の乏しさ，自己肯定感の低さがあげられるので，しっかりした取組，工夫が必要である。③さらに問いをもつ。（自分の考えや友達の考えから，さらに問いを見つけ，考えを深めていくための問い返しや話合いの工夫），④未来に広げる。（道徳的価値に関わる事象を自分ごととして考える工夫），これら4点に留意した授業モデルを取り入れた授業づくりを行っている。

(3)「吉き舎りプログラム」の開発

「吉き舎りプログラム」とは，①学校の特色をもとに重点項目を明確にする，②道徳科の学習と他教科・領域との関連を明らかにする，③児童・生徒の意識がめざす児童・生徒像に向かうよう意識の流れの構想をもち，意図的・計画的に学習をすすめる総合単元的な道徳学習を計画・実施するものである。構想の手順としては，①テーマの設定，②めざす資質・能力の設定，③めざす児童・生徒の姿の設定，④「吉き舎りプログラム」のねらいを設定，⑤児童・生徒の意識の流れの構成，⑥必然性のある関連を考え，要となる道徳科の時間を構成，⑦重点とする内容項目と関連する教科・領域の内容を構成して作成することになる。

(4) 指導と評価の一体化

指導と評価の一体化をはかるために，具体的な子どもの発言や姿を教師がイメージする。何（どんな子どもの姿）を見取るのかを明確にする。観点を吉舎学区で統一し，評価の例文を共有していく。これらの取組を教職員が進めていくことで，児童・生徒の姿として①自己を見つめる。（自分をしっかり見つめられたか？　できている自分やできていない自分を自覚しているか？），②多面的・多角的な考えをもつ。（道徳的価値を様々な側面から考えているか？　大切にしたい生き方を多彩な方向に向かって考えたか？），③自己の生き方を考える。（これからの生き方について意欲をもって考えているか？），を評価していく。そして，児童・生徒のよりよい成長を目指して授業改善を日常化していく。この授業改善のマネジメントサイクルを回していくことで，道徳教育の改善・充実をはかっている。

3　吉舎中学校区の取組の分析

(1) アンケート調査の結果

４月と９月に教職員と児童・生徒にアンケートを行った。それぞれの結果は次のグラフである。

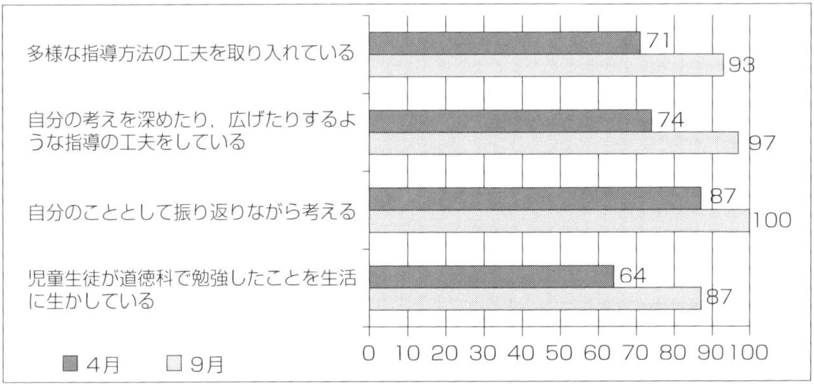

図１　教師の意識の変容（意識調査の比較から）

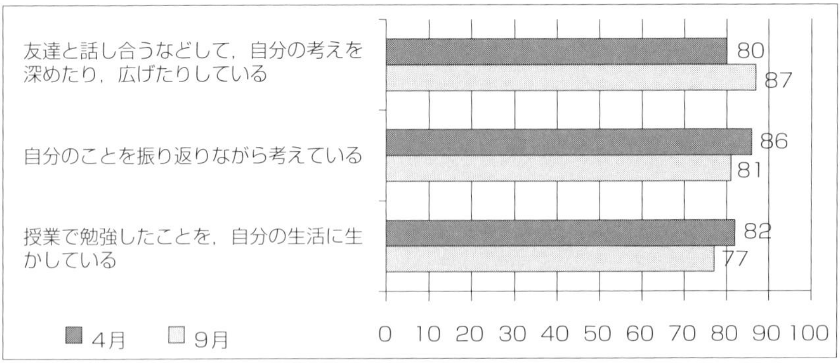

図２　児童・生徒の意識の変容（意識調査の比較から）

(2) 児童・生徒の吉舎版道徳ノートの記述より

【中学生】

・自分の気持ちをコントロールさせるためには，ご褒美を用意したり，目標を立てたりすればいいことが分かった。自分も試してみたい。

- 自分の欲に負けてしまい，やるべきことをやらないことがあるので，その時は，みんなが出してくれた事を参考にして頑張りたいと思った。

【小学生】

- 今までの自分は分かってたけど，きまりを破ってしまっていたので，このままじゃダメだなあと思った。きまりは守りたいです。周りにきまりを守っていない人がたくさんいるけど，周りの人と比べないで，自分でいいと思ったことをすればいいと思った。

これらの記述には，自己を見つめ，自分ごととして，自分の生き方をよりよくしていこうとしている姿がみられる。

(3) 成　果

- 「友達と話し合うなどして，自分の考えを深めたり，広げたりしている」の項目の肯定的な回答が７ポイント向上した。
- 友達と対話することのよさを感じはじめている。
- 記述の中に，自分を見つめたり，自分の在り方や生き方について考える様子が見られるようになった。
- 道徳科の授業を楽しむ様子が見られるようになった。

(4) 課　題

- 教師の意識は，大きく向上しているが，児童生徒の変容にはまだつながっていない。
- 道徳科の学習と他の学習や生活がつながっていない。

(5) 今後の方向性

- 自分のこととして考え，自己の生き方を見つめることができるような授業を展開する。
- 「吉き舎どりプログラム」のよりよい活用の仕方や時期や内容の見直しをはかる。
- 道徳科の学習と生活の関連をはかり，指導の効果を高める工夫を行う。
- 児童・生徒の道徳的価値の発達段階を高める主体的・対話的で深い学びの

授業づくり。

4　八幡小学校の取組

(1) 自校で生起する可能性の高い「いじめ」――いじめにつながる萌芽――

本校は，少子高齢化が進み，全校で19人の完全複式の学校である。子どもたちは，純朴・素直で小規模校ならではの地域と密着した特色ある教育活動によって育まれている。しかし，常に大人の目の届きやすい環境で，自分で判断したり，解決したりする経験が少ない。また，幼児期から友達との関係は固定化しているため，異質な者に対して付き合いにくさを感じたり，排除したくなったりする状況に陥りやすい面がある。さらに，その集団にとって異質な言動を見過ごせなくなる場面も見られ「あの子のせいだ」「あの子がいなければ」などの陰口や疎外といった過剰反応にも発展する。また，児童個々の性格や特徴に対する集団の見方を変える機会が十分とは言えず，自己変革の機会を摑みにくい状況もある。特に少人数の中で発達障害児への暴言や暴力，弱者に対する言動に対しては切れ目ない合理的な配慮が不可欠である。

(2) なりたい姿の提示――重点価値項目の設定――

4月に行った総合質問用紙調査「i-check」を見ると「自分の方が悪かったと思った時は，素直に謝れず，いじをはってしまう，ほとんど謝れない。」「友達とけんかしてしまった後，仲直りするために，自分からは行動せず，どちらかといえば待つ，待つ方。」と答えた児童が30％いた。道徳的価値は理解しているが，生活場面では判断に迷い，「いけない」「仲直りしたい」「自分から謝った方が良い」とわかっていても行動できないもどかしさが根底にあることがわかる。そこで，みんな誰でも友達との関係づくりに悩んだり苦しんだりしていることや良心の呵責と闘いながら，相手の気持ちを考えていこうとしていることに気づかせ，トラブルを乗り越え，自分のよさを生かし，人間性をより高めようとする道徳的意欲と実践力，道徳的判断力を育てたいと考え「A　個性の伸長」「B　親切・思いやり」「C　伝統文化の尊重・国や郷土を愛する態度」の価値項目に重点をおくこととした。

(3) 未然防止に向けての授業の創造――1学期の授業実践と学級経営――

本校では，学校全体の道徳教育の要としての道徳科の授業改善を通して，「自分のことを話すことが好き」や「友だちと語り合うことがおもしろい」と道徳的価値について考え，友達と語り合い，価値観を拡げ深める授業の創造が内面を耕し「いじめ」の未然防止となると捉えている。

5　八幡小学校の取組の分析

5・6年生の学級通信では，子どもたちの作文が毎号紹介されている。学期末には次のような思いが綴られていた。

「ぼくはI君に多くのことを教わりました。それは「けんか」をしない方法です。相手のきげんが悪いときはスルーし続けることです。すると相手もあきらめるからです。そして友達が腹を立てる言葉や行動をとらないことです。I君に「ちょうはつ〔挑発〕するな。(相手が怒るような言動をとるな。)」と言われました。それからぼくはちょうはつ〔挑発〕の原因をやめることができました。」

「I君もイライラをおさえて「けんか」をしません。だからぼくもだれとも「けんか」をしなくなりました。こんなI君には本当にかんしゃ〔感謝〕しかありません。」

ここでは，I君が仲裁者となりトラブルを起こさなくなった事実を振り返っている。道徳科の授業を要とした学級経営を通して，相手の内面に思いが馳せられるような成長をみることができた。

図3　道徳科授業

6　吉舎小学校の取組

(1) 自校で生起する可能性の高い「いじめ」――いじめにつながる萌芽――

本校は，中山間地にある全校児童101名の小規模校である。本校児童は概ね明るく素直で，真面目に生活や学習に取り組むことができる。また，地域とのつながりも深く，地域や家庭で温かく見守られて成長している。

しかし，幼児期より固定的な人間関係で生活してきており，力関係も固定されやすくいじめの加害者，被害者，傍観者も固定されやすい。また異質な者や他から転入してきたものを排除する傾向もみられる。また少人数ということもあり，指導者や大人の目も届きやすく，結果として自分たちでトラブルを解決した経験が乏しい。いじめが生起したとき，自分たちで解決する力は十分でない。

また，本校のほとんどの学級には発達障害の児童がおり，発達障害児童の行動や言動を十分理解できないことで，阻害しやすいという傾向もみられる。

今年度は隣接校との統合が行われ，隣接校児童との生活・学習が行われている。昨年度からの月1回の交流授業を通して，両校児童がともに楽しく，安心して学習・生活できるよう取り組んできている。しかし，ともすればいじめを生起させるリスクを予測しつつ今年度の学校経営，学級経営を行うよう取り組んでいる。

(2) いじめをなくす学校経営について

いじめをなくす学校経営が必要である。本校の経営構想を説明すると，中心価値（理念）は「子どもも　教職員も　いのち輝く　吉舎小学校」である。一人一人のいのちを輝かすことは，いじめを無くす方向へとつながる。一人一人の児童のいのちを輝かせるために本校では，児童と指導者との適切な関係の構築を基盤に，以下の取組に継続して取り組んでいる。

ア　わかる授業づくり

○すべての子が「わかる・できる」を味わう授業

○主体的な学び，深い学びを育成する授業

○つまずきを放っておかない補習体制に取り組み，すべての児童が「わか

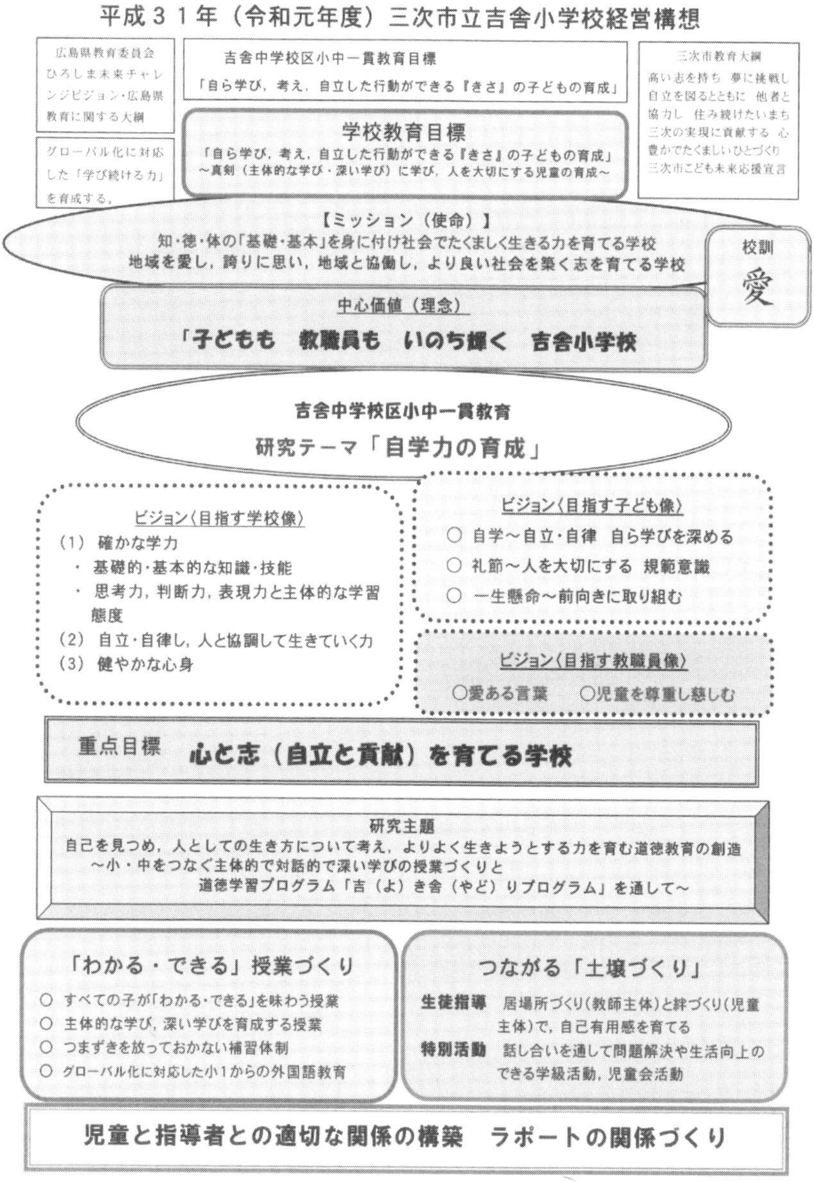

図４　いじめをなくす学校経営構想図

る・できる」を味わい自己肯定感を高めること
が，いじめをなくすベースになると考えて取り組んでいる。

イ　つながる土壌づくり

○生徒指導と特別活動の充実によりつながる土壌（学級風土）づくりを行う。生徒指導では，教師主体での居場所づくりと児童主体での絆づくりに取り組むことで自己有用感を育てる。特別活動では，話し合いを通して問題解決や生活向上のできる学級活動，児童会活動を行う。

ウ　いじめをなくす道徳教育の創造・充実

○学校経営の重点目標を「心と志（自立と貢献）を育てる学校」と設定し，研究主題を「自己を見つめ，人としての生き方について考え，よりよく生きようとする力を育む道徳教育の創造」とし，学級経営や授業，全ての教育課程を通して児童の道徳的価値の発達段階を高め，道徳的実践力を発揮することで，いじめをなくす。

(3) 総合単元的な道徳教育の創造

道徳科の授業を道徳教育の要としながら，そのベースとなる学級経営，各教科の授業，総合的な学習の時間や特別活動行事等全ての教育課程で有機的なつながりを活かして道徳教育の創造と充実をはかる。

7　吉舎中学校の取組

(1) はじめに

吉舎中学校では，「学ぶ意欲」を育てる環境づくりと「学ぶ意欲」を育てる授業づくりに力を入れ，生徒の「学ぶ意欲」にこだわり，自己実現の達成を目指している。「学ぶ意欲」を育てる環境づくりは３点，先生や生徒の良好な関係づくりを行うことで，安心・安全な学校をつくる「人的環境整備」，そして美しい教室や学びの足跡や生徒の成長がわかる掲示物等が残る「物的環境整備」，そして，この環境は，生徒会活動を中心に生徒自らの手で行うよう「生徒会活動の充実」に取り組んでいる。その中で，道徳教育の充実は，環境づくりの中心であり「学ぶ意欲」に欠かせないものである。

(2) 本校生徒の課題と取組状況

本校3年生に対し「いじめ」のアンケート調査を行った。

90％の生徒が，「いじめはどんな理由があってもいけないことだと思う。」と答えた（図5）。

反面，いじめはいけないことだと思いながらも，「いじめをやめさせようとすることができる」とはっきり答えた生徒は38.1％と極端に少なかった（図6）。そして，いじめは悪いとわかっていても，いじめに直面したとき，見て見ぬふりをしたり，自分に被害が及ばないように知らないふりをしたりしかねない傍観者的な生徒が少なくないことがわかった。下の円グラフの「どちらかと言えばそう思わない」と答えた38.1％の生徒のことである。さらに，「どちらかと言えばそう思う」，「そう思わない」まで含めると，62％

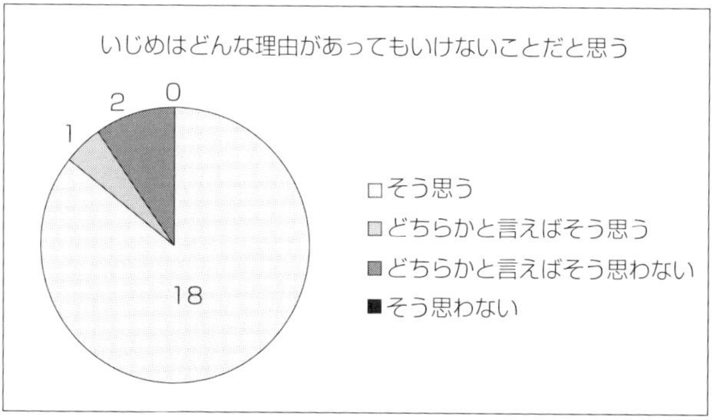

図5　アンケート調査結果①

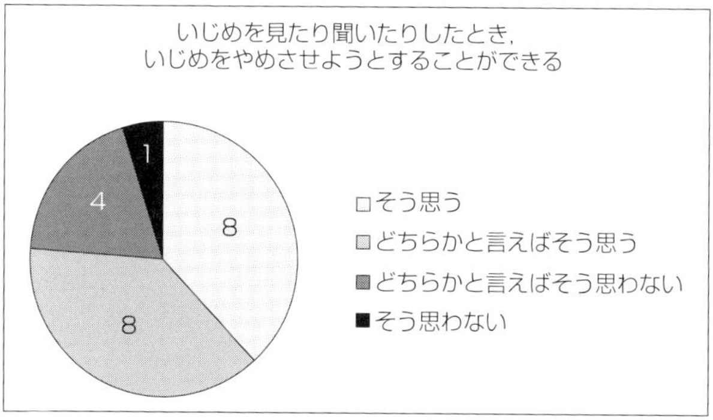

図6　アンケート調査結果②

の生徒が傍観者になる可能性があるということになる。

(3) 本校での実践

「はじめに」に書いたように，人的環境整備を行い，生徒の「学ぶ意欲」を育てる環境整備をすることは，積極的に「いじめの防止」に取り組むことと同じである。道徳教育の要である「特別の教科　道徳」の中で，(C) の「主として集団や社会とのかかわりに関すること」の公正，公平，社会正義に関わる「いじめ」を特化して扱い，「問題解決的な学習」を取り入れることで，傍観者的立場の生徒を仲裁者にしていきたい。また，(B) の「主として人との関わりに関すること」の「相互理解」，「友情」といった諸価値とも関連させ，他者との関わりを通して，道徳的価値の自覚を深めていきたい。

(4) 具体的取り組み：いじめを未然に防ぐための道徳科学習指導案

①学　年　第３学年

②主題名　いじめを許さない心（内容項目　C－11　公正，公平，社会正義）

③教材名　卒業文集最後の二行（中学道徳あすを生きる３　日本文教出版）

④ねらい

30年間「私」の贖罪となり，生き方の芯としてきた思いについて考えることを通して，いじめは差別や偏見から人を不公平に扱うものであることに気づき，仲間との生活だけでなく今後の人生においても正義と公正さを重んじ，誰に対しても公平に接し，差別や偏見のない社会をつくっていこうとする道徳的実践意欲と態度を養う。

⑤主題設定の理由

本時の学習で扱う資料は，小学校時代にいじめを繰り返した「私」の人間として許されない行為を，30年以上経った今でも深い心の傷として後悔する懺悔の手記である。「私」は，いじめを繰り返した相手が卒業文集最後に書いた二行から，いじめを受けた切なさ，悔しさを知って強く衝撃を受けたことを綴り，「あの二行を読まなかったら，現在の私はどうなっていたであろう。」と文章を締めくくる。

中心発問ではこの「私」の思いを通して，いじめを許さず誰に対しても公平に接するためには何が大切なのかを考えさせたい。そのためにグループで積極的に意見交流をさせ，自分の考えとの違いや違う視点での考えから価値を深めさせたい。また，いじめの裏にある人としての弱さや醜さから人間理解をさせ，それだけにとどまらず，「私」がその二行を読んだ後，どのように心が変容したかについて考えさせ，その後の人生の芯となっていった思いを考えさせることで，人として生きるうえで公正に接することの大切さを，自分自身のこととしてとらえ，学級における仲間との生活や今後の人生に生かし，差別や偏見のない社会の実現に努めようとする実践意欲と態度を培いたい。

⑥本時の学習指導過程（展開部分）

段階	学習活動	主な発問（○印）と 予想される生徒の反応	◇　指導上の留意点 ☆　評価
展開	2　教材を読み，考える。	○「さすがの私も…加われなかった」と書いてあるが，どうして加われなかったのか。 ・カンニングしたのは自分だから ○にもかかわらず，「尻馬に乗」っていじめたのはなぜか。 ・みんなと一緒なら平気になれる	◇私の中の正義感が自分を責めていることに気付かせる。 ◇同調圧力に対する弱さに気付かせる。
		○T子さんは最後の2行をどんな気持ちで書いたのだろう。 ・悲しい ・これ以上惨めな思いをしたくない	◇T子さんの思いを通していじめの残酷さに気付かせる。
	【話し合い活動】	◎それから30年あまり，「私」のぶれない芯となった考え方は何か。 ・二度と自らいじめるようなことをしない ・周りがしていることでも，正しくないと思ったら一緒にならない ・いじめの傍観者にならない。 ・いじめの仲裁者になる。	◇その後の私の生き方を考えさせ，ねらいに迫らせる。 ◇個人→班→全体交流（多面的・多角的な視点でとらえさせる） ☆いじめの被害者の立場に立って考えているか。
	3　学習を振り返り，自分の考えたことを整理する。	○今日の学習をもとに，「これからの自分へのメッセージ」を書こう。	☆道徳的実践意欲と態度の高まり

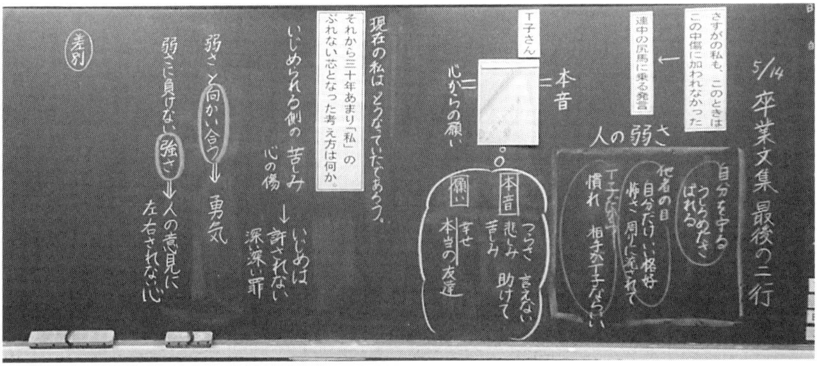

8　吉舎中学校の取組の分析

本時は，生徒アンケートから身近な問題としていじめへの問題意識を持たせ，中心発問では「「私」のぶれない芯となった考え方は何か」と生徒一人一人の考えをあきらかにする。個々の考えの根拠をもって，生徒同士が議論していく。さらに，友達や自分の考えから，さらに問いを見つけ，議論させる工夫をする。最後に，自分との関わりを持たせ，「自分へのメッセージ」を書かせた。自分事として，未来（これからの生き方）につながるよう工夫した。主体的・対話的で深い学びの授業づくりを行う指導のポイントとして，「きさの未来」を意識して授業づくりを行った。

子ども達の振り返りから，自分事として，仲裁者としての役割を果たしてくれる一歩となったものと考える。

〈生徒の感想〉

- いじめは何があってもいけないことです。たとえその人が嫌いでも，仲間はずれが怖くても，一度立ち止まって，正しいと思う行動をする。未来の私のためにも，相手，人を大切にする。
- 自分を信じて，どんな困難にも打ち勝てる強い精神を持つ。弱い自分に負けない。
- 自分が正しいと思ったことや間違っていると思ったことがみんなと違っていても，伝えることができるような人になる。自分の考えを持ちそれを行動に移せる人が本当に強い人だ。
- 自分の気持ちを大切にして，周りに流されないような人になる。

- 自分が正しいと思ったことをその時その時で行動できるようにする。
- 正直，今の自分は，少しだけ周りに流されることがあるから，もっと自分の意思を持つ。
- 自分が正しいと思えば，それを最後まで突き通す。その姿が一番輝いて見えるはずだ。
- いじめる人がいたら，すぐに止められるようにする。
- 周りの人に流されずに，自分の思いや考えを伝える。
- 周りの人がやっていることに対して，自分もあわせて行動するのではなく，自分の意思で行動していくようにする。また，間違いを間違いと言えるような強い人になる。
- 誰が何を言っても，自分が正しいと思えるような人になる。
- いじめられていた時に注意できる人になるために強い人間でいる。その時，助けることができたら，いつか自分がいじめられている時に，誰かが助けてくれるだろう。
- 自分を守るための行動ではなく，他人を守るための行動をする。
- 周りに流されないという事は，自分の意思を持つことだと思うし，自分の事を一番分かるのは自分だと思うので，自分の本当の気持ちを伝えることが大切だ。

「いじめは人として絶対に許されない」という強い認識はもちろんのこと，悪いと分かっていても，「傍観者」であり続ける人としての弱さに気づき，正義や公正を重んじ，いじめ」を見過ごすことなく，解決に向け協働して行ける生徒の育成に取り組んでいく。

9　おわりに

吉舎中学校区の道徳科の研究は緒についたばかりであるが，これらの取組により，児童・生徒，教職員が道徳科の授業を楽しみ始めていることを感じる。主体的・対話的で深い学びの授業づくりと「吉き舎りプログラム」を通して，児童・生徒の道徳的価値の発達段階を高めることが，いじめに対する加害者や傍観者をなくし，いじめをなくすことにつながると考える。

（湯浅　るみ・大濱　磨彦・山田　行高）

第12章

いじめを許さない学級づくり

1　いじめを許さない学級づくりの方法

中学校学習指導要領（平成29年告示）解説「総則編」第3章「教育課程の編成及び実施」第6節「道徳教育推進上の配慮事項」3「豊かな体験活動の充実といじめの防止」に次のことが示されている[1]。

> 学校や学級内の人間関係や環境を整えるとともに，職場体験活動やボランティア活動，自然体験活動，地域の行事への参加などの豊かな体験を充実すること。また，道徳教育の指導内容が，生徒の日常生活に生かされるようにすること。その際，いじめの防止や安全の確保等にも資することとなるよう留意すること。

新学習指導要領は「いじめの防止」に資することとして，学校や学級内の人間関係や環境を整えること，豊かな体験を充実すること，道徳教育の指導内容が生徒の日常生活に生かされるようにすることを挙げている。

「いじめの防止」の具体については，(3)「道徳教育の指導内容と生徒の日常生活」ア「いじめの防止」において示されている。その概要を次に示す[2]。

「いじめは，生徒の心身の健全な発達に重大な影響を及ぼし，ともすると不登校や自殺などを引き起こす背景ともなる深刻な問題」である。だからこそ「子供から大人まで，社会全体でいじめの防止等に取り組んでいく必要」がある。学校だけで，まして学級担任だけで対応できるものではない。チーム学校として取り組むことが重要である。

その対応として，「いじめ防止対策推進法が公布され，平成25年9月から施行されている」ことは周知のとおりである。各学校では，「いじめ防止対策推進法に基づき，いじめ防止等のための対策に関する基本的な方針を定め，いじめの防止及び早期発見，早期対応に一丸となって取り組むこと」が求められている。そのためには，教師は，「いじめはどの子供にもどの学校にも起こり得るものであることを認識し，人間としての生き方について生徒と率直に語り合う場を通して生徒との信頼関係を深め，いじめの防止及び早期発見，早期対応に努めなければならない」のである。

いじめの防止と道徳教育との関連については，同法第15条の中に「児童等の豊かな情操と道徳心を培い，心の通う対人交流の能力の素地を養うことがいじめの防止に資することを踏まえ，全ての教育活動を通じた道徳教育及び体験活動等の充実を図らなければならない」と示されている。すなわち，道徳教育においては，「道徳科を要とし，教育活動全体を通して，生命を大切にする心や互いを認め合い，協力し，助け合うことのできる信頼感や友情を育むことをはじめとし，節度ある言動，思いやりの心，寛容な心などをしっかりと育てる」ことが大切にされなければならない。そして，こうして学んだことが，「日常生活の中で，よりよい人間関係やいじめのない学級生活を実現するために自分たちにできることを相談し協力して実行したり，いじめに対してその間違いに気付き，友達と力を合わせ，教師や家族に相談しながら正していこうとしたりするなど，いじめの防止等に生徒が主体的に関わる態度へとつながっていく」ことが期待されている。

とりわけ中学校では，「生徒自身が主体的にいじめの問題の解決に向けて行動できるような集団を育てる」ことが大切になる。すなわち，「生徒の自尊感情や対人交流の能力，人間関係を形成していく能力，立場や意見の異なる他者を理解する能力などいじめを未然に防止するための資質・能力を育むとともに，様々な体験活動や協同して探究する学習活動を通して，学校・学級の諸問題を自主的・協働的に解決していくことができる集団づくり」である。

いじめの問題を解決するための集団づくりを通して，「いじめをとらえる視点やいじめの構造などについて理解を深め，いじめの問題に取り組む基本姿勢を確認するとともに，開発的・予防的生徒指導を充実させていく」ことになる。その核になるのが，すべての教育活動を通して行う道徳教育であり，その要となる道徳科である。

2　いじめ予防と道徳教育・道徳科

ここで紹介する道徳教育および道徳科授業は執筆者（蔵石）が現在勤務している大阪桐蔭中学校高等学校の実践である(3)。

大阪桐蔭中学校高等学校は，野球部をはじめ，ラグビー部，サッカー部，吹奏楽部など部活動の多くが全国区であり，東京大学・京都大学・大阪大学・神戸大学等の国公立大学や，早稲田大学・慶應義塾大学・同志社大学等の有名私立大学に毎年，多くの生徒が進学する文武両道の学校である。

大阪桐蔭中学校の道徳教育は，その要としての道徳科授業とその前後において各教科，特別活動，総合的な学習の時間で行う体験活動等との接続を図るなど，各教科等横断的・総合的な学習を展開している。

ここで紹介する，道徳科を要とする道徳教育の展開は，事前（高円宮杯英語弁論大会：英語科）→事中（道徳科授業）→事後（学校行事）の指導である。

（1）高円宮杯英語弁論大会：英語科

大阪桐蔭中学校２年生の生徒が，高円宮杯英語弁論大会に出場し，入賞を果たした。スピーチの題名は「ぼく VS. ぼく自身」。この物語は，「いじめられっ子のぼくがいじめっ子になる。学級担任の先生の指導によって，負かしたり，仕返したり，いじめたりするのではなく，昨日の自分より今日の自分をより良く，より強くすることが，自分に打ち勝つ真に強い心であることに気付くようになる。」という内容である。実話に基づく物語であり，いじめ問題について深く考えさせられる内容になっている。

次に示したものが物語の英文であり，日本語訳である。英文は英語科の学習の成果であり，日本語訳は道徳科授業の資料（教材）となった。

①「いじめ」を題材とした英語スピーチの原稿：英語科の学習の成果

Me versus Myself

One day, my friend hit me hard. I was seven. One day, I hit my friend hard. I was eight.

This story is about my most difficult two years. When I entered primary school, I made many friends and enjoyed my new school life, but after the summer, some of my friends started to ignore me. A few days later, I found my pen case hidden in the back of the schoolyard. On another day, my shoes went missing, and finally a classmate suddenly hit me hard. I fell into the hell. “Why me? Why am I alone? Why am I having such a hard time?” I cried and cried every night.

Time had passed. I turned eight. I was still bullied, but suddenly the situation changed. A classmate came up to me and he hit me in the shoulder as usual. I tried to ignore him, but I was no longer able. So I hit him back and beat him up. “I won!” I thought to myself.

Since that day, I was no longer a bullied child. I became the bully, and he, the victim. I hid his pen case and his shoes. I completely forgot who I used to be. I never recalled the days when I had been bullied. Every day I looked down on him.

In winter, my homeroom teacher called for me and this boy. He expressed how contemptible bullying is. He pointed, striking his chest, proclaiming “We are all equal. Here is the most important part of us. Here… here… here!” His voice was trembling. My heart was trembling. Tears streamed from my eyes.

For so long, I thought that I had beaten this boy, that I had won, but I was so sorely mistaken. I became the thing I had hated. I came to realize how bullying degrades us all, and belittling someone else to achieve a sense of superiority is empty. Payback and revenge will lead to cycles of bullying that will never end. I was no better than he. I was broken. I lost myself. “Heart…What is it? Why is it so special?” As I watched him being bullied by other classmates, I asked myself these questions again and again. I left that group of bullies, and I tried to stop them and help him, but I couldn't. To bully others, to be bullied by others, and to stop others' bullying, all of them were my hopes, but they all were also my fear.（Here… here… here！）

Finally, I reached my answer. That is, we should have a strong heart to overcome ourselves； not to beat others, not to take revenge, and of course, not to bully. To make what we are today better and stronger than we were yesterday is the first step.

“*Issho ni kaerahen…?*” I asked him to go home together in a whisper. It was my first, small, but great step. My long and difficult two years ended.

Now I am fifteen. I am enjoying my new life. I am neither a bully nor a victim. Good bye my weakest two years! Good bye my seven and eight-year-old self! “Me versus Myself.” Hey me! Keep watch over me! Tomorrow I'll be better and stronger than myself today! I am ready!!!

②道徳科授業の資料（教材）：①の日本語訳

ぼく VS. ぼく自身

大阪桐蔭中学校（生徒作文）

ある日，友達がぼくを殴った。ぼくは７歳だった。

ある日，ぼくは友達を殴った。ぼくは８歳だった。

これは，ぼくの１番苦しかった２年間の話だ。

小学校に入学した当初のぼくは友達も多く，学校生活は楽しかった。しかし，夏以降，友達の何人かがぼくを無視するようになった。

数日後，ぼくの筆箱は校庭の裏に隠され，別の日にはぼくの靴がどこかにいっていた。そして，ついには突然クラスメイトがぼくを殴るようになった。ぼくは地獄に落とされた。「なぜ，ぼくなんだ？　なぜ，ぼくは独りぼっちなんだ？　なんでぼくだけがこんなつらい目に…。」毎晩毎晩泣いた。

時は経ち，ぼくは８歳になった。ぼくはまだいじめられていたが，突如，状況が一変したのだ。あるクラスメイトがいつものようにぼくの肩を殴ってきたのだった。ぼくは無視しようとしたけれど，どうにも我慢できず，ついに彼に殴りかかり，思い切り彼を殴り倒したのだった。「勝った！」思わずそう心の中で叫んだぼくだった。

その日を機に，ぼくはいじめられっ子ではなくなった。ぼくがいじめっ子になり，彼はいじめられっ子になったのだった。ぼくは彼の筆箱も靴も隠した。ぼくはかつての自分をすっかり忘れ，いじめられていた自分のことなど思い出すこともなく，彼を見下す日々を送った。

ある冬の日，担任の先生がぼくと彼を呼び，いじめがどれほど醜いものであるかを語った。先生は心を指さし，胸を強く叩きながらこう言ったのだった。「みんな平等だ。ここが１番大切なんだぞ。ここだ…分かるか？　ここなんだぞ…。」先生の声は震えていた。ぼくの心も震えていた。涙が一気にあふれ出た。

ずっとぼくは思っていた。ぼくはあいつに勝ったのだと。しかし，それは大きな間違いだった。ぼくはぼくの憎むぼくに成り下がっていたのだ。いじめがどれ程自分を小さくしていたのだろうか。誰かを下に見て，自分を上に立たせ，優越感にひたる…それがどんなに空虚なことであるか。仕返しは解決にならないのだ。ぼくは彼より良くない。ぼくはダメになっていた。自分を見失ってしまっていた。

「こころ。こころって何だ？　こころってなぜそんなにも特別なんだ？」他のクラスメイトにいじめられている彼が視界に映る。その問いが幾度となくぼくの中で繰り返される。

ぼくはいじめグループから抜けた。しかし，彼を助けることまでは出来なかった。誰かをいじめることも，誰かにいじめられることも，いじめを止めることもどれもぼくが望むことだった。でも，そのどれもが怖かった。（ここだ…ここだ…ここだ…：胸を指して）

ようやくぼくは答えにたどり着いた。自分に打ち勝つ強い心。持つべきものはそれなんだ。負かしたり，仕返したり，いじめたりするんじゃない。昨日の自分より今日の自分をより良く，より強くすること。それが最初の一歩なんだ。

「一緒に帰らへん？」ぼくは彼にそっと言った。それはぼくの最初の小さな，いや，大きな一歩だった。ぼくの苦悩の２年はそこで幕を閉じた。

ぼくは今15歳だ。いじめっ子でもいじめられっ子でもない。バイバイ！　１番弱かったぼく！　バイバイ！　７歳と８歳のぼく！「ぼく対ぼく自身」なあ，ぼく！　ぼくを見ていてくれよな。明日のぼくは今日よりきっと強いから！　覚悟はもちろんできてるから！！！

(2) 道徳科授業

【道徳科学習指導案】
大阪桐蔭中学校　第２学年１組　指導者：蔵石　佳代
主 題 名：「いじめって何？　いじめる心って何？」
内容項目：C−(11) 公正，公平，社会正義
教 材 名：「ぼく VS. ぼく自身」出典：高円宮杯英語弁論大会入賞作品
（大阪桐蔭中学校２年生作文）

【本時のねらい】

正義と公正さを重んじ，誰に対しても公平に接することの大切さを理解することによって，互いに支え合って生きようとする実践意欲と態度を養う。

【学習指導過程】

	学習活動	○発問（◎中心発問） ☆予想される生徒の反応	◇指導上の留意点 ☆評価（評価方法）
導入（五分）	１　学習課題を把握する。	○これまでいじめたことやいじめられたことはなかったか？ ☆ある ☆ない	◇何がきっかけでいじめたか，いじめられたかについて尋ねる。（語りたくない生徒には強要しない。）
	２　教材「ぼく VS. ぼく自身」	○登場人物は？ ☆ぼく	◇登場人物の確認と立ち位置を理解させる。

展開前段（十五分）	の前段を読み合わせる。 ＊教師による立ち止まり読み	☆友達（クラスメイト） ☆横内先生 ○ぼくとあるクラスメイトの間でいつ，何が起こったのか？ ☆7歳の時にいじめられっ子だったぼくが，8歳になっていじめっ子になった。	◇ぼくとあるクラスメイトの間でいつ，何が起こったのかを理解させる。
		○ぼくはどんないじめを受けたのか？ ☆友達の何人かがぼくを無視 ☆ぼくの筆箱が校庭の裏に隠された。 ☆ぼくの靴がどこかにいっていた。 ☆クラスメイトがぼくを殴るようになった。	◇いじめられていた時のぼくの辛い思いに共感させる。
		○いじめっ子になったぼくはどんな行動をとったのか？ ☆あるクラスメイトの筆箱や靴を隠した。 ☆あるクラスメイトを見下す日々を送った。	◇いじめっ子になったぼくがかつての自分をすっかり忘れ，いじめられていた自分と同様の行動をとるようになったことを捉えさせる。
展開後段（二十五分）	3　教材「ぼくVS. ぼく自身」の後段を読み合わせ，いじめっ子になったぼくの思い，行動について考える。 ＊教師による立ち止まり読み	○担任の横内先生はぼくと彼に何を語ったのか？ ☆いじめがどれほど醜いものであるかを語った。 ☆「みんな平等である」ことを強調して語った。	◇担任の先生の語りの意味を捉えさせる。
		○ぼくは担任の先生の言葉を聞いて何を思ったのだろう？ ☆ぼくはぼくの憎むぼくに成り下がっていた。 ☆仕返しは解決にならない。 ☆ぼくはダメになっていた。自分を見失ってしまっていた。	◇ぼくの思いに共感させる。
		○「ぼくはぼくの憎むぼくに成り下がっていた」とは何を意味しているのだろう？そう思うようになったぼくをあなたはどう思う？ ☆いじめられ嫌な思いをしたことを，いじめっ子として仕返したこと。←大切なことによく気付いたと思う。	◇「ぼくはぼくの憎むぼくに成り下がっていた」ことの意味を理解させる。
	＊②③④はコールバーグの道徳性発達理論	◎「ぼくはいじめグループから抜けたが，彼を助けることまではできなかった」とあるが，あなたがぼくの立場であったら，どうしていただろうか？判断とその理由を出し合い，議論してみましょう。 ☆ぼくと同様に彼を助けることまではできなかったと思う。⇒またいじめのターゲットになることが怖いから。②	◇ぼくの立場を自分のこととして捉えさせ，判断とその理由を明確にさせる。 ⇒ワークシートに自分の思いを書く。（一人学びの時間，自己決定，道徳的判断力）⇒グループ討議⇒クラス討議

	で示されている道徳性の発達段階を想定	☆彼を助ける。⇒いじめの痛みを知っているぼくが勇気ある行動を起こすべきだと思うから。③ ☆彼を助ける。⇒誰かが仲裁役を担わなければ，いじめを解決することができないから。④	◇教師は道徳的価値を教えたり，誘導したりするのではなく，コールバーグの道徳性発達段階を意図し，ファシリテーター役を務める。 ⇒主体的・対話的で深い学び
終末（五分）	4　ぼくは結局，彼にどんな行動をとったのかを確認する。	○ぼくは結局，彼にどんな行動をとったのだろうか？ ☆「一緒に帰らへん？」 ○今 15 歳のぼくは，今後どんな生き方をしていくと思うか？ ☆自分に打ち勝つ強い心をもって生きていく。	◇ぼくの彼に対する思いやり，心配りに共感させる。

(3) 学校行事

大阪桐蔭中学校の学校行事は，学習合宿［1 学期］，夏季研修［1 学期］，体育祭［2 学期］，文化祭［2 学期］，ハロウィンパーティー［2 学期］，音楽祭（合唱コンクール）［3 学期］など，豊富である。これらの学校行事が道徳教育としての重要な体験活動の場であることは言うまでもない。学校行事（体験活動）が道徳科授業に生かされることによって，真に道徳教育の充実を図ることが可能になる。いじめのない学校，学年，学級づくりはそのような営みから生まれてくるものである。

3　いじめ予防と特別活動

道徳科授業の事後指導として，特別活動（学級活動）において，ロールプレイングを用いた授業を展開した。テーマは「心の形〜いじめって何？　いじめる心って何？」である。そして，演じた後の感想をもとに，「いじめっ子がいじめられっ子になる」ということと，「いじめられっ子がいじめっ子になる」ということについて考えを深めた。その思考の深まりを次に示す(4)。

Q.1　いじめっ子がいじめられっ子になるのはなぜだと思いますか？

- 悪い評判が流れ，いじめられる側になる。
- クラスの害になると周りが感じ，排除しようとする動きが高まるから。

- いじめている様子を周囲が見て，声には出さないけれど，「やり過ぎちゃう？」と内心思っている。そういうサイレントマジョリティーが悪い方向に力を合わせると，いじめっ子をいじめられっ子にしてしまう。
- いじめっ子はいじめている立場のときは周りが皆自分の味方だと勘違いしているけれど，実は，周囲はそれを快く思っていなくて，気づけば，周囲は敵になっている。
- いじめっ子にいじめられていた子が周囲に相談して味方を増やしていくから。
- 「いじめっ子」を支持していた子も，状況が悪くなれば，その「いじめっ子」一人のせいにして，そこから抜け出し，保身に走り，「いじめっ子」をいじめ始める。
- 「いじめっ子」はもともといじめていた側なんだから，いじめ返されても何も言える立場ではないから，簡単にいじめられるようになる。

Q.2　いじめられっ子がいじめっ子になるのはなぜだと思いますか？

- 恨みや復讐心があるから。
- いじめられっ子が友達に相談して，仲間を増やすから。
- いじめられている姿をずっと見てきた周りの子が味方になって仕返す流れになるから。
- 自分がもう二度といじめられないように，自分を守る術として，先にいじめる側になろうとするから。
- 自分がいじめられてきたから，逆に自分がいじめても大丈夫だと思ってしまうから。
- 「いじめっ子」に転じた「元いじめられっ子」は，これは「仕返し」であって「いじめではない」という意識が強く，悪いことをしている意識がないから。

Q.3　「いじめっ子がいじめられっ子に，いじめられっ子がいじめっ子になることのない生活」を誰もが送るために必要なことは何だと思いますか？

- 助け合いの気持ちが必要。
- 相手の意見を聞くこと。

- 早期解決が大切。
- 相談にのってあげること，相談すること。
- いじめを止める人になること。
- いじめは一人対一人では起こらず，1 対複数で起こる。そういう関係を許さない心を持って皆が生活する必要がある。
- いじめを見て見ぬふりをしない周囲の人の力が必要。
- いじめを注意できる人。
- 子ども同士で解決しようとすると変な方向へ行くので先生に相談する。
- いじめを起こさせない雰囲気・クラスづくり。
- 他人の個性を認めること，十人十色思想を受け入れること。
- いじめることのマイナス面に目を向け，リスクが高いことを知るべき。
- 本当に嫌なことがあれば，本人と直接 1 対 1 で話す。それが難しいなら先生に間に入ってもらうこと。
- 「自分をいじめた最低な奴」に自分が成り下がらないように強い心を持つこと。
- 結局，思いやり・思慮深さが必要。
- 相手の心の中を読むこと。
- 定期的にいじめについて考える時間が必要。
- いじめ返すのとは別の方法で，相手に気持ちを伝えること。
- 相手を傷つけないことを考えて行動すること。
- いじめてはいけないという自覚を一人一人がしっかり持つこと。
- 信頼し合い尊重し合う気持ちを大切にすること。
- いろんな人の意見を聞いて学ぶという姿勢が大切。そうすれば，新たな価値観・世界観が広がり，いろんなタイプの人を受け入れられるようになる。
- いじめは許されないということを教えること。
- 同調していた人，黙って見ていた人たちも自分たちがしたことを受け止め反省しなくてはならない。
- いじめの経験を生かして，皆とよりよく生きて行くこと。仕返すのではなく寄り添う方向で。

4　いじめを許さない学級づくりの実際 ――学級通信から――

執筆者（蔵石）は，日常的に学級通信をよく書く。子どもたちとの学習活動を通して気づいたこと（喜怒哀楽）を心を込めて書き続ける。時間がかかっても書き留め，子どもたちや保護者，他の教員と共有しあう。このエネルギーは，やがて社会へと巣立っていく子どもたちが，たくましく生き抜き，人として豊かに育っていくことを願っているからに他ならない。学校にあっては，学級が家庭のような役割を果たす存在である。そんな学級でいじめが存在するようなことは絶対にあってはならない。学級担任はいじめを許さない学級づくりを実践する責任がある。次に学級通信の一部を紹介する[5]。

鏡の向こうのわたし～学級担任教師から生徒へ～

人はこの世の中に存在する限り，集団の中の一人として生きて行かなくてはならない。それは，「安心」を意味する一方で，「不安」と常に隣り合わせであることも意味するのかもしれない。集団の一人として幸せに生きられるかどうかは，その集団の環境やそこでの他との関わり方次第で，すぐに不安定になる可能性があるからだ。

人は自分を守ろうとする本能がある。自分が守られるように，傷つかないように，可能な限り周囲の環境を自分の理想や都合に合わせようとする。そういった欲求の一つの象徴が「他人を傷つける」なのかもしれない。

自分を大きく見せたい時，他人を下位に見立て，自分を上位に立たせてやろうとする。他人の短所を見つけて自分はまだマシだと慰めたくなる。周囲が認める程の実力があれば必要ないのに，こんなふうに人はより簡単な方法で得られる「安心」や「自信」へと気持ちを走らせてしまいやすいのだ。

「人を嫌う」もこの一部だろう。自分の基準を相手に当てはめようとして上手く当てはまらなかった結果，「あなたは私とは違うから私とは合わない」と決めてしまうのだろう。皆が皆を好きになるなんて非現実的。皆が皆と気が合うなんてありえない。きっとそのとおりだろう。

しかし，だからと言って「嫌う」必要があるのだろうか。そもそも，自分に 100％ 合う人なんているのだろうか。互いが合わせようとしている関係だから，部分的に「合っている」と思えるところを見つけ合えているのではないだろうか。これだけたくさんの人がいる世界。「違う」ことの方が「同じ」ことより多くて当然だろう。「違い」を受け止める受け手の心なしに集団の中の幸せは生み出されないと思わないだろうか。

「違う」＝「合わない」？「合わない」＝「嫌い」？

「好き」の反対は「嫌い」ではなく，「無関心」だと私は考える。「嫌い」と思っているうちは，たいてい，まだ相手のことが気になっているものだ。「嫌い」ということにしておけば，その人より自分を優位に立たせてやれるから。嫌いな相手のどこかに勝ちたい気持ちが潜んでいるのかもしれない。

さあ，ここで，このクラスを見渡してみてほしい。ここにいる 42 人は，なぜここに今いるのだろう。同じ教室で机を並べる仲であることを不思議に思わないだろうか。私たちは，偶然この世に生きられた者同士，偶然同じ時代に生まれた者同士，偶然同じ星に生まれた者同士，偶然同じ国に生まれた者同士，偶然同じ地方で生活するもの同士，偶然同じ学校を受験した者同士，偶然同じ学校に合格した者同士，偶然同じクラスに集まれた者同士……。このような数々の奇跡的な「同じ」を共有して今私たちはここにいるのだ。それなのに，その中で些細な個々の「違い」を否定的に捉えたり，「嫌い」と言ってみたり，自分を守るためと言って相手を「攻撃」してみたり……。そんなことでしか互いを表現できていないことがどれだけちっぽけで醜いことか分かるだろうか。

この世に生を受けること自体奇跡的なのだから，皆がこの「奇跡」を幸せに全うしたいと願うのは当たり前だろう。それなのに，それを分かっていながら，自分の「幸せ」だけ守ろうとするなんて，相手のそれを邪魔するなんて――。

人は鏡だ。あなたが嫌いな人は，その人もあなたが嫌い（好きでも嫌いになってゆく）。せっかく出会えた人同士なら嫌って遠ざける発想ではなく，その人を認める発想で付き合う方が幸せではないだろうか。皆結局，認められたいのだから。

あなたが世の中の基準ではない。皆の基準を譲り合わないと，私たちは交われない。「嫌われる人には嫌われる理由がある」？「嫌いな人がいて当然」？　考え方も人それぞれ。答えなんて出せはしない。しかし，そう思っているなら，あなたもきっとどこかで後ろ指さされて言われている。「嫌われる人には嫌われる理由がある」「嫌いな人がいて当然」と――。

人は鏡だ。あなたが相手を大切に思うなら，相手もまたその思いをあなたに返す。そうすれば，あなたはあなたを大切にできるようになる。さあ，自分を見つめてみよう。自分を映し出す鏡をあなたはもう見つけることができているだろうか――。

（蔵石　佳代）

〈注〉

(1)　文部科学省（2017）『中学校学習指導要領解説 総則編』，p.143.

(2)　同前，pp.145－146.

(3)　竹田敏彦監修・編著（2019）『道徳科を要とする道徳教育の理論と実践』ナカニシヤ出版，pp.203－207.

(4)　同前，pp.213－216.

(5)　同前，pp.218－220.

第 13 章

スクールソーシャルワーカーの役割と実際

1　スクールソーシャルワーカーって何?

(1) SSW って

「スクールソーシャルワーカーって何?」という問いは，2008 年国のスクールソーシャルワーカー活用事業が始まって 10 年以上が過ぎても，よく聞かれる。略して SSW なのだが，ソーシャルスクールワーカーでもないし，シンガーソングライターでもない。さらに，SSS はスクールサポートスタッフ，SS はスクールサポーター，SC はスクールカウンセラーと S がつく人がいっぱいで，学校側も迷ったりとまどったりしている。何とかスクールソーシャルワーカー（以下 SSW）とスクールカウンセラー（以下 SC）が似たようなことをする人だというところまでいっても，ではどう違うのか曖昧でよくわからない，また SSW と SC はいかに連携しているのかよくわからないというのが現実である。

不登校やいじめ，その他の問題を考えるときに，子ども一人のことや心理面だけでは解決しないことがある。たとえば，経済的な問題であったり，親の養育態度の問題であったり精神疾患があったり，場合によっては虐待の問題であることもある。こうした学校での困りごとを抱えている子どもと家族を支えるための専門職が，SSW（学術団体では SSWer と表記しているがここでは SSW とする）である。SSW は，学校を中心として子どもを取り巻く「環境」に働きかけをし，「子どもの最善の利益」を求めて取り組む。

子どもたちの問題は，単にその子個人の問題ではなく，個人と環境の不適合状態から生じるというシステム理論に基づき，スクールソーシャルワークは，環境とうまく折り合うことができるように対応力を高めたり，環境に働きかけて個人が安心できるように調整したり，個人と環境両方に働きかけたりする。スクールソーシャルワークとは，「児童生徒の置かれた環境への適応力を高める支援」と「環境に働きかけて問題を解決できるように調整する援助」を学校を基盤として行うものである。

システム理論は，現在のソーシャルワークを支える理論の一つである。システムとは諸要素のまとまりという意味を持ち，全体は諸要素より成り立っており，その個々の要素は全体と無関係のものではなく，相互に作用しあって，全体を構成しているという考え方である。

(2) SSWの成り立ち

SSWは，どのように認められるようになったのであろうか。

スクールソーシャルワークが，日本で一般的に知られるようになったのは，1986年からの埼玉県所沢市での山下英三郎の実践が取り上げられるようになってからである。当時は教育委員会内の生徒指導主事のもとに「訪問教育相談員」として配属され，校内暴力など行動的な問題に対応することが期待されていたが，実質的には行動上の問題を抱えた子どもと不登校の子どもが主であったということである。

スクールソーシャルワークの試行的取り組みは，各地の少年による凶悪犯罪が多発し，学校現場においても授業妨害や対教師暴力が増加する中で進められている。文部科学省は2002年度より各都道府県の中から2地区程度を指定し「サポートチーム等地域支援システムづくり推進事業」(2004年度より「問題行動に対する地域における行動連携推進事業」) を立ち上げた。さらに，不登校児童生徒への積極的な対応として，2003年度からは，「スクーリング・サポート・ネットワーク整備事業」が立ち上げられている。これらの事業の特徴は，関係機関との連携と積極的な社会資源の開発・活用にあり，ソーシャルワークにおけるケースマネジメントのような手法がとられている。2007年になるとこれらの事業が統合され「問題を抱える子ども等の自立支援事業」として自治体からの応募で実施されることになった。複雑な要因での不登校や問題行動，児童生徒への虐待等，カウンセリングでは対応できないケースへの対応としてSSWの配置が進められることとなる。そして，2008年度より「スクールソーシャルワーカー活用事業」を実施することになった。[1]

スクールソーシャルワークが継続的に取り組まれるようになるまでには，自治体による事業にも大きな意味があった。1999年からの兵庫県赤穂市の取り組み，2000年の茨城県結城市，2001年の香川県，そして2005年の大阪府，2006年の兵庫県がSSWの配置を始めた。このことが全国的事業である2008年度の「スクールソーシャルワーカー活用事業」につながっていった。

その後，2014年に，「子供の貧困対策に関する大綱」が出され，学校を中心とした施策，学校プラットフォームが打ち出された。さらに，2015年12月文部科学省「チームとしての学校の在り方と今後の改善方策について」の中で専門性に基づくチーム体制の構築として，「教員が，学校や子どもたちの実態を踏まえ，学習指導や生徒指導等に取り組むことができるようにするため，指導体制の充実を行う。加えて，心理や福祉等の専門スタッフについて，学校の職員として法令に位置付け，職務内容等を明確化すること等により，質の確保と配置の充実を進める。」こととし，教員以外の専門スタッフの参画が求められるようになった。

また，2017年1月，教育相談等に関する調査研究協力者会議より「児童生徒の教育相談の充実について～学校の教育力を高める組織的な教育相談体制づくり～[2]」という報告が出された。その報告により，SC及びSSWの職務内容が明らかにされた。

さらに，2017（平成29）年3月31日には，学校教育法施行規則の一部を改正する省令（平成29年文部科学省令第24号[3]）が公布され，2017（平成29）年4月1日から施行されることになった。行政立法により法的に整備されることになる。なお，これらの規定は，中学校，高等学校，中等教育学校，特別支援学校にも準用されるものである。以下引用。[4]

【学校教育法施行規則】
第65条の2　スクールカウンセラーは，小学校における児童の心理に関する支援に従事する。
第65条の3　スクールソーシャルワーカーは，小学校における児童の福祉に関する支援に従事する。

(3) SSW の職務内容

この改正は学校における児童の心理に関する支援に従事する SC および児童の福祉に関する支援に従事する SSW の名称および職務を新たに規定するものであり，法的整備がなされた。省令を通知する通知文の中には 2017 年 1 月に報告された「児童生徒の教育相談の充実について～学校の教育力を高める組織的な教育相談体制づくり～」も踏まえて，次のように職務内容があらわされている。以下引用[(5)]。

〇スクールソーシャルワーカーの職務内容

スクールソーシャルワーカーは，ソーシャルワークの価値・知識・技術を基盤とする福祉の専門性を有する者として，不登校，いじめや暴力行為等問題行動，子供の貧困，児童虐待等の課題を抱える児童生徒の就学支援，健全育成，自己実現を図るため，児童生徒のニーズを把握し，関係機関との連携を通じた支援を展開するとともに，保護者への支援，学校への働きかけ及び自治体の体制整備への働き掛けに従事すること。

具体的なスクールソーシャルワーカーの職務は，次のものが考えられること。

(不登校，いじめ等の未然防止，早期発見，支援・対応等)

・地方自治体アセスメントと教育委員会への働き掛け

・学校アセスメントと学校への働き掛け

・児童生徒及び保護者からの相談対応

・地域アセスメントと関係機関・地域への働き掛け

(不登校，いじめ等を認知した場合又はその疑いが生じた場合，災害等が発生した際の援助)

・児童生徒及び保護者との面談及びアセスメント

・事案に対する学校内連携・支援チーム体制の構築・支援

・自治体における体制づくりへの働き掛け

(4) SSW の資格

「児童生徒の教育相談の充実について～学校の教育力を高める組織的な教育相談体制づくり～」によると，SSW の資格としては，社会福祉士または精神保健福祉士の有資格者で，かつ SSW 教育課程修了者または同等などとしてとり高度な専門性を求めている。以下引用。[6]

SSWの資格及び養成の在り方

SSWの資格は，①社会福祉士又は精神保健福祉士有資格者が適当で，かつSSW教育課程（※1）修了者，これと同等の知識や技術を学ぶ職能団体や学会等の講習会を修了した者がより適当である。

なお，上記資格を保有する者が十分確保できるまでの間は，地域や学校の実情に応じ，②福祉や教育の分野において専門的な知識・技術を有し，かつ養成校団体や職能団体の実施するSSWの講習を受講した者，③SSW活動経験の実績等があり，かつ社会福祉士・精神保健福祉士の国家資格の取得を目指す者とすることが適当である。

※1　SSW教育課程とは，日本社会福祉士養成校協会・日本精神保健福祉士養成校協会が定める設置要件を満たした社会福祉士，精神保健福祉士の有資格者がスクールソーシャルワークを展開するために必要となる教育課程。認定科目は，社会福祉士又は精神保健福祉士資格関連科目以外にスクールソーシャルワークに特化した科目群，教育に関する科目群から構成されている。

2　スクールソーシャルワーカーを活用するために

（1）広島県への導入

これまで文部科学省は,「スクールソーシャルワーカー活用事業 実施要領」[7]において，SSWの職務内容については，「①問題を抱える児童生徒が置かれた環境への働きかけ，②関係機関とのネットワーク構築，連携・調整，③学校内におけるチーム体制の構築，④保護者，教職員等に対する支援・相談・情報提供，⑤教職員等への研修」と示してきた。

2008年度，予算規模は15億円ほどで，141地域で実施されている。全国的に都道府県が944人を採用した。広島県も，5市各3人を配置した。そのうちある市教委では，育児放棄など家庭でのトラブルを抱える子どものケアを拡充しようと，福祉と教育の知識を備えたSSWの事業に乗り出した。学校からの要請に応じ，保護者への働きかけや関係機関との調整にあたった。

家庭でのトラブルが要因とみられる不登校やいじめに対して，教員が対応に苦慮する事案が目立つため支援体制の強化が図られた。

しかし，文科省の制度変更で全国のSSWは2009年度552人と約4割減った。調査研究事業時には全額補助であったが，3分の1補助事業となった。そのため，3分の2を自治体で負担しなければいけなくなったために，事業を中止する自治体や事業規模を縮小する自治体も出始めた。広島県も継続を見送ることになった。この結果，1市を除く4市は費用を全額負担するほかなくなり，継続を断念したり，独自予算で同様の事業を継続したりした。

その後，広島県は2012年度から家庭教育支援アドバイザーという名称で学校に配置した。さらに加えて2015年度からは広島県のSSWを導入した。2015年度は，8中学校区，2高等学校に配置したが，2019年度は，26中学校区，6高等学校と年々配置数を増やしている。26中学校区は拠点校配置型で校区の小学校を巡回することが多い。県の不登校等児童生徒支援指定校・生徒指導集中対策指定校・生徒指導実践指定校等に指定されている中学校にはほとんど県のSSWが配置されている。県のSSWは配置型だが，独自予算での市町のSSWは要請型が多い。

(2) 効果的活用のすすめ

広島県教育委員会では2018年1月に「スクールソーシャルワーカーを効果的に活用するために(8)」という文書を作成した。より学校に活用してもらうために，2019（平成31）年3月に生徒指導資料NO.40「スクールソーシャルワークの考え方を踏まえた相談・支援体制の在り方について(9)」も作成されている。

児童生徒の問題行動等の背景には，児童生徒の心の問題だけでなく，家庭，友人関係，学校など児童生徒の置かれている環境の問題がある。その環境の問題は，複雑に絡み合っていて，学校だけでは，解決が困難な場合も多い。積極的に関係機関等との連携を持ち，児童生徒の置かれた様々な環境に働きかけ，支援することが求められている。このため，学校がSSWについて周知し，効果的に活用することが重要であるとされる。

(3) ソーシャルワークのプロセス

生徒指導資料NO.40「スクールソーシャルワークの考え方を踏まえた相

談・支援体制の在り方について[10]」によるとソーシャルワークの展開プロセスは，次のような一連の流れで行うと表されている。①ケースの発見・相談，②情報収集（社会調査），③アセスメント，④プランニング，⑤プランの実行，⑥評価・モニタリング，⑦終結。

今後も児童生徒の諸問題の解決のために，SSW の効果的活用が望まれる。

3　様々な問題にどう対応したのか

以下のケースは倫理的配慮のもと個人や地域が特定できないように配慮し一般化した。

(1) 貧困および不登校傾向ケース

(家庭環境の様子)　小学校児童。生活リズムが崩れ，昼夜逆転で遅刻・欠席が多い（昼から遅刻して登校することもある）。母親は以前精神保健福祉手帳を取得しており（自立支援医療受給）家事をすることが困難。父親とは別居中。経済的課題があるため就学援助受給。

(取組)　①家庭訪問，②市町関係部局連携（関係機関ケース会議），③関係機関への同行，④校内ケース会議。

遅刻が多くなり，欠席が重なったときは，担任・養護教諭・SSW が連携して朝の家庭訪問を続けた。また，保護者との面談を継続し，SSW が，就学援助申請につなげ，学校事務との連絡を取り持ち，滞納をしないようにはたらきかけた。

市町関係部局連携を重ねた。市町関係部局と同行訪問をして保護者面接し，関係機関ケース会議を行った。また，父親との別居で，母親の不安が募ったため，生保ワーカーへつないだり，母親の就労のサポートをしたりした。

生活リズムの不安定さ・学習の遅れから，SSW が医療機関の受診に同行したり，こども家庭センターでの検査に同行したりした。

校内ケース会議(管理職，生徒指導主事，養護教諭，学年主任，担任，SSW)を重ねた。宿泊行事の前には，費用の問題，荷物の準備の問題，外泊をすること等母親の不安が募っていたので，事前に学校で各担当者が連携し，母親の不安を払拭した。

(成果)　家庭訪問を担任・養護教諭・SSW が続けることで，ほぼ遅刻しなくなり，朝から定時に登校できるようになった。宿泊行事に向けた対応を事前協議することで，当該児童は行事中集団行動が十分できた。SSW が関係機関につなぐことで，母親が離婚した後の生活設計をイメージすることができるようになり，そのことが母親就労につながった。母親が働きながら生活をしていこうとする姿が当該児童に伝わり，当該児童に少しずつ頑張ろうとする姿が見られるようになった。

(2) 虐待（ネグレクト）および不登校傾向ケース

(家庭環境の様子) 小学校児童。父母と兄弟の 5 人暮らし。父母とも働いている。要保護児童対策地域協議会に兄弟 3 人ともネグレクトであがっていて 3 か月見守り状態である。当該児童は，検査を受けていて低学力を把握しているが，特別支援学級には転籍していない。年度当初からだんだん欠席が増えてきた。

(取組) ①市町関係部局連携，②家庭訪問，③校内ケース会議。

欠席が多くなった時点で，市町関係部局と連携した。昨年までの様子を把握したうえで，アセスメントシートを作成し，校内ケース会議（管理職・担任・生徒指導主事・特別支援コーディネーター・養護教諭・SSW）を行い，共通認識し，プランニングした。欠席したり，連絡がつかなかったりしたときは所在確認のために家庭訪問した。登校したときは，保健室や特別支援学級で対応したり，担任が保健室で声かけしたりして，チームで対応していった。

(成果) 市町関係部局と連携し，校内ケース会議で話し合い，チームで対応することで，はじめは保健室登校であったが，夏休みの行事をきっかけに教室にあがれるようになった。運動会でも活躍し，学習発表会でも発表をすることができた。兄弟全員登校しぶりがあったが，声かけを続ける中でだんだんしぶることはなくなった。関わりを続ける中で，兄弟の一人は，特別支援学級に転籍し，学校生活が安定した。

(3) 貧困ケース

(家庭環境の様子) 中学校生徒。母と二人暮らし（生活保護受給）。母親は，養育能力が弱く，幼少期からしつけができていない。支援対象生徒は，以前から学習意欲に乏しく，遅刻が多く，全校行事に一切参加しなかった。

中学校に入学しても遅刻欠席が多く，欠席連絡がとれないときもあった。

（取組）　①市町関係部局・こども家庭センター（児童相談所）連携及び小中連携，②家庭訪問，③周りの人からの声かけ。

アセスメントシートを作成し，校内ケース会議で小学校の経過を含めて，共通認識した。欠席したり，連絡がつかなかったりしたときは所在確認のためにすぐに家庭訪問した。担任も市町関係部局とこまめに連携し，情報を共有した。当該生徒の身辺が安定してからも，いろいろな教職員が自己有用感が持てるように声かけを続けた。

（成果）　市町関係部局と連携をしっかりすることができた。当該生徒はこども家庭センター一時保護後，親族宅から登校するようになった。こども家庭センターと市町関係部局さらに保護者を含めた関係機関ケース会議も行われた。その後は家庭生活が安定したのに伴い，学校生活も安定し，欠席や遅刻が少なくなった。

4　いじめ問題にいかに対応すべきか

（1）いじめ防止対策推進法

2013年（平成25年）9月28日「いじめ防止対策推進法」が施行された。いじめ防止対策推進法は社会総がかりでいじめの問題に向き合い，対処していくための，基本的な理念や体制を定めた法律である。いじめ防止対策推進法第2条によると，「「いじめ」とは，児童等に対して，当該児童等が在籍する学校に在籍している等当該児童等と一定の人的関係にある他の児童等が行う心理的又は物理的な影響を与える行為（インターネットを通じて行われるものを含む。）であって，当該行為の対象となった児童等が心身の苦痛を感じているものをいう。」（いじめの定義）とある。

また第11条には「文部科学大臣は，関係行政機関の長と連携協力して，いじめの防止等のための対策を総合的かつ効果的に推進するための基本的な方針（以下「いじめ防止基本方針」という。）を定めるものとする。」とある。広島県教育委員会もこれを受け，2013年11月7日に各市町教育委員会教育長宛にいじめ防止基本方針の策定について通知している。県・市町・各学校は「いじめ防止等に係る基本方針」を作成し，ホームページにアップしている。

さらに第18条では，（いじめの防止等のための対策に従事する人材の確保及び資質の向上）について「心理，福祉等に関する専門的知識を有する者であっていじめの防止を含む教育相談に応じるものの確保，いじめへの対処に関し助言を行うために学校の求めに応じて派遣される者の確保等必要な措置を講ずるものとする。」と明記されている。

(2) いじめ防止基本方針

2013年10月11日文部科学大臣決定した「いじめの防止等のための基本的な方針」（「いじめ防止基本方針」）にはSSWやSCは明記されていなかったが，その後，2017年3月14日に最終改定[11]された。その「いじめ防止等のための基本的な方針」改定版と「いじめの重大事態の調査に関するガイドライン[12]」では，SSWやSCの参画が明記されている。

よって「いじめ防止等のための基本的な方針」の中で，いじめ防止等のための対策に従事する人材の確保や資質能力の向上にSSWやSCがあげられている。また，早期発見のための教育相談の充実にSSWやSC等の活用や，いじめに対する措置を講じるのにSSWやSC等の連携をあげている。

さらに，「いじめの重大事態の調査に関するガイドライン」では，重大事態の発生報告を速やかに行うことにより，学校の設置者等により，指導主事，SC，SSWをはじめとする職員の派遣等の支援が可能になるとされている。被害児童生徒・保護者が精神的に不安定になっている場合，カウンセリングや医療機関によるケアを受けるように勧めるとき，可能な限り，学校職員やSC・SSW等が寄り添いながら，専門機関による支援につなげる，被害児童生徒が不登校になっている場合は学校生活への復帰に向けた支援を行う際，SC・SSW等の専門家を活用することがあげられている。

(3) いじめ対策に係る事例集

2018年9月には文部科学省のホームページに「いじめ対策に係る事例集[13]」が掲載された。それには，SSWが関係機関との連携・調整を行い，解決に導いた事例が具体的に掲載されている。その中には「修復的対話」の事例が載っている。

山下英三郎著『修復的アプローチとソーシャルワーク[14]』によると「修復的アプローチ」とは，英語のRestorative Justice（RJ）を意味し，RJの和訳語は一般的には「修復的司法」だが，最近では「修復的正義」「修復的対話」「修復的実践」など同じ概念を表現するのに多様な語が用いられていることから，それらの総称を「修復的アプローチ」としているが基本的には同じことを意味するとしている。学校における修復的なアプローチについては問題解決が対話をベースに図られることから修復的対話と称されている。個人あるいは集団間において生じる葛藤あるいは対立を，関係者相互が対話によって平和的に解決する方法である「修復的対話」に着目し，人々の生活の局面において調整や仲介といった機能を特徴とするソーシャルワークと関連させつつ，効果的な葛藤／対立の対処の可能性について論じている。

SSWやSC等は，教育相談の充実によりいじめを早期発見したり，いじめに対する措置を講じるために連携し，早期対応したりすることが求められている。重大事項となる前に予防が大切であることは明白で，道徳教育への期待は大きい。

（田中　敬子）

〈注〉

(1) 日本学校ソーシャルワーク学会編著（2008）『スクールソーシャルワーカー養成テキスト』中央法規，p.34.

(2) 文部科学省 教育相談等に関する調査研究協力者会議（2017）「児童生徒の教育相談の充実について〜学校の教育力を高める組織的な教育相談体制づくり〜」。

(3) 文部科学省初等中等局長（2017）「学校教育法施行規則の一部を改正する省令の施行について（通知）」。

(4) 同前。

(5) 同前。

(6) 文部科学省 教育相談等に関する調査研究協力者会議（2017）「児童生徒の教育相談の充実について〜学校の教育力を高める組織的な教育相談体制づくり〜」。

(7) 文部科学省 生涯学習政策局長裁定・初等中等教育局長裁定（2009）『スクールソーシャルワーカー活用事業実施要領』。

(8) 広島県教育委員会（2018）『スクールソーシャルワーカーを効果的に活用するために』。

(9) 広島県教育委員会（2019）生徒指導資料NO.40「スクールソーシャルワークの考え方を踏まえた相談・支援体制の在り方について」。

(10) 同前。

(11) 文部大臣決定（2013年10月11日〔最終改定2017年3月14日〕）『いじめの防止等のための基本的な方針』。

(12) 文部科学省（2017）『いじめの重大事態の調査に関するガイドライン』。

(13) 文部科学省初等中等教育局児童生徒課（2018）『いじめ対策に係る事例集』。

(14) 山下英三郎（2012）『修復的アプローチとソーシャルワーク』明石書房。

第 14 章

欧州のいじめ防止対策

欧州におけるいじめ防止対策のいくつかは，世界規模で普及し，今日のいじめ防止対策のスタンダードの一つとなっているものもある。また，これらの実践のいくつかは日本におけるいじめの予防・対応の実践にも少なからず影響を与えている。本章では，はじめに欧州を中心とした世界のいじめ研究の流れを概観する。その後，ノルウェー，イギリス，オーストリアの実践を紹介し，最後に今後の日本の実践に生かせるポイントについて検討したい。なお本章で紹介する三つの実践は，いずれもすでに書籍等で広く紹介されているものであるため，本章では概要と中心的な取組の紹介にとどめる。各実践の詳細については章末に記した参考文献を参照願いたい。

1　欧州におけるいじめ研究史

欧州のいじめ，あるいは“bullying”研究の起源は，1970 年代初頭のスウェーデン，ノルウェー，フィンランドといったスカンジナビアの国々にある（Olweus 1978；1999）。スカンジナビア諸国で始まったいじめ研究は，その後 1980 年代中頃には，英国を中心に欧州各国へと波及していくが，その背景に，いじめを原因とする子どもたちの痛ましい自死事件があったことは日本と同様である（Smith et al. 1999）。スミス（Smith 2011；2013）は，欧州を中心とした世界のいじめ研究の動向を四つの時期に分けて説明している。第 1 期は，1970 年代から 1988 年までで，「いじめの系統的研究の開始の時期」である。先述したように，その中心はスカンジナビアの国々であり，この頃にオルヴェウスが開発したいじめの実態調査のための質問紙（Olweus Bullying Questionnaire：OBQ）は，世界中で用いられている。また 1983 年にノルウェー全土で行われたいじめ防止キャンペーンにおいて開発された「全校いじめ防止プログラム」(後の Olweus Bullying Prevention Program：OBPP）は，その評価検証で，いじめ被害及び加害報告件数半減という目覚ましい成果を示し，その後の多くのいじめ予防・介入実践の基礎となった（Olweus 1999）。

第 2 期は，1989 年から 1990 年代であり，スミスは「調査プログラムの確立期」と呼んでいる。いじめ研究が欧州各国へと広がった時期であり，自記式質問紙法や仲間・教師指名法によるいじめの実態解明と予防・対応のための実践が盛んに行われた。たとえば，イギリスでは 1991〜1993 年に行われたシェフィールド・プロジェクトが知られている（Smith and Sharp 1994)。スミスは，この時期の特徴として，いじめ行為の理解が，それまでの身体的・言語的攻撃を中心とした直接的な攻撃行動という理解から，無視や仲間外し，陰口や噂流しなどの「関係性攻撃」(Crick and Grotpeter 1995）（一部研究者は「間接的攻撃」(Bjorkqvist, Lagerspetz, and Kaukiainen 1992）や「社会的攻撃」（Galen and Underwood 1997）と呼んだ）を含めたより広範な行為を含めた理解へと変化したことを指摘している。

続く第 3 期は，1990 年代から 2004 年，「国際的な研究プログラムの確立期」と呼ばれる時期である。いじめが世界規模の問題として注目を集めるようになり，国際的な共同研究の成果が数多く発表された。なお日本におけるいじめ研究は，スカンジナビアの国々と並んで世界的にも早い時期に始まっていたが，他国の実態や実践の紹介，あるいは他国との共同研究などが盛んになったのはやはり 1990 年代以降であった（たとえば，森田 2001；清永 2000)。

第 4 期は 2004 年以降で，ネットいじめ（cyberbullying）の登場による「いじめ研究の発展・変革期」である。ネット上でのいじめ行為が問題視される一方で，ネットがいじめの予防教育にも一部活用され始めたことは注目すべき点である(たとえば，フィンランドの KiVa プログラム）(Salmivalli and Poskiparta 2012)。日本においても，文部科学省が「青少年が利用する学校非公式サイト（匿名掲示板）等に関する調査について」を公表し，ネットいじめの蔓延とその深刻さが明らかにされた（文部科学省 2008)。

2　ノルウェーの実践
――ベルゲン・プロジェクト――

(1) 背　景

1983 年，3 人の少年がいじめを理由に相次いで自死したことをきっかけに，ノルウェー教育省は国家レベルの大規模ないじめ防止キャンペーンの実施を決めた。今日，「オルヴェウスいじめ防止プログラム」(Olweus Bullying Prevention Program：OBPP) と呼ばれるものの原点がこのキャンペーンである。オルヴェウスはこのキャンペーンの一環としてベルゲン市の小・中学校 42 校の 4 年生から 7 年生までの 112 学級に在籍する約 2500 人の児童生徒を対象にいじめ防止プログラムを導入し，その効果検証を行っている (Olweus 1993)。

(2) プログラムの目標と中心的施策

本プログラムは，①既存のいじめをできるだけ解消し，②新たないじめを予防するとともに，③学校内に良好な児童生徒間関係を構築すること，を目標とし，以下の四つの基本原則に則って開発された。第 1 に，学校において(そして理想的には家庭においても)大人たちが温かみと肯定的な関心をもって子どもたちと関われる環境づくりをすること。第 2 に，いじめ加害行為のような容認できない行為に対しては断固とした制限を設けること。第 3 に，規則が守られなかったときには，敵意や体罰を伴わない懲罰を一貫して適用すること。第 4 に，学校においても家庭においても，大人は一定の権威をもって子どもと接することである (Olweus 1999)。

これら基本原則が示すように，本プログラムの特徴の一つは，大人主導の実践という点である。オルヴェウスは自身のそれまでの研究知見 (例えば，Olweus 1980) に基づき，攻撃行動の有用性を学んでしまった子どもたちは，管理・監督する大人がいなければその攻撃性を容易に発現させてしまうとの立場から，その攻撃性を制御するための規律の整備と，ブレのない一貫した指導と賞罰による規範の内面化を図ることを重要視したのである。そのため，プログラムの導入に際しては，教員や保護者を中心とした大人たちに，これら基本原則を遵守し，子どもたちの学びと良好な社会関係構築に向けて，権威と責任を持ったロールモデルとなることを求めたのである（Olweus 1999）。なお本プログラムにおける具体的施策は，「学校」，「学級」，「個人」の三つのレベルで提供されているが，いずれのレベルにおいても上記の基本原則を適用することが求められている。

(3) プログラムの成果

プログラム導入8か月後および20か月後に拡張選択コホート計画を用いて実施された効果検証にて，いじめ被害及び加害の報告件数が，性別，学年，いじめの手段（直接的／間接的）を問わず50％以上の減少を示したことが報告されている。また既存のいじめの減少だけでなく，新たな被害も減少したことが報告されている。さらに，公共物破損，けんか，窃盗，飲酒，怠学などの反社会的行動全般の明らかな減少，学級内の秩序や規律の向上，児童生徒間の対人関係の改善，学校および学習に対する肯定的態度の増加など，学校・学級風土全般にも肯定的な影響が見られたこと，そして児童生徒の学校生活に対する満足度が上昇したことも合わせて報告されている（Olweus 1993 ; 1999）。これらの結果について，オルヴェウスらは，学級レベルのコアプログラムに最大限取り組んだ学級の減少率はより顕著であったことを報告している（Olweus and Alsaker 1991）。

3　イギリスの実践
——シェフィールド・プロジェクト——

(1) 背　　景

1980年代初頭のノルウェーにおける全国いじめ防止キャンペーンの成功，そして1980年代後半に続いた子どもたちの自死事件を背景に，1989年以降イギリスでもいじめ問題への関心が急速に高まった。この年，政府による学校における子どもの規律に関する報告書“*The Elton report into discipline in schools*”（Department for Education and Science, 1989）が発表され，その中でいじめの状況と今後の対応について触れられている。またいじめに関する書籍が3冊発刊されたことも社会のいじめ問題に対する関心を高めることに貢献した。翌1990年には，シェフィールド地方で24の初等・中等学校に通う約6700人の児童生徒を対象とした初めての大規模実態調査が実施され，約8～46%の児童生徒が頻繁な身体的あるいは言語的ないじめの被害にあっていることなど，いじめの深刻な状況が明らかにされた（Whitney and Smith 1993）。この結果を受け，1991年にイギリス教育省の支援の下，先のシェフィールド調査に参加した24校のうちの23校を対象としたいじめ防止プロジェクトが実施されたのである（Smith and Sharp 1994）。

(2) プロジェクトの目標と中心的施策

本プロジェクトは，校内のいじめ問題への予防と対応について，子どもたちが学校や教師に対して信頼感や安心感を持てるような学校環境を構築することを目標としていた。すなわち，もしいじめが起こったり，その報告を受けたりしたときには，学校や教師が，解決に向けて即座に，また毅然とした態度で介入し，被害者を助け支援するという一連の対応を徹底することである。またもう一つの意図として，それまで明確な実証的根拠がないまま，いじめ防止に効果があるとされてきた種々の施策について系統的な効果検証を行い，より広範な場面に対して適用可能な包括的いじめ介入パッケージを作成することを目指していた。

本プロジェクトにおいて23の参加校すべてが実施したプロジェクトの核となった施策は，「いじめ防止のための基本方針」の策定であった（これは1999年の法整備によってすべての学校に義務付けられた）（Smith 2014）。この基本方針は以下にあげる原則のもと各学校が独自に策定した。

1. 校内におけるいじめ問題への意識の高まりを前提として策定されなければならない。
2. 教職員（教員以外の職員を含む），保護者，行政官，児童生徒による広範かつ徹底的な協議の過程を経て策定されなければならない。
3. 基本方針の内容は誰もが容易に確認できる状態になければならない。またそこにはいじめの明確な定義と，いじめを防ぐために何をすべきか，またいじめに気づいた場合にどう対応すべきかを詳細に記した教職員，児童生徒，および保護者を対象とした明確なガイドラインが含まれなければならない。この基本方針は，子どもたちが自分たちの気持ちを打ち明ける助けとならなければならず，またもし自身がいじめられたり，誰かがいじめられていることに気がついたときには，そのことを安心して誰かに相談できる学校環境構築の一助とならなければならない。

4. 基本方針は学校関係者全員に周知徹底され，その実行において相互の期待と一貫性が確保されなければならない。
5. 基本方針は効果的に実施されなければならず，また実施されたことが分かるものでなければならない。
6. 基本方針は評価と改善によって継続的な有効性が確保されなければならない。

この基本方針の策定に加えて，参加校にはいじめ問題を考えるための基本的な教材と，各校が各々の状況に応じて選択した複数のいじめ予防・対応施策（書籍や演劇等の授業用教材，校庭環境向上，昼休み指導員の訓練，当事者間の関係改善のための修復的アプローチ，被害者への自己主張訓練，ピア・サポート等）が導入された。本プロジェクトの特徴の一つは，基本方針策定や各施策の実施の際に，児童生徒の関与を推奨した点である。たとえば，選択的施策として導入された校庭環境の向上では，いじめが起こりにくい理想的な校庭のデザインについて検討・進言するなど，改善の方策や改善後の維持等についても子どもたちが積極的に関与した場合に最良の結果をもたらしたことが報告されている（Smith 1999）。

(3) プロジェクトの成果

先に紹介したOBQの改訂版を用いて，プログラム導入前と導入2年後に実施された全校児童生徒対象の効果検証によると，いじめの被害報告件数は，初等学校で約17%，中等学校で約5%の減少が，また加害報告件数は，それぞれ7%と5%の減少が報告されている。これらの結果は，先に紹介したノルウェーのベルゲン・プロジェクトに比べるとやや限定的ともいえようが，被害児童生徒の相談割合（32%増）や，教職員の加害児童生徒との面談割合（38%増）はいずれも大幅に増加したことが報告されている。またプロジェクト参加校の児童生徒の多くが，学校のいじめ防止に向けた取組について認識し，学校の状況が改善されていると感じていたことが報告されている（Smith and Sharp 1994；Smith 1997）。さらにベルゲン・プロジェクトと同様に，本プロジェクトにおいても，政策立案や各施策の導入に最も多くの時間と労

力を注いだ学校が最良の成果を上げていた（Smith 1997）

4　オーストリアの実践
——ヴィスク・プログラム——

(1) 背　景

オーストリアでは校内暴力やいじめの予防に関する研究は1990年代に始まったが，2003年に政府が学校における実践についてまとめた報告では，いじめや暴力防止のための実践の多くは実証的根拠も成果も乏しいものであると指摘されている（Atria and Spiel 2003）。その後2007年初頭に学校で短期間に連続して起こった悲惨な事件と，若者の間でいじめが頻繁に起こっていることに対する社会の議論の高まりを受けて，オーストリア連邦教育省は，公立学校における暴力防止のための国家的方略の開発を研究者に委託した（Craig and Harel 2004）。「共に暴力に立ち向かう（Together Against Violence）」と名付けられたこの国家的方略は，①できるだけ多くの学校関係者間でいじめ防止を共通の目標にすること，②研究と国際的な事例から学ぶこと，そして③学校に実証的根拠に基づくプログラムを適用すること，の3点を目標に検討された（Strohmeier et al. 2012）。

(2) プログラムの目標と中心的施策

国家的方略を原則として中等学校（11～15歳）を対象に開発されたヴィスク・プログラムは，学校内でいじめや攻撃的行動を減らし，生徒の社会的能力と異文化理解力を育むことを目標としている。プログラムは，攻撃行動やいじめの予防を学校が取り組むべき責務として，1年間の継続した運用を求めている。プログラムは大きく2部構成となっており，前半部分（1学期）は主に教員を対象とした研修の時期として学校全体の予防と介入の取組を行い，後半部分（2学期）は，教師と生徒の両方を対象とした学級レベルの実践に取り組むように設計されている。前者の学校全体の取組には，①いじめへの気づきのための方略，②深刻ないじめへの介入方略，③学校レベルでの予防的方略について学ぶ。また後者の学級レベルでの取り組みは，「ヴィスク・クラスプロジェクト」と呼ばれ，生徒が自身の学級で起こることに対して責任をとれるよう指導していく（Strohmeier et al. 2012）。

本プログラムの特徴の一つは，研究者と実践者との間での継続的な知見の交換を目指した階層的な養成モデルが開発・適用されている点である。はじめに研究者がヴィスク・コーチと呼ばれるプログラムの専門家を養成する。ヴィスク・コーチは，プログラム導入校で教員研修を行い，いじめや暴力問題に取り組むための意識の向上を図るとともに，学校・学級レベルでの予防・対応の施策を実践する最善の方法について具体的に指導する。最後にヴィスク・コーチによる研修を受けた教員が学級で生徒にプログラムを実施するのである。ヴィスク・プログラムは，教員間での責任の共有を目指しており，深刻な状況への介入方法や，学校・学級レベルの施策の共同実施手順など問題と対応についてできるだけ多くの教員間で共通理解を図ることを目指している。いじめや攻撃行動が容認されないという共通理解がある環境においてはそうした行動は抑制されるという理念のもと，学校・学級集団の在り方そのものを改善していこうとするアプローチである（Strohmeier et al. 2012）。

（3）プロジェクトの成果

ヴィスク・クラスプロジェクトは4回導入され，短期的には肯定的な結果が示されたが，長期的な予防効果には乏しいことが報告されている（Atria and Spiel 2007）。この結果から，クラスプロジェクトの構成と教材が見直され，教員研修と学校レベルの施策を含むヴィスク・プログラムの完成版が開発されている（Strohmeier et al. 2012）。さらに2009年5月から2010年12月にかけて，4時点から生徒2042人分のデータを収集し，無作為抽出した介入群と統制群による比較検証による大規模効果検証が行われている。またこれと合わせて教員338人を対象に事前と事後のアンケート調査を実施している（Spiel et al. 2011；Burger et al. 2011）。これらの検証の結果，介入群において攻撃行動は有意に減少していたが，被害については介入群と統制群とで有意な違いは認められなかったことが報告されている（Strohmeier, et al. 2012）。またプログラムに参加した教員は，いじめ加害者への対応として非叱責的な方略や被害者を支援する方略をより多く用いていたことが報告されている（Spiel et al. 2011）。

5　日本のいじめ対策への応用可能性

ここまでノルウェー，イギリス，オーストリアの3か国におけるいじめ防止のための実践について概観してきた。ここではそれぞれの実践間の共通点と独自の特徴を踏まえて，日本のいじめ防止実践への応用可能性について考えたい。はじめに三つの実践に共通する点として，いじめに対して否定的な学校・学級環境の構築を重要視していることがあげられる。ベルゲンでは大人主導で，シェフィールドでは基本方針の策定を通じて，またヴィスクでは教員研修を通じてとアプローチの仕方は異なるが，いずれもいじめ行為は許容できないという明確なメッセージを子どもたちに伝えることで，いじめ行動を抑止し，またいじめを傍観している者たちの介入への動機づけを高めようとする取組である。これは森田ら（1994）のいじめの4層構造論や，サルミヴァッリら（Salmivalli et al. 1996）のParticipant Role Approachで示された観衆や傍観者を仲裁者へと導いていくうえで欠かせない視点である。

ベルゲン・プロジェクトで示された大人が権威と責任を持ったロールモデルとして子どもたちを指導していく姿勢は，子どもたちが教師のいじめへの対応力に対して信頼と安心を感じるためには不可欠な要素である。大人たちのそうした姿勢や態度がなければ，いかにいじめを許さない環境を作ったとしても子どもたちは大人の目の届かないところでいじめを繰り返すだけであろう。

またシェフィールド・プロジェクトで示されたいじめ防止のための基本方針策定のプロセスは，今日，日本においても平成25（2013）年に策定・施行されたいじめ防止対策推進法によってイギリスと同様のいじめ防止に関わる基本方針の策定が義務付けられていることから，大変有用な情報と言えよう。日本においてもすでに多くの自治体や学校において基本方針が定められているが，国や地方自治体の方針をそのまま当てはめただけの方針を掲げている学校も少なからず見受けられる。シェフィールド・プロジェクトで示された基本方針策定のための原則は日本の学校においても適用可能である。これらの原則を自校の基本方針の見直しの際の指針の一つとして用いることは有効であろう。

最後に，ヴィスク・プログラムにおいて示されている研修システムを用いた研究知と実践知の交換・継承モデルは日本の学校においても十分活用可能であると考えられる。近年，大学と市や県の教育センターとが協働して現職教員の研修プログラムを検討したり，あるいは大学院の授業の一部を教員研修の一部として活用したりするなど，研究機関と教育機関の連携の動きが全国的に広がっている。研究者が科学的な背景理論や実証的根拠に基づいたいじめの予防・対応施策について提言し，それを現場の教員たちが自らの経験に基づく実践知と融合させながらより効果的な取組へと発展させていくという理論と実践の往還は，いじめの予防・対応にとどまらず，子どもたちの健全な成長発達と，それを支える健全な学校・学級環境の構築にとっても非常に有用であろう。

(金綱　知征)

〈参考文献〉

●ノルウェーのいじめ問題と対策について
森田洋司（1998）『世界のいじめ――各国の現状と取り組み』金子書房。
D. オルヴェウス（1995）『いじめ――こうすれば防げる――ノルウェーにおける成功例』松井賚夫・都築幸恵・角山剛訳，川島書店。
●イギリスのいじめ問題と対策について
森田洋司（1998）『世界のいじめ――各国の現状と取り組み』金子書房。
P. K. スミス／S. シャープ編（1996）『いじめととりくんだ学校』守屋慶子・高橋通子監訳，ミネルヴァ書房。
●オーストリアのいじめ問題と対策について
山崎勝之・戸田有一・渡辺弥生編著（2013）『世界の学校予防教育――心身の健康と適応を守る各国の取り組み』金子書房。

〈引用文献〉

Atria, M. and C. Spiel（2003）“The Austrian situation : Many initiatives against violence, few evaluations,” P. K. Smith ed., *Violence in schools : The response in Europe*, London : Routledge Falmer pp.83－99.
Atria, M. and C. Spiel（2007）“The Viennese Social Competence（ViSC）training for students : Program and evaluation,” J. E. Zins, M. J. Elias, and C. A. Maher eds., *Bullying, victimization and peer harassment : A handbook of prevention and intervention*, New York : The Haworth Press, pp.179－198.
Björkqvist, K., K. M. J. Lagerspetz and A. Kaukiainen（1992）“Do girls manipulate and boys fight? Developmental trends in regard to direct and indirect aggression,” *Aggressive Behavior*, 18, pp.117－127.
Burger, C., D. Strohmeier, E. Stefanek, E. M. Schiller and C. Spiel（2011）“Effects of the Viennese Social Competence Training（ViSC）on teachers' strategy

use for tackling bullying," Poster presented at the 12th European Congress of Psychology (ECP), Istanbul, Turkey, in D. Strohmeier, C. Hoffmann, E. M. Schiller, E. Stefanek, and C. Spiel (2012) "ViSC Social Competence Program," *New Directions for Youth Development*, 133, pp.71－84.

Craig, W. and Y. Harel (2004) "Bullying, physical fighting and victimization," C. Currie ed., *Health behavior in school-aged children : A WHO cross national study*, Geneva : World Health Organization, pp.133－144.

Crick, N. R. and J. K. Grotpeter (1995) "Relational aggression, gender, and social-psychological adjustment," *Child Development*, 66, pp.710－722.

Department of Education and Science (1989) *Discipline in Schools : Report of the Committee Chaired by Lord Elton*, London : HMSO.

Galen, B. R. and M. K. Underwood (1997) "A developmental investigation of social aggression among children," *Developmental Psychology*, 33, pp.589－600.

清永賢二（2000）『世界のイジメ』信山社出版。

文部科学省（2008）「青少年が利用する学校非公式サイト（匿名掲示板）等に関する調査について（概要）」スポーツ・青少年局青少年課（http : //www.mext.go.jp/b_menu/houdou/20/04/08041805/001.htm　2019年9月23日閲覧）。

森田洋司（2001）『いじめの国際比較研究――日本・イギリス・オランダ・ノルウェーの調査分析』金子書房。

森田洋司・清永賢二（1994）『新訂版　いじめ――教室の病』金子書房。

Olweus, D. (1978) *Aggression in schools. Bullies and whipping boys*, Washington, DC : Hemisphere Press (Wiley).

Olweus, D. (1980) "Familial and temperamental determinants of aggressive behavior in adolescent boys : A causal analysis," *Developmental Psychology*, 16, pp.644－40.

Olweus, D. and F. D. Alsaker (1991) "Assessing change in a cohort longitudinal study with hierarchical data," D. Magnusson, L. Bergman, G. Rudinger and B. Törestad eds., *Problems and methods in longitudinal research*, New York : Cambridge University Press.

Olweus, D. (1993) *Bullying at school : What We Know and What We Can Do*, Oxford : Blackwell.

Olweus, D. (1999) "Sweden, Norway," P. K. Smith, Y. Morita, J. Junger-Tas, D. Olweus, R. Catalano, and P. Slee eds., *The Nature of School Bullying – A Cross-National Perspective*, Routledge : London and New York.

Salmivalli, C. and E. Poskiparta (2012) "KiVa Antibullying Program : Overview of evaluation studies based on a randomized controlled trial and national rollout in Finland," *International Journal of Conflict and Violence*, 6, pp.294－302.

Salmivalli, C., K. Lagerspetz, K. Björkqvist, K. Österman and A. Kaukiainen (1996) "Bullying as a group process : Participant roles and their relations to social status within the group, *Aggressive Behavior*, 22, pp.1－15.

Smith, P. K. (1997) "Bullying in schools : The UK experience and the Sheffield

Anti-Bullying project," *The Irish Journal of Psychology*, 18, pp.191－201.

Smith, P. K. (2011) "Why Interventions to reduce bullying and violence in schools may (or may not) succeed: Comments on this Special Section," *International Journal of Behavioral Development*, 35 (5), pp.419－423.

Smith, P. K. (2013) "School Bullying," *Sociologia, Problemas e Práticas*, 71, pp.81－98.

Smith, P. K. (2014) *Understanding School Bullying – Its Nature & Prevention Strategies*, SAGE Publications Ltd.

Smith, P. K., Y. Morita, J. Junger-Tas, D. Olweus, R. Catalano and P. Slee (1999) *The Nature of School Bullying – A Cross-National Perspective*, Routledge: London and New York.

Smith, P. K. and S. Sharp (1994) *School Bullying: Insights and Perspectives*, London: Routledge.

Spiel, C., D. Strohmeier, E. M. Schiller, E. Stefanek, M. T. Schultes, C. Hoffmann, T. Yanagida, . . . B. Pollhammer (2011) WiSK Programm: Förderung sozialer und interkultureller Kompetenzen in der Schule. WiSK Evaluationsstudie: Abschlussbericht [ViSC social competence program. Evaluation study: Final report]. Report to the Federal Ministry of Education, Arts, and Cultural Affairs. Vienna, Austria: University of Vienna. in D. Strohmeier, C. Hoffmann, E. M. Schiller, E. Stefanek and C. Spiel (2012) "ViSC Social Competence Program," *New Directions for Youth Development*, 133, pp.71－84.

Strohmeier, D., C. Hoffmann, E. M. Schiller, E. Stefanek and C. Spiel (2012) "ViSC Social Competence Program," *New Directions for Youth Development*, 133, pp.71－84.

Whitney, I. and P. K. Smith (1993) "A survey of the nature and extent of bully / victim problems in junior / middle and secondary schools," *Educational Research*, 35, pp.3－25.

第 15 章

いじめ防止対策推進法に基づく教育実践

1　いじめ防止対策推進法の成立の背景

「いじめ」の問題は，1980 年代から日本各地で校内暴力をはじめとする問題行動が多発する中で，いじめを苦にした児童生徒の自殺が相次ぎ，社会問題としてクローズアップされた。そして現在においても学校教育現場では重大な課題である。

昭和 61（1986）年度，文部省が「問題行動等生徒指導上の諸問題に関する調査」において，「いじめとは，自分より弱いものに対して一方的に，身体的・心理的な攻撃を継続的に加え，相手が深刻な苦痛を感じているものであって，学校としてその事実を確認しているもの。なお，起こった場所は学校の内外を問わないもの。」とはじめていじめを定義した。また，平成 6（1994）年度から，「個々の行為がいじめに当たるか否かの判断を表面的・形式的に行うことなく，いじめられた児童生徒の立場に立って行うこと。」を追加した。

さらに，平成 18（2006）年度からは，「個々の行為がいじめに当たるか否かの判断は，表面的・形式的に行うことなく，被害児童生徒の立場に立って行うものとする。いじめとは，当該児童生徒が，一定の人間関係のある者から，心理的，物理的な攻撃を受けたことにより，精神的な苦痛を感じているもの。」と改定し，「一度のからかいや悪口，仲間はずれといった行為」であっても，当該児童生徒が精神的な苦痛を感じたものであれば，いじめとして捉え必ず指導するものとした。しかし，いじめ防止の取組を推進するがいじめ事案は減少せず，多くの学校現場で児童生徒がいじめの被害者となっていた。

平成 23（2011）年 10 月，大津市立中学校生徒がいじめを理由に自殺する事件が起こった。発生直後，学校はアンケート調査等を実施したが，いじめと自殺の関係は不明と結論付けた。また，市教育委員会は事実調査を学校任せにし，県教育委員会への報告も行っていなかった。平成 24（2012）年 7 月，新聞各紙において事件のアンケート調査の内容が明らかとなり，学校および市教育委員会の対応について，不徹底な事実解明，主体性の欠如，隠蔽体質等の批判が高まり大きな社会問題となった。

文部科学省は，このいじめ事件を踏まえ，平成 24 年 7 月，いじめによる自殺事案の再発防止に向けて，学校，教育委員会，文部科学省等の関係者が一丸となって取り組んでいくこととし，「子ども安全対策支援室」および「いじめ問題アドバイザーの設置」等，いじめ問題への対応の強化を図った。また，これと並行して，全国の学校や教育委員会等に対し，いじめの実態把握や取組状況に係る緊急調査を実施した。

こういった，いじめ問題に対する機運の高まりの中で，平成 25（2013）年 1 月，安倍内閣により，立ち上げられた「教育再生実行会議」で，いじめ問題を教育再生に向けての緊急の課題と捉え，早急に審議を行い，同年 2 月「いじめの問題等への対応について（第一次提言）」を取りまとめた。提言の中で，道徳教育の教科化，学校，家庭，地域等の責任のある体制の構築，いじめている児童生徒への毅然とした指導等に加え，いじめに対峙していくための基本的な理念を明示し，いじめの予防，早期発見・早期対応の体制整備のために，次のような内容を含む法律制定が必要であるとした。

①いじめの定義を明らかにし，社会総がかりでいじめに対峙していく姿勢
②いじめを絶対に許さず，被害児童生徒を全力で守る大人の責務
③いじめに向き合っていく体制（相談体制，関係機関との連携・協力）の構築
④いじめへの迅速かつ毅然とした対応（いじめの通報，被害者支援，加害者指導等）

平成 25 年 6 月，参議院本会議において「いじめ防止対策推進法」が可決・成立し，平成 25 年 6 月 28 日に「平成 25 年法律第 71 号」として公布された。

いじめの防止について，法律を定めたことは大きな意味を持つと考える。

2　いじめ防止対策推進法の趣旨と特色

いじめ防止対策推進法は，いじめが，被害児童生徒の教育を受ける権利を著しく侵害し，その心身の健全な成長および人格の形成に重大な影響を与え，その生命または身体に重大な危険を生じさせるおそれがあり，いじめの防止対策を総合的・効果的に推進するため，いじめの防止基本理念を定め，国や地方公共団体，学校に「いじめ防止基本方針」の策定を求めている。

また，学校の設置者や学校には，いじめの防止等に関する措置や，重大事態への対処等について規定している。文部科学省は法に基づき，いじめ防止基本方針の策定やいじめ問題に関する対策の総合的な策定と実施についていっそう推進するとしている。

なお，本法律案成立に対し衆参両委員会から，次のような附帯決議が付されている。

①いじめには多様な態様があり，いじめに該当するか否かを判断は「心身の苦痛を感じているもの」と限定しないこと。

②教職員はいじめを受けた児童等を徹底して守り通す責務があり，いじめに係る研修の実施等により資質の向上を図ること。

③いじめの実態把握には必要に応じて質問票の使用や聴取り調査等を行い，早期かつ効果的に発見できるよう留意すること。

④いじめの被害者に寄り添った対策を行うとともに，いじめ防止等について児童等の主体的かつ積極的な参加ができるようにすること。

⑤いじめの防止等のための附属機関その他の組織においては，専門的な知識及び経験を有する第三者等の参加を図り公平性・中立性を確保すること。

⑥いじめを受けた児童等の保護者に対し，必要に応じて適切な情報提供が行う。また，重大事態への対処は，適切かつ真摯に対応すること。

⑦いじめには様々な要因があることに鑑み，第25条の運用に当たり，懲戒を加える際にはこれまでどおり教育的配慮に十分に留意すること。

3　いじめ防止対策推進法の内容のポイント

いじめ防止対策推進法は，いじめの防止等のための対策を総合的かつ効果的に推進しようとするものであり，その内容のポイントは次のとおりである。

①いじめの定義を，「この法律において「いじめ」とは，児童等に対して，当該児童等が在籍する学校に在籍している当該児童等と一定の人的関係にある他の児童等が行う心理的又は物理的な影響を与える行為（インターネットを通じて行われるものを含む。）であって，当該行為の対象となった児童等が心身の苦痛を感じているものをいう。」と改定し，いじめの防止対策に関する基本理念，いじめの禁止，関係者の責務等について定めている。

②いじめ防止基本方針等として，国，地方公共団体，学校の各主体によるいじめ防止基本方針の策定について定め，地方公共団体は，関係機関等の連携を図るため，学校，教育委員会，児童相談所，法務局，警察等の関係者により構成される「いじめ問題対策連絡協議会」を置くことができるとしている。

③学校の設置者と学校が行う基本的施策として，道徳教育の充実，早期発見のための措置，相談体制の整備，インターネットによるいじめ対策の推進等について定め，国と地方公共団体が行うべき基本的施策として，いじめの防止対策への人材確保，調査研究の推進，啓発活動等について定めている。

④学校はいじめの防止等に関する措置を実効的に行うため，複数の教職員，心理，福祉等に関する専門的な知識を有する者等，関係者により構成される組織を置く。

⑤学校が行うべき措置として，いじめの事実確認，被害児童生徒と保護者に対する支援，加害児童生徒に対する指導と保護者に対する助言について定めている。いじめが犯罪行為であると思われるときの警察署との連携や懲戒，出席停止制度の適切な運用等，いじめの防止に関する措置を定めている。

⑥重大事態への対処として，学校の設置者と学校は，被害児童生徒の生命，

心身または財産に重大な被害が生じたと思われる重大事態には，学校の設置者や学校に対策組織を設け，事実関係を明確にするための調査を行う。被害児童生徒と保護者に対し，情報を適切に提供し，地方公共団体の長等への報告，地方公共団体の長等による調査の再調査，その結果を踏まえて必要な措置を行うこと等を定めている。

4　校内研修と教育実践

（1）いじめの未然防止

> **～いじめの問題に対する教職員の基本的な在り方～**
>
> いじめの未然防止及び早期発見，早期対応には，教職員の姿勢や認識などの指導の在り方が重要である。「いじめは絶対に許さない。いじめられている子供を守りきる。」との強い姿勢で日々の教育活動に当たる。また，子供との信頼関係づくりが特に大切であり，教職員の言動がいじめの発端となる場合があることを認識し，常に自覚と責任を持って指導を行うこと。

いじめの防止の基本的な考え方として，「いじめはどの学校にも起こり，どの子供も被害者にも加害者にもなりうる。」という事実を踏まえ，児童生徒をいじめに向かわせないための未然防止の取組がまず必要である。未然防止の基本は，児童生徒が，仲間や教職員と信頼関係を育み，安全・安心な学校生活を送ることができるよう，主体的に様々な場面で活躍できる授業づくりや集団づくり，学校づくりを推進し，集団の一員としての自覚や自信を育み，互いを認め合える人間関係や学校風土を児童生徒自らが作り出していくことである。いわゆる，教師主導の「居場所づくり」と児童生徒主導の「絆づくり」である。

アダプト海浜清掃

マリンスポーツ自然体験

ナイトウオーク鉄人 28km

【実践１：いじめの未然防止】～生徒の自己有用感の育成～

入学式後早々，生徒会主催の新入生歓迎ガイダンスと歓迎遠足を開催し，新入生が学校に早く安心して充実した生活ができるように，授業や学校行事，部活動等をパワーポイントや演劇等で紹介し，ガイダンス後は縦割り集団による班別ウォークラリーやゲーム等の遠足を実施している。新生徒会による「絆づくり」のスタート行事である。

また，体育祭での応援合戦や文化祭での合唱コンクール等で，当日までの準備や練習等を含め，個々の生徒が活躍でき，他者の役に立っていると実感できる取組等により，生徒の活動欲求が満たされ，仲間から認められていると感じることができ，自己有用感が高められている。その際，教職員はもとより，参観の保護者や地域の人々から認められているという思いが得られるように努めている。

いじめのない安全で安心な学校づくりには，教育活動全体を通じた道徳教育や人権教育の充実，ボランティア活動や自然体験活動等の推進により，生徒の社会性を育み，他者の気持ちを共感的に理解できる豊かな情操や互いの人格を尊重する態度を養うことが大切である。特に，生徒をいじめの被害者，加害者や傍観者にもしないために，道徳科でいじめ問題を自らの問題として，考え，議論する授業づくりを積極的に行っている。

いじめ加害の背景には，勉強や人間関係等のストレスが関わっていることを，十分に踏まえ，授業についていけない焦りや劣等感等，過度なストレスとならない，わかりやすい授業づくりや学級や学年，部活動等で一人一人が活躍できる集団づくりを進めている。

また，ストレスを感じた場合，運動やスポーツ等で発散したり，誰かに相談したりするなど，ストレスに対処できる力を育むことも重要である。このようないじめ防止の推進に向け，すべての教職員の共通認識や指導力向上を図るため，いじめの態様や特質，原因・背景，具体的な指導上の留意点など，異動等により教職員間の共通認識が形骸化しないよう，年間計画に位置づけた校内研修を実施している。さらに，そうした未然防止の取組についてマネジメントサイクルによる改善充実を図っている。

特に年度初めは，校内研修で新入生生徒の個々の状況や人間関係（友達関係），家庭状況等について実態把握や共通理解を図る必要があり，特別支援教育（発達障害を含む）の視点での指導方法等，近隣の特別支援学校から講師を招聘し，「通常学級における特別支援教育」に関する研修や国立教育政策研究所作成のいじめ防止研修資料の活用や事例研修会を計画的に実施している。

(2) いじめの早期発見

【実践2：いじめの早期発見】～日々の実態把握の取組とアンケート調査～

日頃から，校長や教職員が全校集会や学級活動などで，「いじめは人間として絶対に許されない。」「いじめられている子供を守りきる。」という雰囲気を校内に醸成するために，具体的ないじめ事例等を共有し，いじめを訴えやすい雰囲気をつくっている。

さらに，いじめの早期発見に，休み時間や放課後の雑談の中で生徒の様子に目を配ったり，教職員と生徒の間で日常行われている生活ノートや日記等を活用して交友関係や悩みを把握したり，個人面談や家庭訪問により早期発見に努めている。なお，年3回アンケート調査や教育相談等により，いじめの実態把握に取り組んでいる。

また，いじめに対する学校の指導方針の周知や積極的に家庭と連携し，いじめ等の訴えが生徒や保護者からあった場合は，謙虚に耳を傾け事実関係の把握を正確かつ迅速に行い，担任等は管理職に報告，連絡，相談を行う。また，学校や保護者用の「いじめチェックシート」等を活用し，生徒および保護者，教職員が，いじめに関して相談できる体制を整え，保健室・相談室の利用や電話相談窓口について周知している。

また，生徒や保護者の悩みを積極的に受け止められているかなど定期的に点検し，集まったいじめに関する情報について，教職員全体で必ず共有している。

いじめチェックシート

いじめ問題の解決には，いじめの兆候を早くつかみ，早く対応することが重要です。きめ細かな実態の把握に努める必要があります。

次のような「**いじめのサイン**」が見られたら，いじめの可能性があります。「**アレ！ いつもと違う？　おかしいな？**」の感覚を大切に！　チェックしましょう。

「いじめのサイン」を見逃すな！　いじめ防止は早期発見・早期対応！

Ⅰ　学校

(1) **登下校時**：①一人で朝早く登校する。②一緒に登下校する友人が変わり手段が変わる。③元気がなく挨拶をしなくなる。④みんなと一緒に帰宅したがらない。⑤靴や傘が隠される。

(2) **朝・帰りの会**：①体調不良（頭痛，腹痛，吐き気等）を訴える。②欠席，遅刻，早退の理由を明確に言わない。③提出物を忘れたり，期限に遅れたりする。④担任より遅れて入室する。⑤表情が暗く元気がない。⑥教職員と視線を合わさないようになる。

(3) **授業中**：①発言すると，嘲笑されたり，はやし立てられたりする。②授業道具等の忘れ物が目立つ。③決められた座席以外に座っている。④一人でじっとしている。⑤教科書，ノート等に落書きが目立つ。⑥発言を強要されたり，個人名が出される。⑦球技の際にパスをされなかったり集中したりする。⑧課題等を代わりにやらされる。⑨特定の児童生徒の机との距離を離す。

(4) **休憩・昼食時・放課後**：①一人でいることが多く，集団での行動を避けるようになる。②給食を一人で食べる。残食する。③お金や物品の受け渡しを行っている。④友達とふざけあっているが表情が暗い。⑤持ち物がなくなる，掲示した作品などにいたずらがある。⑥ノートや学級日誌に何も書かなくなる。⑦特に用事もないのに，教職員の近くから離れようとしない。

Ⅱ　家庭

(1) **態度やしぐさ**：①家族との対話を避けるようになる。②部屋に閉じこもり，家族とも食事をしなくなる。③電子メールをこそこそ見たり，電話が鳴るとおびえたりする。④感情の起伏が激しくなり，物等に八つ当たりする。⑤帰りが遅くなったり，理由を言わず外出をしたりする。
(2) **服装，身体・体調**：①衣服に汚れや破れが見られ，手足や顔等にすり傷や打撲のあとがある。②自分のものではない衣服を着ている。③学校に行きたがらない，通学時間になると身体の具合が悪くなったりする。④食欲不振，不眠を訴える。
(3) **学習**：①学習時間が減ったり，宿題をしなくなったりする。②成績が低下する。
(4) **持ち物，金品**：①家庭から物品やお金がなくなる。あるいは，使途のはっきりしないお金を欲しがる。②持ち物がなくなったり，壊されたり，落書きがある。
(5) **交友関係**：①学校や友達のことを話さなくなる。②不審な電話や発信者の特定できない電子メールがあったりする。③友達の数が減ったり，友達関係が変わる。

(3) いじめの早期対応

いじめの発見や通報を受けた場合には，速やかに組織的に対応し，いじめ被害生徒（以下，被害生徒）を守り通すとともに，教育的配慮の下，毅然とした態度でいじめ加害生徒（以下，加害生徒）を指導する。その際，謝罪や責任を形式的に問うことに主眼を置くのではなく，社会性の向上等，生徒の人格の成長に主眼を置いた指導を行っている。たとえば，遊びや悪ふざけなど，いじめと疑われる行為を発見した場合，その場でまず行為を止めさせる。生徒や保護者からの，いじめの相談や訴えには謙虚に耳を傾け迅速に対応する。

次に，被害生徒やいじめを知らせてきた生徒の安全を確保し，発見・通報を受けた教職員は，いじめ防止対策組織にただちに情報を共有する。

その後，組織として速やかに関係生徒から事情を聴き取り，いじめの事実の有無の確認し，事実確認の結果は市教育委員会に報告するとともに被害・加害生徒の保護者に連絡する。加害生徒へ指導を行うが，解決が困難な場合やいじめが犯罪行為の疑いがあると思われるときは，被害生徒を守り通すという観点から，所轄警察署に相談している。なお，生徒の生命，身体または財産に重大な被害が生じるおそれがあるときは，ただちに所轄警察署に援助を求める。

加害生徒への指導は，「いじめは絶対に許されない行為」であることを心に定着させ，被害者の心の痛みが理解できる思いやりの心を育てる必要がある。そのためにも生徒と正面から向き合い，自らの生き方や思いを重ね，親身になり，本気で語ることで心に響く指導ができている。また，加害生徒が抱える問題など，いじめの背景にも目を向け，当該生徒の安心・安全，健全な人格の発達に配慮し，個人情報の取扱い等には十分に留意して対応を行っていくよう配慮する。

加害生徒の心理的な孤立感・疎外感を与えないよう教育的配慮の下，学校教育法第 11 条や第 35 条に基づく「懲戒」や「出席停止」等の措置も視野に入れ，毅然として対応することとしている。加害生徒が自ら行為の悪質性を理解し，健全な行為がとれるよう保護者の協力を得て，関係機関と連携し対応にあたる。また，教職員の気づいていないところで陰湿ないじめが続くこともあり，指導後も継続して関係した生徒等との面談や家庭訪問を実施している。

(4) いじめの未然防止，早期発見・早期対応についての実践

【実践３：いじめの未然防止】～体験活動と道徳教育の推進～

今回の中学校学習指導要領改訂の道徳教育については，いじめ問題への対応であり，生徒が困難な問題に主体的に対処できる力を育成していくうえで，道徳教育の役割が強く求められたものである。いじめの未然防止には道徳性を高めることが重要であり，学校や学級内の人間関係や教育環境が大きな影響を与える。

学校や学級における人的な環境は主に教師と生徒および生徒相互の関わりにおいて形成され，教室や校舎・校庭などの物的な環境は人的な環境とともに道徳性を養うことに深く関わっている。生徒が学級や学校を安心して学習し生活する大切な場所と自覚できるよう環境整備の推進が重要である。

そこで，教育活動全体において学校の実情や生徒の実態を考慮し，豊かな体験（集団宿泊訓練，職場体験学習，ボランティア活動，自然体験活動，地域の行事参加等）の積み重ねを通して道徳性を養うことに努めている。その際，各体験活動が生徒の道徳性を高めるものとなるよう意図的・計画的に実施している。

アダプト地域清掃①

アダプト地域清掃②

トイレ掃除に学ぶ会

【実践４：いじめの未然防止】～生徒会主催のいじめ撲滅運動～

毎年９月，江田島市では「いじめ撲滅月間」として，市内全小中学校で，児童生徒が主体となっていじめ防止の意識を高め「いじめを生まない学校づくり」の取組を行っている。たとえば，生徒会主催の標語募集コンクールを実施し，学校集会等で紹介し入賞作品を校内掲示する等，児童生徒自らがいじめ問題を自らの問題としてとらえ，主体的にいじめ防止の取組（児童会・生徒会による「いじめ撲滅宣言」や「相談箱設置」など）を推進している。「いじめられる側にも責任がある」「見ているだけなら問題はない」「大人に言う（チクル）のは卑怯だ」などの考え方は誤りであり，少しの嫌がらせや悪戯であっても，繰り返したり，みんなで行ったりすることで，深刻な精神的危害となることやいじめの未然防止の対応などを学習する場となっている。

なお，児童会や生徒会の「いじめ防止」の取組が，教職員からやらされている活動になったり，一部の役員だけが行う活動になったりすることがないよう，全児童生徒がその意義を理解し，主体的に「いじめ撲滅運動」を推進できる活動となるよう教職員は支える役割に徹している。

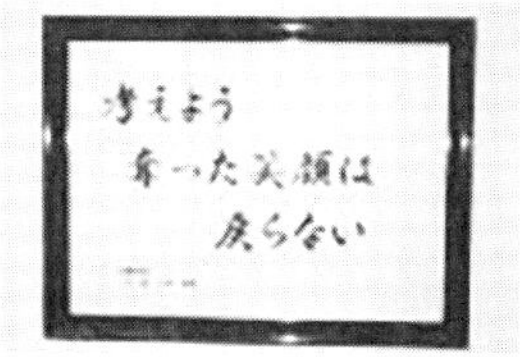

【実践５：いじめの早期対応】～いじめ防止の集団への働きかけ～

年度当初，学級内のいじめ問題が続けて発生しその対応を行う中，加害生徒だけではなく，いじめを見てはやし立てる観衆や見ても知らない振りをする傍観者という３層構造が顕著であり，他の学級の生徒も関わり学年全体の問題となっていることがわかった。いじめ問題の解決には，加害生徒への厳しい指導はもちろんだが，観衆や傍観者もいじめを助長している加害者であることを認識させ，いじめを生まない，いじめを自ら解決しようとする集団づくりを行うことが急務であると考え，学年全体で生徒主体の「いじめ防止推進運動」を実施した。

各学級のリーダーを中心にプロジェクトチームを編成し，学年生徒全員が

「いじめは絶対に許ない」との共通認識を持ち，「①いじめを注意する」「②いじめを先生に相談する」「③いじめられている生徒を仲間で守る」等が実現できる学年集団を目指して，リーダー中心に具体的な方法を考えた。

みんなが協働し，安心して実践できるような学年集団を作ろうとの意見があり，プロジェクトチームで主催した学年集会を開催し，被害生徒や加害生徒，観衆や傍観者の生徒たちが，いじめられたときの辛い思いやいじめた行為についての反省，いじめを見ていた傍観者も自分の問題として捉え，いじめを止めさせることはできなくても誰かに知らせる勇気を持つこと。また，観衆や傍観者も，それらの行為はいじめに加担する行為であったこと等，真剣に意見を述べ合い「学年いじめ根絶宣言」を制定し，いじめを根絶しようという行動（①，②，③）を学年全体で実践することができた。この取組の成功には，日頃から教師と生徒，生徒相互の共感的な人間関係づくりに努め，学年全体で絆づくりを深める取組があったことが基盤であったと考える。

いじめ問題の解決とは，加害生徒による被害生徒に対する謝罪のみではなく，被害生徒と加害生徒や他の生徒との関係の修復を行い，当事者や周りの者全員が好ましい集団活動を取り戻し，すべての生徒が集団の一員として互いを尊重し認め合う人間関係を構築できるような集団づくりを進めることが大切であると考える。

【実践６：いじめの対応と未然防止】～インターネットによるいじめ問題への対応～

生徒へインターネット上で不適切（誹謗中傷）な書き込みがあり，いじめではないかと保護者から相談があった。被害の拡大を避けるため，ただちに削除する措置をとり，プライバシーの侵害等があったためプロバイダに対して速やかに削除を求める措置を行なった。特に被害生徒の生命や財産に重大な被害が生じるおそれはなく警察連携は行わなかったが，加害生徒へは「状況により警察署に通報し援助を求める場合もある」ことも含め指導するにとどめた。

また，学校において情報モラル教育を進めるとともに，保護者にもネットトラブルについての理解を求めている。毎年，7 月，12 月の長期休業前に所轄警察署生活安全課から講師を招聘し，ネットトラブル防止を含めた非行防止についての「防犯教室」を開催している。トラブル経験のある生徒には有効であるが，個人差があり継続した取組が必要である。また，PTA による「ネットいじめの防止」について，家庭と学校が連携して取り組んでいる。

【実践 7：所轄警察との連携による対応】～被害生徒と保護者への支援～

生徒の保護者から担任へ，学校で他の生徒からいじめ（暴力）を受けているとの連絡があり，被害生徒から事実関係の聴取を行う際に，当該生徒に「あなたが悪いのではない」ことをはっきりと伝えるなど，被害生徒の自尊感情を高めるよう留意し，生徒の個人情報等，プライバシー保護には十分に留意して対応した。家庭訪問により，その日のうちに迅速に保護者に事実関係を伝え，被害生徒や保護者を徹底して守り通すことや秘密を守ることを伝え，不安を除去するとともに，複数の教職員で当該生徒の安全を確保し，生徒にとって信頼できる教職員（スクール・カウンセラーを含む），関係機関や地域の人と連携し被害生徒に寄り添い支える体制をつくった。また，内容が悪質なものであり保護者と連携し所轄警察署に相談する等，積極的に警察連携を行った。

また，加害生徒からは事情聴取を行い，いじめの事実を確認し複数の教職員が連携し，福祉関係や警察署などの協力を得て対応するとともに再発を防止する措置を行った。また，状況を被害保護者に説明し理解や納得を得て「懲戒」と特別な指導により対応した。

学校と両保護者が連携して以後の対応を行えるよう協力を求めるとともに，保護者に対して継続的な助言を行った。加害生徒への指導にあたっては，いじめは人格を傷つけ，生命，身体を脅かす行為であることを理解させ，自らの行為の責任を自覚させた。

学校では，これまで様々な問題行動が発生しても学校と関係保護者等で協議し対応することが多く，問題の解決に困難な状況も見られることもあった。本事案では警察連携を積極的に行い，学校での加害生徒への懲戒と特別指導で対応した。しかし，このことで関係生徒はもとより他の生徒にも，いじめ（暴力）は決して許されない行為であり，学校で起こったことでも社会的に認められないものであり，警察事案となるとの認識が深まり，いじめの問題のみならず他の問題行動の抑制にも効果があった。

①教職員の「いじめられる側にも問題がある」という認識や発言は，加害生徒や，観衆や傍観者を容認することになり，被害生徒を孤立させ，いじめを深刻化させる。対応には細心の注意を払い，迅速に行う必要がある。
②いじめ対応は，学校全体で情報を共有化し，共通理解と役割分担を明確にして組織的な対応を行う。事実関係の把握は当事者だけでなく，保護者や友人関係等から正確かつ迅速な情報収集を行う。
③学校だけで問題を解決できないこともあり，状況に応じて福祉関係や警察署等，関係機関との連携を積極的に行うことが解決には有効である。

【実践８：生徒会行事での対応】～学級集団の絆づくりを通して～

３年生になって転校してきた生徒が，なかなか新しい学級になじめず人間関係づくりで苦慮しており，担任と保護者が緊密な連携を行い，スクール・カウンセラーが生徒と面談をする中で当該生徒が幼少期から書道塾に継続して通っており，書道がかなり得意なことがわかり，急遽ではあったが担任や関係教職員と生徒会で協議し，文化祭当日，学級の仲間たちと一緒に「書道パフォーマンス」を実施した。仲間の温かい関わり合いを通して，生徒は自己有用感を感じ，生徒や保護者，地域の人からも高い評価を得て，学級生徒の絆づくりがいじめによる心の傷を癒し，その後，充実した学校生活を送ることができた。担任や学年教師の理解と生徒の自治的な取組の成果であった。

（小野藤　訓）

〈参考文献〉
文部科学省（1997）「学校におけるいじめ問題に関する基本認識と取組のポイント」。
教育再生実行会議（2013）「いじめ問題等の対応について」（第一次提言）。
文部科学省（2013）「いじめ防止等のための基本的な方針」。
文部科学省（2013）衆議院文部科学委員会「いじめ防止対策推進法案に対す附帯決議」。
文部科学省（2013）参議院文教科学委員会「いじめ防止対策推進法案に対す附帯決議」。
小林美津子（2013）「いじめ防止対策推進法の成立」立法と調査。
国立教育政策研究所（2015）いじめの未然防止Ⅰ・Ⅱ。
広島県教育委員会（2019）平成31年度広島県教育資料。

第16章

いじめと倫理学

1　いじめをめぐる教育状況と倫理学

今日,「認知に偏った抽象的な教育」と「〈らしさ〉を抑圧する環境」が,子どもの知（思考）と感情・意志・身体・モラル・自我とを分離させ,彼らから「生」の実感を奪いつつある。われわれがよく耳にする「スチューデント・アパシー」(青年期に生じる無気力・無感動・無関心),「自己肯定感・自己有用感の喪失」,そして〈キレる〉〈とじこもる〉〈荒れる〉といった「学校病理」はどれもそうした主知主義による分離と自我の抑圧の結果として現れる。本来ならば,自然な活力を有する一人ひとりの「生」が,この状況の中で〈弱まり〉〈ゆがみ〉〈攻撃性〉を表出していく。本書が取り上げる〈いじめ〉もまたこうした「生」をめぐる状況と深く関わる。

では,このような状況に対して倫理学はどのように関わることができるのだろうか。倫理学は,元来,われわれにとっての善や真や美を追求し,在り方・生き方の問題として考えてきた。ただ,そこで議論される善や知の解釈は多様な形をとる。たとえば,「人はより善くなりうるか」という問いを広く投げかけてみる。教育に携わる人の多くは,「教育は人格の完成をめざす」(教育基本法第1条：教育の目的）ものと考え,発展的な価値のヒエラルキーを想定して教育実践にあたっている。だが,このような立場に立つ各人の見解を掘り下げてみていくと,善や知の捉え方にずいぶん開きがあることがわかる。

具体的にそれらの見解は次頁の図1のように,善を,個人や時代・状況

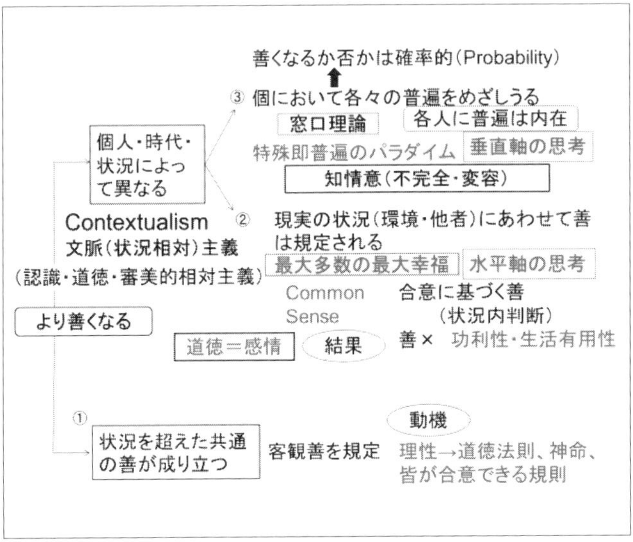

図１　善についての様々な見解

によって相対的とする立場と，絶対的で客観的なものと見る立場とに分岐する。

後者を支持する人は，①普遍的な善は不完全なわれわれの現象世界にはなく叡智界に属するという普遍外在論の立場（プラトン的なイデア論，カントの道徳法則，正義論，神命説など）を採る（図１の一番下の枝項目）。ここでの道徳は，普遍領域からの命令や要請に対して理性的に従うことが是とされる。そこにおいては善であろうとする意志や動機が重視され，非合理とされるわれわれの感情を通しては道徳に至ることはできないと考えられる。ただ，こうした個別の感情や見方を顧慮しない客観道徳には欠陥もある。というのは，多様な成長を遂げる個人や文化や国家を配慮せず頭越しに客観道徳が強要されるとき，様々な次元で苛烈な反応と負の連鎖を引き起こすからである。事実，われわれは，押しつけ道徳に対して青少年が反抗する姿を，自国の歩みを無視した他国による正義の強要に対して原理主義者たちが命がけで際限のないテロを繰り返す歴史を目の当たりにする。

一方，こうした客観主義道徳に対して，認識・道徳・審美に関する相対主義を踏まえる前者の見方がある。この立場は二つに分かれる。

一つは，図１の②に示したように，相対的現実の中，社会全体の功利性や生活有用性を追求していく立場（功利主義やプラグマティズム）である。そこでの道徳は，コモンセンスを拠り所とする民主的手続きによって「最大多数の最大幸福」が実現できたか否かの結果を重視する（誰もがわかる「一般」としての解を現象界で追求する意味で，この立場を「水平軸の思考（見方）」と呼びたい）。ここでは道徳は感情に基づくと考えられ，個々人の感情を超えた普遍的な道徳は想定されない。ただし，この立場も万全ではなく，ナチズムが民主的な手続きによって台頭し，アメリカ南部では黒人を奴隷とすることが決められた歴史を踏まえる必要がある。倫理学的には，T. H. グリーンや西晋一郎が指摘するように，この見方では，望まれるもの(desired)としての現実と望ましもの（desirable）としての理想とが混在したまま多数決がなされる点に問題がある[1]。アリストテレスの言う「民主政治の衆愚政治への転化」はこのシステムのもとでは容易に見出しうる。

いま一つは，図１の③に示した，不完全で特殊相対的な個を窓口として，その特殊性を維持したまま主体変容によって普遍へと近づきうるとするアリストテレス的な普遍内在論に立つ見方である（普遍外在論と兼ねるプロティノス的見方を含む。内観の先に人格の向上を見る意味で「垂直軸の思考（見方）」と呼びたい）。この見方は，内観に基づく理解に妥当性を依拠するため，普遍へと至るプロセスが一般化・可視化しにくいことに難点がある。しかも，この立場が採るホリズム的世界観が，戦時中，闘争的排他的ナショナリズムに支持されたことなどから，現代の科学的思考になじまないと見られがちである。

では，以上に見た思考パターンは，道徳の議論においてどのように理解されているのだろうか。実は，一般に道徳を議論する際，このような根本的な立場の違いにもかかわらず，各自の見解の相違や理論の分岐点についてはほとんど確認されない。各人が各々の立場から主張を続け，かみあわない不毛な議論に終始する光景を見かける。こうした状況の中，本章では冒頭で示したように，認知や理性を偏重する道徳に弊害を見，その克服のための道を提示することを課題とする。それゆえ，認知主義道徳とは別の道を採り，未吟味なまま戦後封印された③の立場（「垂直軸の思考」）に焦点を当て，その有効性を示唆してみたい。では，まず，この「垂直軸の思考」が有する非排他的性質と哲学的・道徳的意義について確認しておこう。

この「垂直軸の思考」は，不完全な個が自らを窓口とする内観を通して，とらわれを去ることで宇宙の根源である普遍と即応できると考える（特殊即普遍のパラダイム）。そして，そうした不完全さの自覚（無知の知）の先に「汝自身を知れ」の自知運動に身を置くことで，知情意・身体・行為・徳がそれぞれに高まりを見せる。この自我を軸とした総合的な主体変容は，個別具体的な生でもって普遍に貫入するという意味で，客観的・絶対的な「一般としての普遍」と区別して，「具体的普遍（die Konkrete Allgemeinheit）」と称される。この理論では，個人や国家は特殊性を維持しつつ具体的普遍を目指すため，そこで構想される社会は，権力が個を飲み込む全体主義と違い，「多様性」と「共生」を兼ね備えた特殊共存社会となる。それゆえ，この「垂直軸の思考」は，同質化のために異質な者を排除する闘争的排他主義とは相容れない。まずはこの点の理解が不可欠となる。

次にこの立場の哲学的・倫理学的な位置付けについて見ていこう。このような見方は，西洋では，プロティノス思想，イスラム哲学（イスラム哲学では普遍（リアリティ：真実在）には，客観的普遍「マーヒーヤ（māhīyah）」と具体特殊な普遍「フウィーヤ（huwīyah）」とがあることは自明である），キリスト教神秘主義，ドイツ観念論のヘーゲル，新カント派や現象学派の一部，生の哲学を展開するニーチェやベルクソンら，そして教育学では精神科学に立つシュタイナー，モンテッソーリ，フリットナーなどに見られる。一方，東洋では仏教思想（密教や禅など），道教，老荘思想に表れ，日本では近現代の代表的な思想家である西田幾多郎，和辻哲郎，西晋一郎，井筒俊彦，中村雄二郎らが，教育学者では谷本富，入澤宗壽，隈本有尚らがこの立場に依拠して理論を構築している。

ただ残念ながら，現実には，近代西欧思想（自然科学・功利主義・唯物論など）の弊害克服を目指した日本思想の戦前までの蓄積は，個を包摂する全体観的な構造に対する疑義や批判ゆえ，第二次世界大戦後，意図的・無意図的に封印されていく。戦後の道徳教育の理論や実践も同様の立場から西欧思想に傾斜していく。しかし，今日，あらゆる領域で，西欧近代知の問題性が表面化し，教育学研究でもその克服が積極的に目指されている[2]。教育実践においても，わが国では「生きる力」の育成が，世界的には「コンピテンシー」という能力指標が，教育の根本方針に置かれ，一面的な知育偏重を克服し，「知情意・徳・体」の総合力を育むことがうたわれ始めている。

以下では，今日的な研究動向を踏まえ，いじめ問題の克服にここで示す「垂直軸の思考」がどう関わるのかについて解説してみたい。具体的には，**2**と**3**で，いじめ問題の背景にある認知主義道徳や〈らしさ〉を抑圧する教育環境の弊害について概観したうえで，**4**において，「垂直軸の思考」に基づく教育の有効性について言及してみたい。

2 いじめる子の〈心の歪み〉
――「よい子」が抱える問題――

われわれは近年の凄惨な青少年事件を振り返るとき，そこにいくつかの共通点を見出すことができる。たとえば，事件を引き起こす子どもにはいわゆる「よい子」が多いこと，しかも彼らの「屈折した攻撃性」と「現実と虚構の混在した心の有り様」は，彼らが依存するンターネットなどの現代メディアと深い関わりを有することなどである。以下，まず，「よい子」によるいじめの背景について説明してみよう。

いじめの第一義的な原因は，直接的に関与する加担者・強化者であるいじめる子の〈心の歪み〉にある。さらに，いじめの傍観者もまた，個別であれ集団であれ，ある種の〈心の歪み〉を持つといえる。とりわけ，いじめる側の〈歪み〉の発露は，教育に携わる者の多くが考えるように，表面的には学校でのできごとが引き金となるが，その衝動の形成要因は，家庭の生育環境（親子関係）の下での自我（その子らしさ）の抑圧にある。未成熟で不健全な親を介して，その親から子どもへ，さらにその子どもへというように，世代間で虐待やネグレクトが連鎖していくことは広く知られている。そのような子どもたちはその満たされない衝動を，周囲の愛や信頼によって自我が満たされるまで，いじめ，暴力，不登校などの形で表に向け続ける。

だが，近年目立つ〈心の歪み〉の原因は，そうした育児放棄の果てに表れるものではなく，逆に，教育に高い関心を示す親による「子どもへの過剰な知的成果の期待」に伴う自我の抑圧といえる。この場合，子どもは抑圧状態にあるにもかかわらず，けなげに親の期待に応えようと「よい子」を装い続ける。ここには，子どもの内奥に発する主体的な意志は働かない。彼らは期待の中で〈らしさ〉を押し殺し「いやいや」行う。そして，その状態が続けば続くほど無意識下に〈歪み〉が生じ，「生きる力」は失われていく。その結果，自我が本格的に活性化する青年期に至り，無意識下の抑圧が形を変え表に吹き出し暴発することになる。それが，理性の抑制がきかない，青年期の〈キレる〉〈荒れる〉といった病理行動であり，こうした心がいじめを生む一つの背景となっている。

このような「よい子」(あるいは「普通の子」)における〈心の歪み〉は，様々な統計データからも裏付けられる。『文部科学白書』(2001 年) の「最近の少年非行の特徴」(第一部第 2 章第 1 節 3) には，現在の少年非行の特色として，凶悪犯で検挙された少年のうち過去に非行歴のない者が全体の半数を占めるなど従来のパターンと異なってきていることや，一見おとなしく目立たない「普通の子」が内面に不満やストレスを抱え，それが何らかの要因によってそれが爆発して起こる「いきなり型」の非行が増加していることが報告されている[3]。中高生のイライラなどの病理症状を調べた NHK 調査 (2003 年) でも，「よくある」という層に限定してみた場合，集計時の 20 年前のデータと比べてすべて増加し，その割合は全体の 1 割前後に達していることが分かる[4]。しかも，そうした病理状態が私立の中高一貫校など進学校の生徒において顕著となっているというレポートは，『文部科学省白書』の説明と同様，非行歴のない「よい子」「普通の子」のストレスとのかかわりをうかがい知ることができる。

3　傍観者の増加と現代メディアとの関係

ここでは，いじめ問題に関わる〈心の歪み〉と傍観者の背景について，日本人の特性ならびに現代メディアの観点から考えてみよう。

前掲の NHK 調査によれば，子どもたちが他者との関係において，他人を配慮し歩調を合わせる「協調型」よりも，他人がどう言おうが自分が思ったことは主張する責任を伴わない「自己主張型」が 1980 年以降増加していったとされる。このことは，日米中韓の高校生を対象とした『高校生の生活と意識に関する調査』(2003 年) からも裏付けられる。この調査結果によれば，米・中・韓の生徒がリーダーシップの条件に「責任感が強い」ことを第一とするのに対し，日本の高校生は責任感をそれほど重視せず，「はっきり自分の意見を言う」という権利主張の側面を強調するという[5]。これらは，自分の権利や他人の責任には敏感だが，自らが負う責任にはルーズとされる若者評を一面で裏付ける結果となっている。この他にも，幼児のように何でも自分の思うようにできないと気がすまない青年，阻止されたり批判されたりすることに耐えられない青少年，自己を律する内的な規範を築けていない若者たちの増加が指摘された（日本青少年研究所 2003）。

しかし，2003年を境に，これまで続いた「自己主張型」が減り，再び「協調型」が増加していく（「協調型」の割合（2002年→2012年）：中学51.7%から61.1%へ，高校46.1%から62.8%へ大幅増加）。一方，2013年版のNHK調査[6]によれば，いじめに直面した際，中高生の約半数にあたる者が「何もしなかった（傍観者であった）」（中学生48%，高校生49%）と回答している。被害者の周囲にいる多くの者たちが「見て見ぬふり」をする（傍観者となる）。この事態は被害者のSOSを見えにくくし，いじめ問題解決の困難さにつながる。こうした傍観者の多さと，青少年に見られる「自己主張型」から多数にあわせる「協調型」への移行は原因をともにしていることが予想される。

この数値の奥にある意味や社会背景について考えてみよう。一見，「協調型」の増加は，周りを思いやる中高生が増えたように見える。しかし，その背景は社会環境の変化と関わりを持つ。すなわち，この結果は，インターネットへの子どもたちのアクセスが容易に密になってきたことと関係する。子どもたちはインターネット（SNSなど）を通じていつでもどこでも頻繁に友達とやりとりができるようになった。だが，そのことは同時に，彼らが関わるサイバー空間において，よい評価に加え，心の闇や攻撃性さえも瞬時に拡散していくことをも意味する。つねに現実の自己がネットの〈網の目〉に位置づき，〈評価と監視の目〉にさらされる。このことが，もともと欧米諸国に比して他者の目を気にする日本文化において特殊な反応（自己防衛のための同調志向）を引き起こすことになる。子どもたちはSNSなどを通じて自己の評価を保ちつつ，自分が即座に標的になることを回避するために〈過敏に空気を読み〉〈仲間はずれから身を守る〉のである。だが，このような〈自己保存のために保たれる危ういバランス関係〉は決して健全とはいいがたい。われわれはメディア・リテラシー教育を通して，モラルに貫かれた深く安定した関係に変えていくことが喫緊の課題といえる。

加えて，子どもをめぐる昨今の情報環境を考えるとき，われわれはその影響と教育上の配慮を学問的に検討しておく必要がある。インターネット環境（映像・ゲーム）の普及は，全般に子どものバーチャルリアリティ体験を増加させ，とりわけ，携帯電話やSNSの利用は，非身体的なコミュニケーション状況（対面して「体全体で雰囲気を察する」という経験の欠如）を広く作り出している。その結果，子どもたちのあらゆる経験が体から乖離していく傾向にある。身体は，われわれの「生きている実感（自分も他人も）」と深く結びついており，心身の乖離は，子どもの「空虚感」や「生の実感のなさ」を生む土壌となっている。したがって，いじめに関わる〈心の歪み〉の観点からも，今日，その緊要性と早期教育化が叫ばれるメディア・リテラシーの健全な育成方法が模索されねばならない。

4　思考・感情・意志・身体・道徳をつなぐ発達論
――「生きる力」の回復に向けて――

ここまで近年の青少年に表れる〈心の荒れ〉が，「認知に偏った抽象的な教育」と「〈らしさ〉を抑圧する環境」にあることを見てきた。以下では，認知主義的な道徳の問題性を踏まえたうえで，知情意の哲学的考察を通して，〈らしさ〉に貫かれた「生きる力」回復の図式を提示してみたい。

（1）認知主義的な道徳の問題性

2で考察した，〈らしさ〉を抑え周囲の期待に応える「よい子」は，道徳においてどのような位置にあるといえるのだろうか。それは，主知主義的な道徳の授業に見て取れる。その授業において知的に取り組むことを期待され，それに応えようとする子どもたちは，道徳の葛藤状況を主体的な出来事と関連させて「考え」，教師が導こうとする道徳上の価値を自ら予想し，在るべき価値を「判断する」ことに努める。ところが，頭で判断できることと，徳を身につけ道徳的に振る舞えることの間には質的な落差がある。本来は，冒頭の倫理学の説明で述べたように，「知ること」「感じること」「意志すること」「行為すること」「道徳的であること」は一つになって初めて人格的な高まりといえる。

元来，「生きる力」の育成は，頭（記憶・認知レベル）に偏り過ぎた知を，意志や感情，さらには身体や道徳性にまで浸透する「学び」に変えていこうとする国家的な教育指針として示された。しかし，いじめ問題などを契機に「道徳の教科化」（2018年度～）が成立した今も，読み物教材に登場する人物の心情理解にのみ終始するか，主体的に考え・判断することのみに比重を置く認知主義的な道徳が広がりを見せている。

しかし，指摘したように，こうした認知主義的な道徳を通して頭で理解した徳と「生きる力」として身につく内発的な〈血肉化した知や徳〉とは別物である。なぜならば，「生きる力としてのモラル」は，心的作用である思考・感情・意志を通して，人間存在全体にしみ込み，習慣化・身体化され，行為へと結びつかねばならないからである。では，「垂直軸の見方」に照らすとき，思考と感情や意志は「生きる力の育成」においていかなる意義をもって位置付けられるのだろうか。

(2) 知情意の哲学的考察と〈らしさ〉に貫かれた「生きる力」回復の図式[7]

心的作用は，古代より，思考・感情・意志の三つに分類され，それぞれ特有の身体的連関を有するものと考えられた。

まず，意志は，四肢の活動や行為，そして興味・関心から希望を経て最終的に青年期に道徳的な決意（善意志）へと高まりを見せる。発達論的には，幼児期（0－7歳）は身体的・意志的な存在であり，この時期に興味に基づく意志の教育が施されることが望まれる。この段階では，思考や感情はまだ身体に付随して反応し，本来，自律性はなく，学びは，ファンタジーや対象への没入体験を通して，「精神的なものを内的に身体で模写」する仕方で行われることがふさわしい。加えて，この時期の子どもは，共感的な意志や感情に支えられることで，「世界における善」や「存在への信頼」を感じとることができる。

次に，感情は，共振する形であらゆるリズム的なものに結びつき，呼吸－血液循環組織（胸）を介して，意志ほど直接的ではないが行為に影響を与える。とりわけ，児童期（7～14歳）は，呼吸－血液循環組織（リズム組織）が発達し，それと呼応するように外界に向けた共感・反感の心的活動も活発化する。感情作用の大きな役割は，われわれの思考や意志に働きかけ，「温かく生き生きとした力」を活性化させ，それぞれの上に刻むことにある。たとえば，意志は，普通の生活の中では「意欲しつつもその弱さから行為に移せない」ように，多くは単なる思いにとどまり，流れ去ることになるが，熱情や愛情から発せられた場合は，行為にまで高まっていく。そのため，この時期は，子どもたちには，豊かな感情に根ざした教育が有効であり，こうした営みを通して子どもたちは「世界は美しい」という根本感情を醸成していく。さらに，青年期には自己顕示（優越感）やその反作用としての自己嫌悪（劣等感・自己否定感），さらには強い異性愛という形で示される一方，献身的で普遍的な愛への目覚めという形でも表れる。

最後に，思考が児童期に入り，解放され始める。思考は大きく二つの方向性を持つ。一つは，事物の対象化を可能にする抽象的で操作的な表象作用であり，それは，身体的には神経感覚組織（頭）と関わり，感覚的に可視化した知（似像としての世界内容）を手に入れる一方，付随する神経への過剰な刺激によって目に見えない反感を助長する。いま一つは，意志とイマジネーションを伴う内観に根ざした創造的共感的な思考である。この内発的な共感的思考によって，われわれは意志と感情を伴って事物に沈潜し，生き生きとした個別具体的な表象を描くことができる。ただし，児童期にはまだ抽象的な思考をするには自我が十分に発達しておらず，この時期における「思考の解放」とは具象的な思考が自律性を持つことを意味する。この点を配慮することなく抽象的知育を進めた場合，頭だけの理解にとどまり，知と行為・知と存在・知と徳の分離が生じ，その結果，冒頭で示した学校病理や心身の不調和がもたらされることになる。青年期（14～20歳）に入って初めて自我は外界への依存を超えて自律的な成長を深め，抽象的論理的な思考操作が自然な形で可能となる。そこに至り，青年は世界の真理を予感しつつ知を熱望していくことになる（「世界は真理である」との自覚へ）。

青年期以降展開される，偏見を取り去った内発的な創造的思考と徹底した観察に基づく客観的思考との総合（メタ認知的な内観的思考）こそがこの時期の真の認識の在り方で，その営みを通して，われわれは真の原像としての世界内容に近づきうる。そして，このようなとらわれのない思考に加え，意志もまた私欲のない道徳的な決意へ，感情は利己性を排除した献身的な愛へと向かい，そこに至り思考・感情・意志は自我（自分らしさ）を軸に人格の完成へと昇華していく。これが「具体的普遍（特殊即普遍）のパラダイム」に基づくホリスティックな主体変容による自由獲得の図式（図2）である。

しかし，近現代の主知主義的教育は論理的思考の育成を急ぐあまり，意志と感情を含めた心身のホリスティックな理解に至っていない。そうした偏った対象的思考の結果，子どもたちは，反感・批判・分析の力を増長させるが，その一方で，自己と世界との生き生きとした密なる結びつきを弱め，「自己の行為に対する誠実な責任」や「異質な他者への共感や寛容の精神」，そし

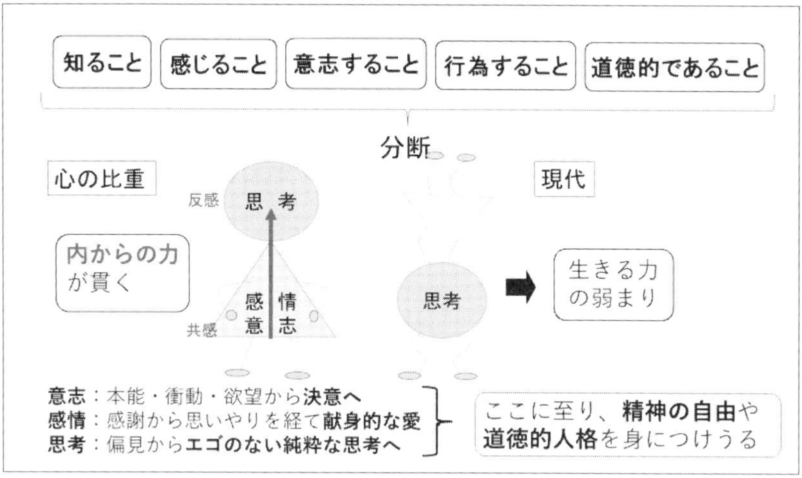

図２　ホリスティックな主体変容による自由獲得

て「思いやりや勇気といった徳」を身につける機会を失うことになる。そこに,「狭い利己性に由来する排他的ないじめ」や「自己責任を伴わない保身的な傍観者」が生まれるのである。

以上のことを踏まえた場合,「垂直軸的な見方」に基づく道徳（生きる力の育成）アプローチは，いじめの原因とみられる分断された知・情・意・身体・モラルを自我の元に総合し，本来的な生や精神を回復する有効な教育理論として期待できるのである。

5　おわりに

自然科学的・功利主義的な「水平軸の思考」が西欧社会に浸透していく頃に，知の在り方が生の哲学によって問われたように，現在，急激な科学技術の発展に伴い，再び「生」を根源的な意味で問い直さなければならない時期に来ている。

わが国の教育が掲げる「生きる力」は，英語では“a Zest for Living”と訳される。つまり，個々人の内から発せられる具体的な「生きるための熱意(Zest)」こそが，わが国が目指す教育理念＝「知・徳・体の総合的育成」を支える。それゆえ，知の時代に分離が進む〈知と存在〉〈知と行為〉〈知と徳〉

〈心と体〉〈特殊と普遍〉〈主観と客観〉を，内奥の〈生き生きとした熱い意欲〉から架橋していくことが期待されるのである。

加えて，教育について考える際，こうした一元的でホリスティックな生の総合運動の先に，学問の究極の目的である「人格の高まり」が設定されなければならない。「一般」としての解を追求する自然科学によっては到達できないこの個々人の具体的な生の意義と人格の高進こそが「垂直軸の思考」に基づく道徳教育の役割となる。最後に，そのことを示唆するR. シュタイナーの言葉を挙げて稿を閉じたい。

> あらゆる学問・科学（Wissenschaft）の究極目的は，人間の人格における存在価値を高進せしめることにある。(……) 諸学の成果から見通せる人間の意義を哲学的に説明することによって初めて諸（科）学に本当の価値が授けられるのである[8]。

（衛藤　吉則）

〈注〉

（1）衛藤吉則（2018）『西晋一郎の思想――広島から「平和・和解」を問う』広島大学出版会，pp.19－20.

（2）戦前と戦後の教育哲学のアイデンティティを問う研究としては，教育哲学編（2008）『教育哲学研究』97号，pp.151－175があり，近代知の弊害を教育哲学の立場から問うた研究としては，衛藤吉則（2019）「新たなるWissenschaft（科学・学問・知識）論に基づく「術としての教育」の構造と可能性」『教育哲学研究』120号，pp.1－19，p.205がある。

（3）http://www.mext.go.jp/b_menu/hakusho/html/hpab200101/hpab200101_2_024.html　20019年9月29日閲覧。

（4）NHK放送文化研究所編（2003）『NHK　中学生・高校生の生活と意識調査』参照。

（5）日本青少年研究所編（2003）『高校生の生活と意識に関する調査（日米中韓比較）』http://www1.odn.ne.jp/youth-study/reseach/index.html「単純集計結果」参照。

（6）NHK放送文化研究所編（2013）『中学生・高校生の生活と意識調査』NHK出版　pp.38－40.

（7）衛藤吉則（2018）『シュタイナー教育思想の再構築――その学問としての妥当性を問う』ナカニシヤ出版。

（8）Steiner, Rudolf（1892）, *Wahrheit und Wissenschaft*, Dornach, S.13.

第 17 章

いじめに関する実証研究の到達点

――いじめ加害の深層を考える

学校におけるいじめが社会的な問題として認識され始めたのは古く，1970年代の北欧に遡る。日本における「いじめ問題」は，校内暴力が沈静化する1980年代後半，それと入れ替わるように顕在化した。いじめが行き過ぎた管理教育，あるいは大学受験を頂点とした熾烈な学力競争の帰結なのか，そうした因果論は他に譲り，この章では，学校いじめ（school bullying）に関する研究のうち，諸外国における理論ならびに実証研究に焦点を絞り，これまでの到達点を整理する。そのうえで政策提言に必要な最新の視点を紹介する。

1　いじめ防止プログラムに関する研究の到達点と理論

これまでのところ，日本の学校におけるいじめ研究は教育学や心理学が牽引し，発展を遂げてきた。しかし，その多くが個人や少人数グループを対象とした観察記録や聞き取り調査であり，政策提言に結びつく定量分析はほとんどないといってよい。定量分析に耐えるデータの収集や公開が進んでないことがその理由である。一方でヨーロッパやアメリカ，オーストラリアといった主要先進国では，世界保健機構 WHO や政府，公的機関等による児童生徒へのアンケート調査が精力的に進められ，それらのデータを用いたいじめの要因分析や幸福度への影響など，ミクロ的アプローチによる実証研究も盛んである。近年では，そうしたミクロの視座に立つ研究のほか，いじめ防止プログラムが果たしてそれなりの効果を挙げているのか，といったマクロ的アプローチによる検証が高い社会的関心を集めている。中でも Farrington and

Ttofi（2009）を嚆矢とするメタ・アナリシスは，複数の研究について統計的処理を行うことで，その効果を定量化しており，研究手法として最も信頼性が高いものである。本章では，主ないじめ防止プログラムの概要と，その効果を検証した研究を整理し，いじめ理論の到達点を示す。

Smith et al.（2004）によれば，いじめプログラムのタイプは，「個人レベルでの取り組み（individual)」と，「全校的な取り組み（whole school approach)」に大別できる。「個人レベルでの取り組み」では，児童生徒，教師，保護者のそれぞれがいじめを自覚的に捉えることにより，問題の緩和や軽減を図る。具体的には，児童生徒が被害を発信することの重要性を学び，トレーニングや話し合い通して感情のコントロールや社会性を養成する。また，教師や保護者への徹底したいじめ防止プログラムの周知も重要なもう一つの柱である。一方，「全校的取り組み」が前提とするのは，いじめは組織的な問題であるというコンセプトである。教師と保護者の問題意識を高めるとともに，いじめの実態を把握するアンケート調査，ホットラインの設置，教員による休み時間の監督，クラスルームでの話し合いなど多種多様な実践プログラムにより構成されている。「個人レベル」での取り組みに主眼を置く代表的なものとしては，ステップ・トゥ・リスペクト・プログラム（Step to respect program）[1] ならびにいじめ傍観者に働きかけるキヴァプログラム[2]（KiVa Anti-Bullying Program)，「全校的な取り組み」の代表例としては，オルヴェウスいじめ防止プログラム（Olweus Bullying Prevention Program : OBPP）が挙げられる[3]。これらいじめ被害・加害の減少を目的としたプログラムの効果については，一定の効果をあげているとするもの（Farrington and Ttofi 2009)，国や地域，プログラムにより効果は異なるとするもの（Evans et al. 2014 ; Ellis et al. 2015 ; Jiménez-Barbero et al. 2016)，否定的なもの（Ferguson et al. 2007 ; Merrell et al. 2008）など混在しており，これまでのところ統一した見解は得られていない。そこで，本節ではGaffney et al.（2019）による最新の結果をもとに，論点を整理する。**表１**にプログラムに関するメタ・アナリシスの結果を，**表２**に代表的なプログラムの概要を示した。

Gaffney et al.（2019）では，メタ・アナリシスの標準的な方法を用いて分析している。オッズ比が１より大きく，かつ信頼区間の下限が１よりも大きい場合はプログラムの効果があったことを示す。**表１**より，いじめ被害に関するプログラムの効果をみると，ノー・トラップ（No Trap！）で最も高

表 1　代表的ないじめ対策プログラム

	いじめ加害				いじめ被害		
プログラム（n）	オッズ比	95% CI	p	プログラム（n）	オッズ比	95% CI	p
BPYS（2）	1.07	0.95–1.19	0.14	BPYS（3）	1.35	1.19–1.53	< 0.001*
Fairplayer. manual（2）	0.85	0.49–1.44	0.27				
KiVa（6）	1.14	1.08–1.22	< 0.001**	KiVa（6）	1.16	1.04–1.30	0.01*
NoTrap！（4）	1.38	0.76–2.48	0.27	NoTrap！（4）	1.84	1.15–2.93	0.01*
OBPP：Overall（12）	1.49	1.38–1.62	< 0.001**	OBPP：Overall（12）	1.26	1.16–1.38	< 0.001**
OBPP：Norway（5）	1.75	1.69–1.81	< 0.001**	OBPP：Norway（5）	1.57	1.39–1.76	< 0.001**
OBPP：USA（6）	1.47	1.37–1.58	< 0.001**	OBPP：USA（6）	1.17	1.12–1.23	< 0.001**
Second Step（3）	1.1	1.03–1.18	0.05	Second Step（3）	0.81	0.67–0.98	0.03*
Steps to Respect（2）	1.16	1.11–1.22	< 0.001**	Steps to Respect（2）	1.19	1.12–1.27	< 0.001**
ViSC（5）	0.95	0.73–1.24	0.72	ViSC（5）	0.95	0.64–1.43	0.81

$^{*}p < 0.05$ level; $^{**}p < 0.001$
（注）BPYS：the Bullying Proofing Your School Program. カッコ内は論文数。

表 2　代表的なプログラムの構成要素

介入プログラム名	KiVa	OBPP	NoTrap!	ViSC
	KiVa anti-bullying program （キヴァ・プログラム）	Olweus Bullying Prevention Program （オルヴェウスいじめ防止プログラム：OBPP）	Noncadiamointrappola (let us Not Fall Into a Trap) （ノー・トラップ）	The Viennese Social Competence（ViSC） （ViSC）
構成要素				
全校的アプローチ	Yes	Yes	No	Yes
保護者の参加	リーフレットやお知らせ（手紙），集会	リーフレットやお知らせ，保護者参加	No	Yes
教員の参加	トレーニングと実践プロ	トレーニングと実践プロ	Minor	トレーニングと実践プロ
クラスルームでの規則	Yes	Yes	No	Yes
カリキュラム資料	詳細なプログラムの構成	詳細なプログラムの構成	No	詳細なプログラムの構成
同級生の協力	傍観者への働きかけと学級内での演習	クラスでの話し合い	Peer-led	学級単位の取り組み
加害者の協力	Yes	Yes	Yes	No
被害者の協力	Yes	Yes	Yes	No
懲罰的アプローチ	立ち向かうアプローチ	No	No	No
非懲罰的アプローチ	非難しないアプローチ	No	No	No
ホットスポットでの監督	Yes	Yes	No	No
いじめへのアプローチ	不偏的かつ明示的	不偏的かつ明示的	同級生（友達）によるオンライン・フォーラム	社会生態学的

（注）介入プログラム名　カッコ内は本稿での呼称。
（出所）Gaffney et al.（2019），Table1 をもとに作成。

く，BPYSがそれに続いている。オルヴェウス・プログラム（OBPP）は，いずれの地域においても有意に正の結果を得ているが，その効果はノルウェーで実施した場合は高く（1.57），アメリカでは低くなっており（1.17），地域差がみられる。驚くべきことに，セカンド・ステップ（Second step）では有意にネガティブの結果となっている。また，統計的に有意ではないものの，ViSCにおいても負の影響が認められた。

いじめ加害に対するプログラムの効果をみると，OBPPが最も高い効果をあげているが，いじめ被害と同様に，効果の大きさについては差が認められる。キヴァプログラム（KiVa），セカンド・ステップ，ステップ・トゥー・リスペクト（Steps to respect）についても同様に，ポジティブな結果を得ているが，OBPPよりもオッズ比は低い。BPYSとノー・トラップ（No Trap）のオッズ比も1以上だが，統計的に有意ではない。また，統計的に有意ではないものの，ViSCとフェアプレイヤーマニュアル（Fair player manual）のオッズ比は1よりも小さく，プログラムが負の影響をもたらす可能性を示している。Gaffney et al.（2019）の結果をまとめると，プログラムの効果はいじめ被害に対しては概ね効果をあげているものの，いじめ加害に関しては10プログラムのうち，有意にポジティブな効果をもたらしているのは半分の5プログラムにすぎず，効果量についてもノルウェーで実施されたOBPPプログラムを除くと大きいとは言えない。また，いじめにかえってネガティブな影響をもたらすプログラムもあることも明らかになった。

これらのプログラムは，もちろんコストがかかる。学校運営においても，コスト意識への関心が高まりを見せており，対費用効果（コスト・ベネフィット）が強く求められるようになっている。いじめ防止プログラムも例外ではない。それが投資に見合うだけの効果をあげているのかといったエビデンスは必要不可欠といえる。しかし，これまで見てきたように，現行のいじめ対策プログラムは，特にいじめ加害についての高い効果が確認されていない。その理由として，まず挙げられるのは，精度の高い多変量分析が圧倒的に少ないということである。また，実践的プログラムの多くが①理論的支柱を持たないため理論モデルが十分に検討されていないこと，そのため②いじめの定義が調査研究によって異なり，定義が明確になされていないことにある（Nozaki 2019）。現在各国で実施されているプログラムの多くは，いじめが人間関係におけるパワーバランスの不均衡にある[4]（Olweus 1993）という事実あるいは現象のみに依拠しており，それがどうしてそのような行動に結びつくのかというモチベーションや，いじめによって得るベネフィットは何かといった視点に欠ける（Liu and Graves 2011）。

そこで近年注目を集めているのが，いじめを競争的な社会に「適応した行動（Adaptive behavior）」とする理論である。これは，いじめのネガティブな影響については，被害者だけではなく，加害者も傷ついている，あるいは自己肯定感が低いのはいじめ加害者についてもいえるといった主張とは二つの意味でまったく異なる。まず，いじめ加害者は，メンタル的にも肉体的にも頑強であり（Koh and Wang 2017；Vaillancourt et al. 2003 他），人気があり（Bruyn et al. 2010），自己肯定感も高く卓越したソーシャルスキルを持つうえ（Caravita et al. 2009；Menesini and Salmivalli 2017；Sutton et al. 1999），異性にとっても魅力的な存在である（Volk et al. 2014）。そして，いじめを傷つきやすさや自己肯定感の低さといった個人的な資質には求めず，社会構造のゆがみに起因すると主張する。いじめの加害者が，一見したところ非常に魅力的で社交性もあり人気者であるといった特質はすでに2000年頃には指摘されていた。しかし，それが社会構造的なものであり，激しさを増す競争社会に「適応した」結果だとする理論は比較的新しい。従来の防止プログラムは，いじめを特定の集団的プロセスの枠組みで捉え，いじめ加害といじめ被害との関係性の改善に主眼をおいてきた（Salmivalli 2010）。しかし，近年の実証研究により，いじめ加害者が現代社会で圧倒的に有利な性質を持つことが明らかになり，それが極めて社会構造的要因に依るものではないかという指摘も相次いでいる。対話や関係性改善，あるいはいじめ被害のケアといった，ミクロレベルの視点によるいじめ防止プログラムでは到底たちうちできない。より有効な，効果の期待できるいじめ対応策には，現代社会を俯瞰する新しい視座と理論が必要である。

2　いじめ加害に着目して

2014年，アメリカ疾病管理予防センター（Centers for Disease Control and Prevention：CDC），アメリカ教育省（the Department of Education：ED），ならびに保健資源局（the Health Resources and Services Administration：HRSA）より，初めて公的ないじめの定義が提唱されたが，調査設計を行う

うえでの統一性はまだ図れていない。Olweus（1993；1996）では，いじめに関わる児童生徒の性格に着目して，加害者を攻撃的なタイプ（aggressive bully）と受動的なタイプ（passive bully），加害者・被害者のどちらも経験するタイプ（bully-victim），被害者についても同様に，受動的なタイプ（passive victim），挑発的なタイプ（provocative victim）と被害者・加害者のどちらも経験するタイプ（bully-victim）に区分している。ところが，調査の多くは児童生徒が回答する形式であるので，攻撃的なのか受動的なのか，あるいは挑発的なのかについて自ら判断することが難しい。まず必要となるのは，児童生徒が「どれだけ」「どのように」関与しているのかといった定量把握である。さらに，これまでの研究から，いじめで最も深刻なダメージを受けるのは加害者と被害者の両方を経験するbully-victimであるということが明らかになっている（Jubonen et al. 2003）。そうであれば，両方を経験した者，いじめ被害を経験しない加害者，いじめ加害を経験しない被害者との区分が重要となってくるであろう。

翻って日本の状況をみれば，そうした最新研究を考慮した調査設計がなされているとは言い難い。日本におけるいじめ調査の代表的なものとしては，学校におけるいじめの認知状況を中心に調査する文部科学省「児童生徒の問題行動・不登校等生徒指導上の諸課題に関する調査[5]」と，子どもが回答する形式をとる国立教育政策研究所「いじめ追跡調査[6]」が挙げられる。いじめの状況を個人レベルで把握できる「いじめ追跡調査2013－2015Q&A」では，2013年度に入学した中学生が在学3年間で，いつ，どのように，被害にあったりあわなかったりするのかを，「仲間はずれ，無視，陰口」を例にとって追跡調査した結果がまとめられている。そこではクラス替えのない中でさえ，被害経験者の3分の1が半年で入れ替わっており，bully-victim割合の高さが示唆される。日本のいじめの特徴が，こうした加害といじめ被害の立場が何度も入れ替わるという不安定さにあるのであれば，まずは“pure definition”に基づいた調査を行い，pure bully, pure victimとbully-victimの質（どのような児童生徒が），量（どれだけ存在するのか）あわせた状況把握が必要であろう。

3　HBSC スコットランドデータを用いた実証研究

Nozaki（2019）では HBSC スコットランドデータ 2014（HBSC : Health Behavior in School-Aged Children, Scottish data[7]）をもとに，いじめにおける立場を「pure bully」「pure victim」「bully-victim」と明確に区分したうえで，いじめ経験が児童生徒の人生満足度（life satisfaction）に与える影響について検証している。HBSC スコットランドデータ 2014 の調査対象とサンプルサイズは，スコットランド在住の児童生徒 Primary 7（11 歳）が 4091，Secondary 2（13 歳）が 3765，Secondary 4（15 歳）が 2983 である。児童生徒の家族構成や親の就業状況，メンタルヘルスを含む健康状態，いじめを含む交友関係はもとより，人生満足度や幸福度，親や教師との信頼関係など幅広く網羅している。また回答率も 73% と良好である。オルヴェウスの定義に従い（直近 2 か月以内で）月に 2～3 回以上いじめ被害にあった割合を年齢計算でみると，男子 13%，女子 15% となっており，HBSC 全体平均の男子 12%，女子 10% よりやや高い傾向を示している。HBSC スコットランドデータ 2014 では，ネットいじめ（cyber bullying）の状況についても，それが文字によるものなのか，写真によるものなのかについての設問があるが，被害状況についてのみであったため，Nozaki（2019）では traditional bullying と呼ばれる通常の形態についてのみ分析している。

推計に先立ち，“pure definition” によるいじめの状況を男女別にみると，いじめ被害，加害の立場に顕著な男女差が認められた。“pure victim”（いじめ被害）の状況はすべての年齢で相対的に女子で高い割合を示している。また，男子は学年が上がるにつれ減少しているのに対し，女子では 11 歳で 16.71%，13 歳では約 2 割（18.89%）と高い割合をキープした後，15 歳で 1 割程度（10.13%）に低下している。一方 “pure bully”（いじめ加害のみ）割合をみると，やはり女子に比して男子で高い傾向があるが，15 歳時点で大きくその差が開いており，男子が約 5%（4.99%）であるのに対し，女子は 1% に満たない結果となっている（0.71%）。“bully-victim”（いじめ加害と被害の両方を経験）についても，15 歳時点で男子が 3.15%，女子が 0.57%と，同様の傾向がみられる。

最も深刻なケースとされる “bully-victim” の状況をみるため，加害者（bully），

表３　“pure definition”によるいじめの状況

	Pure 被害者 (Pure victims)	Pure 加害者 (Pure bullies)	加害・被害両方 (Bully-victims)	非該当 (Pure non participants)
11 歳				
男子	13.98%（278）	2.66%（53）	1.80%（36）	53.86%（1075）
女子	16.71%（326）	1.34%（26）	1.49%（29）	51.10%（995）
13 歳				
男子	11.93%（208）	2.13%（37）	1.55%（27）	55.86%（972）
女子	17.53%（309）	1.19%（21）	1.36%（24）	52.21%（921）
15 歳				
男子	7.36%（100）	4.99%（68）	3.15%（43）	62.95%（858）
女子	10.13%（142）	0.71%（10）	0.57%（8）	69.31%（971）
	percentage（n＝10, 208）	percentage（n＝10, 211）	percentage（n＝10, 208）	percentage（n＝10, 211）

（出所）Nozaki（2019），Table3 より加筆修正。

被害者（victim）をそれぞれ“pure bully”と“bully-victim”，“pure victim”と“bully-victim”に分解したところ，“bully-victim”に対して“pure bully”は 6 割程度（56.28%）と流動的だが，“pure victim”は 9 割程度（89.08%）といじめ被害者の立場は固定的であることが明らかになっている[8]。

HBSC スコットランドデータ 2014 では，人生満足度（life satisfaction）について，0（まったく満足していない）から 10（最も満足）の 11 段階のうち，どれかを選択する形式で意識をたずねている。これについて“pure bullies”“pure victims”“bully-victims”“pure non participants”別に平均をとったところ，それぞれ 7.64，6.94，6.85，8.10 と，いじめ経験のないグループで最も高く，両方経験したグループで最も低くなっており，先行研究と整合する結果となっている[9]。

以上の議論をもとに，被説明変数を人生満足度（0〜11），説明変数をいじめ経験ダミー（pure bully=1, 0 はそれ以外，pure victim＝1, 0 はそれ以外，bully-victim＝1, 0 はそれ以外，リファレンスグループはいじめ経験非該当），性別ダミー，年齢，年齢を 2 乗して 100 で除した値，健康状態（腹痛や頭痛などの五つの項目についての頻度の平均），兄弟数，両親が同居している状況ダミー，家族のサポート（家族との対話やサポート状況を訪ねた 4 項目に関する評価の平均），学校での親しい友人数，クラス環境（雰囲気やクラスメイトとの関係等 3 項目に関する評価の平均），担任教師との関係（信頼関係や相談しやすさ等 3 項目に関する評価の平均）である。Ordered probit modelを用いて，本人の属性のみによるベースモデル（モデル1），ベースモデルに家庭環境要因を加えたモデル（モデル2），ベースモデルに学校環境要因を加えたモデル（モデル3），すべての説明変数を入れたモデル4で推計したところ，ベースモデルではすべてのいじめ経験変数は有意にマイナスの値を示したが，“pure bullies”は，家庭環境あるいは学校環境要因をコントロールすると統計的に有意な結果が得られなかった（モデル2〜4）。

この推計結果は，家庭や学校での状況が良好であれば，いじめをしても人生満足度に影響を及ぼさないことを示唆している。一方で，いじめ被害者（pure bullies, bully-victims）は，すべてのモデルで有意にマイナスの値となっており，たとえ家族のサポートや学校での友達や教師との良好な関係があったとしても，いじめ経験により深刻なダメージを負うことも明らかになった。いじめ経験は被害者のみダメージを与え，加害者への負の影響はないというここでの推計結果は，「いじめは競争的な現代社会に適合的する（adaptive）現象」（Ellis et al. 2012）であることの証左ともいえる。

4　エビデンスに基づく政策提言

いじめは各国，各地域で固有の傾向や特徴を包含しつつ拡がりを見せている。いじめが「強者が弱者を淘汰」する過程での必然であり，社会に適応した形（adaptive）だとする立場からみると，いじめに関する法律や条例，防止プログラムがいかに整備されようとも根絶は不可能なのかもしれない。しかし，これまでの調査研究でみてきたように，いじめ（あるいはbullying）は，人間の尊厳を奪い将来への希望を失わせるだけではなく，最悪の場合は自殺に至る。そしてそれは個人や家族の人生を奪うにとどまらない。学校からのドロップアウトや就業機会の喪失はマクロ経済レベルにおいても大きな損失となる。いかにそれが難しい問題であっても解決の糸口を探し続ける努力を怠ってはならない。

日本では2013年9月，いじめの防止対策に初めて特化した法令である「いじめ防止対策推進法」が施行された。「児童等は，いじめを行ってはならない」（第一章第四条）と明記したところに異論はないものの，「校長及び教員は（……）（いじめ加害の）当該児童等に対して懲戒を加える」（第四章第二十五条），「（いじめ加害の）当該児童等の出席停止を命ずる等，いじめを受けた児童等その他の児童等が安心して教育を受けられるようにするために必要な措置を速やかに講ずる」(第四章第二十六条) とそれを学校側が担保していることに対し，現場からは批判も少なからずあるという。その多くは，より目にふれにくい形で潜伏化するのではないかといった，いじめを罰則で禁止することへの懸念や，加害者にもケアが必要だといった人道的な立場からのものである。本章での検証は，学校や家庭で励行されている対話や人間関係構築を中心としたいじめ防止プログラムの重要さを否定するものではない。しかしスコットランドデータを用いた検証では，いじめ被害にあった児童生徒は，そうしたケアに恵まれてもなお，人生の楽しさ（life satisfaction）を味わうことができない状況にあることが示された。一方で，いじめ加害の立場にあるものは，良好な家庭・学校環境に恵まれれば，負の影響は受けない。いじめ防止対策推進法の基本理念に則り，いじめ加害を許すべきものではなく，それは罪であるということ，さらには罪には罰が伴うことを学校だけではなく，家庭，地域，社会においても周知させることが必要ではないだろうか。

日本のいじめ（ijime）が諸外国の bullying とは異なるとされることの一因に，いじめ加害と被害の両方を経験するものの割合が際立って高いことがあげられる。さらなる研究の発展に向け，本章で議論した“pure definition”による調査を提案したい。

（野崎　祐子）

〈注〉

(1) ソーシャル・エモーショナルラーニング（Social-Emotional Learning : SEL）。

(2) 第 9 章（竹田敏彦）参照。

(3) 2010 年以降は，個人の資質や能力の向上を通じて問題解決を図るマインドフルネス・アプローチ（Mindfulness approaches, ）参照）への関心が高まっている。

(4) Olweus では，パワーアンバランスに加え，いじめの頻度・反復性や期間についても言及しているが，森田（2010）は，一回であっても深刻であれば必ずしも継続性や頻度を要件に加える必要はないとしている。

(5) 文部科学省初等中等教育局児童生徒課「児童生徒の問題行動・不登校等生徒指導上の諸課題に関する調査」。

(6) 文部科学省・国立教育政策研究所「いじめ追跡調査 2013–2015」。

(7) World Health Organization（WHO）Regional Office for Europe.

(8) Nozaki（2019）Appendix の表を参照。

(9) Nozaki（2019）Figure1 を参照。

〈参考文献〉

佐藤浩一（2016）「学校における効果的いじめ防止要素の考察――包括的いじめ防止プログラムの開発に向けて」日本子育て学会『子育て研究』第6巻，pp.9－20.

下田芳幸（2014）「日本の小中学生を対象としたいじめに関する心理学的研究の動向」『教育実践研究』富山大学　人間発達科学研究実践総合センター紀要，8，pp.23－37.

森田洋司（2010）『いじめとは何か』中央公論新社。

Bruyn, E. H., A, H. Gillessen and I. B. Wissink（2010）"Associations of Peer Acceptance and Perceived Popularity with Bullying and Victimization in Early Adolescence," *The Journal of Early Adolescence*, 30（4）, pp.543－566.

Caravita, S. C. C., P. D. Blasio and C. Salmivalli（2009）"Unique and interactive effects of empathy and social status on involvement in bullying," *Social Development*, pp.140－163.

Ellis, B. J., M. Del Giudice, T. J. Dishion, A. J. Figueredo, P. Gray, V. Griskevicious and D. S. Wilson（2012）"The evolutionary basis of risky adolescent behavior : Implications for science, policy, and practice," *Developmental Psychology*, 48, pp.598－623.

Ellis, J, E., A. Volk, G. Jose-Michael and D. D. Embry（2016）, "The Meaningful Roles Intervention : An Evolutionary Approach to reducing bullying and Increasing Prosocial Behavior," *Journal of Research on Adolescence*, 26（4）, pp.622－637.

Evans, C. B., M. W. Fraser and K. L. Cotter（2014）"The effectiveness of school-based bullying prevention programs : A systematic review," *Aggression and Violent Behavior*, 19（5）, pp.532－544.

Ferguson, C. J., C. S. Miguel, J. C. Kilburn, Jr., P. Sanchez（2007）"The Effectiveness of School-Based Anti-Bullying ProgramsA Meta-Analytic Review," *Criminal Justice Review*, 32（4）, pp.401－414.

Gaffney, H., D. P. Farrington and M. M. Ttofi（2019）"Examining the Effectiveness of School-Bullying Intervention Programs Globally : a Meta-analysis," *International Journal of Bullying Prevention*, 1, pp.14－31.

Juvonen, J., S. Graham and M. A. Schuster（2003）"Bullying among young adolescents : the strong, the weak, and the troubled," *Pediatrics*, 112（6）, pp.1231－1237.

Koh, J. B., and J. S. Wang（2017）"Survival of the fittest and the sexiest : Evolutionary origins of adolescent bullying," *Journal of Interpersonal Violence*, pp.2668－2690.

Lawlor, M. S.（2014）"Mindfulness in practice : Considerations for implementation of mindfulness-based programming for adolescents in school contexts," *New Directions for Youth Development*, 2014（142）, pp.83－95.

Liu, J. and N. Graves（2011）"Childhood Bullying : A Review of Constructs, Contexts, and Nursing Implications," *Public Health Nursing*, 28（6）, pp.556－568.

Menesini, E. and C. Salmivalli（2017）"Bullying in schools : the state of knowl-

edge and effective interventions," *Psychology, Health & Medicine*, 22, 1, pp.1－14.
Merrell, K. W., B. A. Gueldner, S. W. Ross and D. M. Isavera（2008）"How effective are school bullying intervention programs? A meta-analysis of intervention research," *School Psychology Quarterly*, 23（1）, pp.26－42.
Nozaki Y.（2019）"Why do Bullies Matter? : The Impacts of Bullying Involvement on Adolescents' Life Satisfaction," *Children and Youth Service Review*, September 2019, forthcoming, Online first available sept 11, 2019.
Olweus, D.（1993）*Bullying at school : What we know and what we can do*, Cambridge, MA : Blackwell Publishers, Inc.
Olweus, D.（1996）*The revised Olweus bully/victim questionnaire Research Center for Health Promotion*, University of Bergen, Norway.
Salmivalli, C.（2010）"Bullying and the peer group : A review," *Aggression and Violent Behavior*, 15（2）, pp.112－120.
Smith, J. D., B. Schneider, P. K. Smith and K. Ananiadou（2004）"The effectiveness of whole-school anti-bullying programs : A synthesis of evaluation research," *School Psychology Review*, 33, pp.548－561.
Sutton, J., P. K. Smith and J. Swettenham（1999）"Bullying and 'theory of mind' : A critique of the 'social skills deficit' view of anti-social behaviour," *Social Development*, 8（1）, pp.117－127.
Vaillancourt, T., S. Hymel and P. McDougall（2003）"Bullying is power : Implications for school-based intervention strategies," *Journal of Applied School Psychology*, pp.157－176.
Volk, A. A., A. V. Dane and Z. A. Marini（2014）"What is bullying? A theoretical redefinition," *Developmental Review*, 34, pp.327－343.
Jiménez-Barbero, J. A., J. A. Ruiz-Hernández, L. Llor-Zaragoza, M. Pérez-García and B. Llor-Esteban（2016）"Effectiveness of anti-bullying school programs : A meta-analysis," *Children and Youth Services Review*, 61, pp.165－175.

第18章

いじめの未然防止と漢文教育

――『論語』からいじめの根幹について考える

深刻ないじめ問題を発端にして，小学校また中学校において道徳の時間が教科化されるにあたり，道徳は「学校の教育活動全体を通じて行う道徳教育の要」（平成29年3月告示「小学校学習指導要領」第3章，「中学校学習指導要領」第3章）として「特別の教科」（道徳科）となった。しかし，道徳教育を「学校の教育活動全体を通じて行う」こと自体に変わりはなく，高等学校においても「各教科・科目等の特質に応じ，学校の教育活動全体を通じて生徒が人間としての在り方生き方を主体的に探求し，豊かな自己形成ができるよう，適切な指導を行うことが求められている」（平成30年3月告示「高等学校学習指導要領」第5章）とされている。「学校の教育活動」の一つである「国語科」の教材として取り上げられる『論語』は，人としての心構えや国家，政治の在り方について記された，道徳性に優れた言葉の宝庫として著名であり，小学校から中学校，高等学校に至るまで古典教材の一つとして扱われる。本章では，まず教材としての『論語』の扱われ方について取り上げ，そこに記された人としての在り方生き方をいじめ問題と関連づけて考える。

1　国語科教材としての『論語』

『論語』とは，中国・春秋時代（前770～前403）の思想家である孔子（前552～前479）とその弟子たちの言行録である。全20篇，499の短い文からなるその書は，『古事記』および『日本書紀』に拠ると，応神天皇16（285）年に百済の王仁《わに》（和邇吉師《わにきし》）が「千字文《せんじもん》」とともに日本に伝えたものだという。この『論語』について，国語科においては小学校第5学年，中学校の第2学年または第３学年，高等学校の第１学年で扱うが，ここでは中学校に的を絞って述べることにする。

平成29年３月告示の中学校学習指導要領には，国語科の目標として以下の如く記している。

言葉による見方・考え方を働かせ，言語活動を通して，国語で正確に理解し適切に表現する資質・能力を次のとおり育成することを目指す。

(1) 社会生活に必要な国語について，その特質を理解し適切に使うことができるようにする。

(2) 社会生活における人との関わりの中で伝え合う力を高め，思考力や想像力を養う。

(3) 言葉がもつ価値を認識するとともに，言語感覚を豊かにし，我が国の言語文化に関わり，国語を尊重してその能力の向上を図る態度を養う。

さらに，漢文について「我が国の言語文化に関する事項」として，「音読に必要な文語のきまりや訓読の仕方を知り，古文や漢文を音読し，古典特有のリズムを通して，古典の世界に親しむこと。」という指導事項を掲げている。それを踏まえたうえで，以下，中学校国語科の教科用図書に掲載されている『論語』の書き下し文および現代語訳を示す。訳文は下村湖人著『現代訳論語』（『下村湖人全集８』厚徳社）に拠った。

①子曰はく，「学びて時に之を習ふ，亦《また》説《よろこ》ばしからずや。朋《とも》有り遠方《ゑんぱう》より来たる，亦楽しからずや。人《ひと》知らずして慍《うら》みず，亦君子《くんし》ならずや。」と。（学而《がくじ》）

先師がいわれた。「聖賢の道を学び，あらゆる機会に思索体験をつんで，それを自分の血肉とする。なんと生き甲斐のある生活だろう。こうして道に精進しているうちには，求道の同志が自分のことを伝えきいて，はるばると訪ねて来てくれることもあるだろうが，そうなったら，なんと人生は楽しいことだろう。だが，むろん，名聞が大事なのではない。ひたすらに道を求める人なら，かりに自分の存在が全然社会に認められなくても，それは少しも不安の種になることではない。

そして，それほどに心が道そのものに落ちついてこそ，真に君子の名に値するのではあるまいか」

②子曰はく，「巧言令色《かうげんれいしよく》，鮮《すく》なし仁《じん》。」と。(学而《がくじ》)

先師がいわれた。「巧みな言葉，媚びるような表情，そうした技巧には，仁の影がうすい」

③子曰はく，「吾《われ》　十有五《じふいうご》にして学に志す。三十《さんじふ》にして立つ。四十《しじふ》にして惑はず。五十《ごじふ》にして天命を知る。六十《ろくじふ》にして耳　順《したが》ふ。七十《しちじふ》にして心の欲する所に従ひて，矩《のり》を踰《こ》えず。」と。(為政《いせい》)

先師がいわれた。「私は十五歳で学問に志した。三十歳で自分の精神的立脚点を定めた。四十歳で方向に迷わなくなった。五十歳で天から授かった使命を悟った。六十歳で自然に真理をうけいれることができるようになった。そして七十歳になってはじめて，自分の意のままに行動してもけっして道徳的法則にそむかなくなった」

④子曰はく，「故《ふる》きを温《あたた》めて新しきを知れば，以《もつ》て師《し》たるべし。」と。(為《い》政《せい》)

先師がいわれた。「古いものを愛護しつつ新しい知識を求める人であれば，人を導く資格がある」

⑤子曰はく，「学びて思はざれば，則《すなは》ち罔《くら》し。思ひて学ばざれば，則ち殆《あやふ》し。」と。(為政《いせい》)

先師がいわれた。「他に学ぶだけで自分が考えなければ，真理の光は見えない。自分で考えるだけで他に学ばなければ独断におちいる危険がある」

⑥子曰はく，「由《いう》，女《なんぢ》に之《これ》を知るを誨《をし》へんか。之を知るを之を知ると為し，知らざるを知らずと為す。是《こ》れ知るなり。」と。(為政《いせい》)

先師がいわれた。「由《ゆう》よ，お前に「知る」ということはどういうことか，教えてあげよう。知っていることは知っている，知らないことは知らないとして，すなおな態度になる。それが知るということになるのだ」

⑦子曰はく，「之《これ》を知る者は，之を好む者に如《し》かず。之を好む者は，之を楽しむ者に如かず。」と。(雍也《ようや》)

先師がいわれた。「真理を知る者は真理を好む者に及ばない。真理を好む者は真理を楽しむ者に及ばない」

⑧仲弓《ちゅうきゅう》仁《じん》を問ふ。子曰はく，「門を出《い》でては大賓《たいひん》を見るが如《ごと》くし，民を使ふには大祭《たいさい》に承《つか》ふるが如くす。己《おのれ》の欲せざる所，人に施《ほどこ》すこと勿《なか》れ。邦《くに》に在りても怨《うら》み無く，家《いへ》に在りても怨み無し。」と。（顔淵《がんえん》）

仲弓が仁についてたずねた。先師は答えられた。「門を出て社会の人と交わる時には，地位の高下を問わず，貴賓にまみえるように敬虔であるがいい。人民に義務を課する場合には，天地宗廟の神々を祭る時のように，恐懼《きょうく》するがいい。自分が人にされたくないことを，人に対して行なってはならない。もしそれだけのことができたら，国に仕えても，家にあっても，平和を楽しむことができるだろう」

⑨子曰はく，「君子《くんし》は和《わ》して同《どう》ぜず，小人《せうじん》は同じて和せず。」と。（子路《しろ》）

先師がいわれた。「君子は人と仲よく交るが，ぐるにはならない。小人はぐるにはなるが，ほんとうに仲よくはならない」

⑩子貢《しこう》問ひて曰はく，「一言《いちげん》にして以て終身之《しゅうしんこれ》を行ふべき者《もの》有りや。」と。子曰はく，「其《そ》れ恕《じょ》か。己《おのれ》の欲せざる所，人に施《ほどこ》すこと勿《なか》れ。」と。（衛《えい》霊公《れいこう》）

子貢がたずねた。「ただ一言で生涯の行為を律すべき言葉がございましょうか」先師が答えられた。「それは恕《じょ》だろうかな。自分にされたくないことを人に対して行なわない，というのがそれだ」

⑪子曰はく，「過《あやま》ちて改めざる，是《こ》れを過ちと謂《い》ふ。」と。（衛霊公《えいれいこう》）

先師がいわれた。「あやまって改めないのを，あやまちというのだ」

＊「子《し》」とは『論語』においては先生を意味し，訳文の「先師」は孔子を指す。⑥の「由《ゆう》」（子路《しろ》），⑧の「仲弓《ちゅうきゅう》」，⑩の「子貢《しこう》」は孔子の弟子。「君子」とは立派な人物，「小人」はつまらぬ人物の意。

以上の11条が，学校図書，教育出版，三省堂，東京書籍および光村図書の発行する中学校国語科の教科用図書に取り上げられている。その詳細は，学校図書が③・⑤・⑥・⑩，教育出版が①・⑥・⑧，三省堂が①・③・④・⑩，東京書籍が②・⑤・⑨・⑩・⑪，光村図書が①・④・⑤・⑦を掲載しており，5社すべてに共通して記載されている条はないものの，各社学問や教育に関する条と，仁恕《じんじょ》（思いやり）に関する条を取り上げている。

これらの条を取り上げるにあたり，各社どのような目標を設定しているかについても以下に記しておく。

＊学校図書：2016年２月10日発行『中学校　国語２』

目標：思索の内容を自分の知識や経験などで補い，生き生きと捉える。

：漢文でよく出てくる字に注意して訓読し，漢文の訓読に親しむ。

＊教育出版：2016年１月20日発行『伝え合う言葉　中学国語２』

目標：表現を確かめながら，内容について自分の考えをまとめる。

：文章の特徴を生かしながら音読したり暗唱したりして，漢文の表現に慣れる。

＊三省堂：2016年２月25日発行『現代の国語３』

目標：漢文の響きやリズムに注意しながら読み，孔子のものの見方や考え方を捉える。

：『論語』のことばをきっかけにして，人間の生き方について自分の考えをもつ。

＊東京書籍：2016年２月10日発行『新編　新しい国語　３』

目標：古人の言葉を読み味わい，自分の文章に生かす。

：古人の言葉を引用し，自分の考えを書く。

＊光村図書：2016年２月５日発行『国語３』

目標：人間の生き方についての孔子の考え方を自分たちの生活と関連づけて考えよう。

学習のポイント：孔子の考え方を，自分たちの生活と関連づけて考える。

・朗読・音読　作品の特徴を生かす。

・語句の意味の理解　文脈の中での語句の効果。

・文章の理解　歴史的背景に注意して読む。

・自分の考えをもつ　人間・社会・自然などについて考える。

以上で示した傍線部から，『論語』が生徒の主体的な思考活動を促す教材として扱われているとわかる。中でも，三省堂と光村図書は「人間の生き方」について考えさせることを明示しており，「古典の世界に親しむ」だけにとどまらせない意図が見える。また，東京書籍については目標としては掲げていないが，採択された条は５条と多く，そのうち②・⑨・⑩は仁恕《じんじょ》について述べたものである。光村図書を除く３社が⑧また⑩の「己《おのれ》の欲せざる所，人に施《ほどこ》すこと勿《なか》れ」のみを掲げる中，東京書籍が②「巧言令色《こうげんれいしょく》，鮮《すく》なし仁《じん》」，

⑨「君子《くんし》は和《わ》して同《どう》ぜず，小人《せうじん》は同じて和せず」をあわせて取り上げているのも特徴的と言えよう。

2500年の昔に中国に成立した『論語』が，国と時を越えて大勢の人々に読まれており，日本においては学校教育の中に組み込まれてさえいる。このことは，孔子の言葉に含まれる道徳性が現代社会において十分に通用することを示している。やはり「文語のきまりや訓読の仕方」を学び，「古典の世界に親しむ」材料としてのみ取り上げるには，あまりにももったいない教材であることは疑う余地がない。

2 『論語』の中の道徳性

「道徳」とは日本人とって馴染みの語であるが，本を辿れば中国の古典に行き着く。『易経』に「道徳に和順《わじゆん》して義を理《をさ》む」とあり，『礼記』に「道徳仁義，礼に非《あら》ざれば成らず」と記す。しかしこの語，熟語としては『論語』に見えず，「道」，「徳」それぞれ個別に記されている。それでも「道」は「人としての道」，「徳」は「身につけた品格」の意であるから，いずれも「道徳」と同様「人としての正しい道」と解するに不都合はない。下剋上を旨とする春秋時代に生きた孔子は，思想家また政治家として諸国を巡りながら人としての正しい道を歩もうとした人物であった。そんな孔子が根本的な理念としていたのが仁《じん》である。『論語』において仁について述べた条は多いが，その中には孔子の弟子たちが「仁を問ふ」として仁の説明を求めたものもある。

(樊遅《はんち》) 仁を問ふ。曰はく，「仁者は難《かた》きを先にして獲《う》るを後にす。仁と謂《い》ふべし。」と。(雍也《ようや》)

(樊遅《はんち》が)「仁」について教えを乞うた。先師が答えられた。「仁者は労苦を先にして利得を後にする。仁とはそういうものなのだ」

顔淵仁《がんゑんじん》を問ふ。子曰はく，「己《おのれ》に克《か》ちて礼《れい》に復《かへ》るを仁と為《な》す。一日《いちじつ》己に克ちて礼に復れば，天下　仁に帰《き》す。仁を為すは己に由《よ》る。而《しか》して人に由らんや。」と。(顔淵《がんえん》)

顔淵が仁の意義をたずねた。先師は答えられた。「己に克ち，私利私欲から解放されて，調和の大法則である礼に帰るのが仁である。上に立つ者がひとたび意を決してこの道に徹底すれば，天下の人心もおのずから仁に帰向するであろう。仁の実現はまずみずからの力によるべきで，他にまつべきではない」

司馬牛《しばぎう》　仁《じん》を問ふ。子曰はく，「仁者《じんしや》は其《そ》の言《げん》や訒《じん》なり。」と。曰はく，「其の言や訒，斯《ここ》に之《これ》を仁と謂《い》ふべきのみか。」と。子曰はく，「之を為《な》すこと難《かた》し。之を言ふに訒なること無きを得んや。」と。(顔淵《がんえん》)

司馬牛が仁についてたずねた。先師は答えられた。「仁者というものは，言いたいことがあっても，容易に口をひらかないものだ」司馬牛がさらにたずねた。「容易に口をひらかない，それだけのことが仁というものでございましょうか」すると先師はいわれた。「仁者は実践のむずかしさをよく知っている。だから，言葉をつつしまないではいられないのだ」

樊遅仁《はんちじん》を問ふ。子曰はく，「人を愛す。」と。(顔淵《がんえん》)

樊遅《はんち》が仁の意義をたずねた。先師は答えられた。「人間を愛することだ」

樊遅《はんち》仁を問ふ。子曰はく，「居処《きよしよ》 恭《うやうや》しく，事を執《と》りて敬《けい》し，人と忠《ちゆう》なるは，夷狄《いてき》に之《ゆ》くと雖《いへど》も，棄《す》つべからざるなり。」と。(子路《しろ》)

樊遅《はんち》が仁についてたずねた。先師が答えられた。「休息している時にもだらけた風をしない，執務の時には仕事に魂をぶちこむ，人と交わっては誠実を旨とする。この三つのことを，時処のいかんをとわず，たとえば野蛮国に行っても忘れないようにするがいい」

子貢仁《しこうじん》を為《な》すを問ふ。子曰はく，「工《こう》は其《そ》の事を善《よ》くせんと欲せば，必ず先《ま》づ其の器《き》を利《り》にす。是《こ》の邦《くに》に居《を》るや，其の大夫《たいふ》の賢《けん》なる者に事《つか》へ，其の士の仁なる者を友とす。」と。(衛霊公《えいれいこう》)

子貢が仁を行なう道についてたずねた。先師が答えられた。「大工はよい仕事をやろうと思うと，必ずまず自分の道具を鋭利にする。同様に，仁を行なうには，まず自分の身を磨かなければならない。それには，どこの国に住まおうと，その国の賢大夫を選んでこれに仕え，その国の仁徳ある士を選んでこれを友とするがよい」

子張《しちやう》仁を孔子に問ふ。孔子曰はく，「能《よ》く五つの者を天下に行ふを仁と為す。」と。之を請ひ問ふ。曰はく，「恭《きよう》・寛《くわん》・信《しん》・敏《びん》・恵《けい》なり。恭なれば則《すなは》ち侮《あなど》られず，寛なれば則ち衆《しゆう》を得《え》，信なれば則ち人任《にん》じ，敏なれば則ち功《こう》有り，恵なれば則ち以《もつ》て人を使ふに足れり。」と。(陽貨《ようか》)

子張が仁について先師にたずねた。先師はいわれた。「五つの徳で天下を治めることができたら，仁といえるだろう」子張はその五つの徳についての説明を求めた。すると，先師はいわれた。「恭・寛・信・敏・恵の五つがそれだ。身も心もうやうやしければ人に侮られない。他に対して寛大であれば衆望があつまる。人と交わって信実であれば人が信頼する。仕事に敏活であれば功績があがる。恵み深ければ人を働かせることができる」

＊「樊遅《はんち》」，「顔淵《がんえん》」，「司馬牛《しばぎゆう》」，「子張《しちよう》」は孔子の弟子。

前項で挙げた⑧「仲弓仁《ちゆうきゆうじん》を問ふ」（顔淵《がんえん》）の条を含め，弟子に合わせた指導を行っていたがゆえであろう，孔子はこれらの問いについて決まった答えを返していない。「仁」の説明については，政治家としての心構えを含むため，一般的とは言いがたい面もあるが，最も端的に述べられており，わかりやすいものといえば顔淵篇の「人を愛す」である。私利私欲によらず，誠実に人や物事に接し，自分が嫌なことは人に対して行わない。それらは「人を愛す」心，すなわち「仁」を源とした実践である。「仁」の実践は容易ではない。だから言葉を慎まねばならないし，仁者と交友関係を結ぶことが必要だと孔子は言う。「恭・寛・信・敏・恵」の五つの徳については，仁政を行うに備えるべき徳と言えるが，「恭」（丁寧で慎み深いこと），「寛」（寛大であること），「信」（真面目で偽りのないこと）については政治に限ったことではなく，それぞれ「人としての正しい道」として差し支えない。

また，雍也篇に「夫《そ》れ仁者《じんしや》は己《おのれ》立《た》たんと欲して人を立て，己《おのれ》達《たつ》せんと欲して人を達す。能《よ》く近く譬《たと》へを取る，仁の方《はう》と謂《い》ふべきのみ」とある。仁というものは己の身を立てたいと思えば人を立ててやり，伸びたいと思えば人を伸ばしてやるもので，自分の身に置き換えて考えて行動に移すものだという。孔子の思想の基本には，自分が嫌なことは人に対して行わず，自分が望むことは人に対しても行うべきだという考え方があったらしい。

述而篇に「仁遠《じんとほ》からんや。我《われ》仁を欲すれば，斯《すなは》ち仁至る」（述而《じゆつじ》）とある。孔子は仁は遠くにあるものではなく，自ら望めばすぐに実現されるものだとする。己を利する考えを捨てることが困難であるために仁の実践は容易ではない。しかし孔子の言う仁の道は必ずしも遠大な理想という訳ではなく，ごく身近にある思いやりある行動もまた，仁の道へとつながっているというのである。

3　他者を傷つけない心の教育

「苟《まこと》に仁《じん》に志《こころざ》せば，悪しきこと無し」(里仁《りじん》)。人がみな「自分が嫌なことは人に対して行わず，自分が望むことは人に対しても行う」のであれば，人が人を傷つける可能性は格段に低くなる。しかし実際はそうではない。衛霊公篇に「小人《せうじん》窮すれば斯《ここ》に濫《みだ》る」，つまり小人《しようじん》は窮迫《きゆうはく》すると取り乱す，という。漢文における小人とは，多く「つまらぬ人物」を意味するが，『論語』に記される小人の定義とは，実は人間の弱さに言及したものでもあり，大なり小なり誰もが持ちうる性質と言える。たとえば為政篇の「小人《せうじん》は比《ひ》して周《しう》せず」，里仁篇の「小人《せうじん》は利に喩《さと》る」，顔淵篇の「君子は人の美《び》を成して，人の悪《あく》を成さず。小人《せうじん》は是《これ》に反《はん》す」，衛霊公篇の「小人《せうじん》は諸《これ》を人に求む」などは，小人とは己の利害によって偏った人付き合いをし，道義でなく利益によって行動し，人の良いことを喜ばすに悪いことを助長させ，自らを省みず人のせいにするものだという。けれどもこれらの行動と無縁の人間など存在するであろうか。利己心とは自身を守ろうとするところに端を発するものである。しかし己の利害にのみ心を囚われることは，他者を害する結果を生むことにつながってゆく。その害には様々あるが，「一定の人的関係にある」者の行う「心理的又は物理的な影響を与える行為」であり，行為の対象となる人物が「心身の苦痛を感じているもの」であれば，所謂《いわゆる》いじめとなってしまうのである。いじめ防止対策推進法第2条第5項（平成25年法律第71号）においては「児童等」の行うものに限定しているが，いじめとはもともと子どもの世界に限ったものでなく，世代を問わず起こりうる加害行為である。その根本にあるのが自衛であるならば，誰もが悪であると知りながら，他者を傷つける行為が廃れないことにも不思議はない。

誰もが加害者たり得る可能性を有するとすれば，いったい何が加害へと向かわせるのか。また加害へと向かわせないのか。衛霊公篇には「教《をし》へ有りて類《るゐ》無し」，つまり人間性を作るのは教育であって最初から善悪の別などないと記され，陽貨篇にも「性相《せいあひ》近し。習相《ならひあひ》遠し」，つまり人間は生まれたときには似たような性質を持ち，しつけによってできる差が大きいとある。子路篇には「其の身《み》正しければ，令《れい》せずして行はる」，つまり上に立つ者が行いを正しくすれば，命を下さずとも道が行なわれるとし，また「其の身を正す能《あた》はずんば，人を正すを如何《いかん》せん」，つまり自分の行いを正しくできないなら，人を正しくすることはできないとする。人間の性質は教育やしつけによって左右され，それを行う者の正否もまた，人格形成に大きく寄与するのだというのである。

さらに，孔子は人間関係による影響も重視していた。先に挙げた衛霊公篇には「其の士の仁なる者を友とす」ることが仁の実践につながると述べられているし，顔淵篇では「忠告《ちゅうこく》して之を善道《ぜんだう》する」，つまり忠告し合って善に導くことが交友の道としている。また，孔子は子路篇の「小人《せうじん》は同じて和せず」や，為政篇の「小人《せうじん》は比《ひ》して周《しう》せず」のような付き合い方を否定しているが，この真心の無い上辺だけの付き合いといえば，いじめの世界における加害者（観衆・傍観者を含む）集団の姿が自然と浮かぶ。彼らは忠告し合って互いを善に導くようなことはしないし，利害によって徒党を組んでいるだけである。東京書籍のみ「小人《せうじん》は同じて和せず」を扱っているが，「同」と「和」がどんな人付き合いを意味するのか，また「比」と「周」について生徒に考えさせても良い。顔淵篇および衛霊公篇の「己《おのれ》の欲せざる所，人に施《ほどこ》すこと勿《なか》れ」や，為政篇の「義《ぎ》を見て為《な》さざるは，勇《ゆう》無きなり」等と併せて考えさせるのも一つであろう。現実には，友人への忠告や正義の実行はなかなか難しい。しかし，里仁篇に「徳は孤《こ》ならず。必ず隣《となり》有り」というように，徳あるものはたった一人ではなく，必ず同じ仲間がいるものである。その認識を共通のものにすること，そして実際に「徳」を「孤」にしない人間関係作りを目指すことも，他者を傷つけない集団作りの一つと考えられる。

集団に生きる人間にとって，他者を大切にする孔子の思想は，当たり前の考え方として受け入れるべきものであるが，個として存在することを優先するならば，それらは途端に机上の空論と化してしまう。実際，人は一人では生きてゆけないが，只管《ひたすら》に私を滅し公に奉じて生きてゆけるほどに強くもない。孔子もそんなことは充分承知しており，「富《とみ》と貴《たふとき》とは，是《こ》れ人の欲する所なり」（里仁《りじん》）とし，「我未《われいま》だ仁《じん》を好む者，不仁《ふじん》を悪《にく》む者を見ず」（里仁《りじん》），「吾《われ》未だ能《よ》く其の過ちを見て，内に自ら訟《せ》むる者を見ざるなり」（雍也《ようや》）とも言う。また，「徳を知る者は鮮《すくな》し」（衛霊公《えいれいこう》）と嘆いてもいる。人は誰でも富貴を求めるもので，本当に仁の道を好んで仁に外れたものを嫌悪する者を見たことがなく，自らの過ちを見つけて自らを責める者も見たことがなく，徳について理解する者が少ないというのである。彼は目指すべき「君子」の道を示していたのであり，誰にでも容易に体得できる行いとして弟子たちに教示していたわけではない。孔子自身「聖と仁《じん》との若《ごと》きは，則《すなは》ち吾《われ》豈《あ》に敢《あ》へてせんや。抑《そもそも》之を為《まな》びて厭《いと》はず，人を誨《をし》へて倦《う》まず」(述而《じゅつじ》)，つまり自分も聖や仁の徳には及ばないが，ただ仁の道を学び続け，教え続けていると述べている。

雍也《ようや》篇に次のようにいう。

> 冉求《ぜんきう》曰はく，「子の道を説《よろこ》ばざるに非《あら》ず。力《ちから》足らざればなり。」と。子曰はく，「力足らざる者は，中道《ちゅうだう》にして廢《はい》す。今女《なんぢ》は画《かぎ》れり。」と。
>
> 冉求《ぜんきゅう》がいった。「先生のお説きになる道に心をひかれないのではありません。ただ，何分にも私の力が足りませんので……」すると，先師はいわれた。「力が足りないかどうかは，根《こん》かぎり努力してみたうえでなければ，わかるものではない。ほんとうに力が足りなければ中途でたおれるまでのことだ。おまえはたおれもしないうちから，自分の力にみきりをつけているようだが，それがいけない」

また，子罕《しかん》篇には次のようにいう。

> 子曰はく，「譬《たと》へば山を為《つく》るが如《ごと》し。未《いま》だ一簣《いつき》を成さざるも，止《や》むは吾《わ》が止むなり。譬へば地を平らかにするが如し。一簣を覆《くつがへ》すと雖《いへど》も，進むは吾《わ》が往《ゆ》くなり。」と。
>
> 先師がいわれた。「修行というものは，たとえば山を築くようなものだ。あと一簣《き》というところで挫折しても，目的の山にはならない。そしてその罪は自分にある。また，たとえば地ならしをするようなものだ。一簣《き》でもそこにあけたら，それだけ仕事がはかどったことになる。そしてそれは自分が進んだのだ」

困難だからと自分の力量に見切りをつけ，歩みを止めることなく自ら進み続けること。人が生きるうえですべてに通じる条であるが，子どもたちを育てる立場にある者にとって，特に忘れてはならない戒めの言葉ではなかろうか。

（先坊　幸子）

第19章

いじめの輪郭

――その誕生から今日までの変容を雑誌記事の内容分析から描く

1　文献上でのいじめの起源とその後の推移

(1)「いじめ」の意味

「いじめ」とは，誰にとっても嫌な言葉である。いつから「いじめ」という言葉を使うようになったのだろうか。

まず，日本の代表的な国語辞典の一つである『広辞苑』(岩波書店) をもとにして，改訂ごとに「いじめ」に関する表記の移り変わりを表1にまとめてみた。

表1（広辞苑にみる「いじめ」の推移）から，次の4点が読み取れる。

①「いじめ」という名詞でなく，いじめる（苛める）という動詞から始まった。

②いじめ（苛め）という名詞の誕生は，1980年代後半と推定される。

③いじめは，「1980年代以降，学校で問題化」と国語辞典に指摘されている。

④カタカナの「イジメ」は，『広辞苑』の見出し語には認められない。

次に，国立国会図書館蔵書目録（NDL）を使用して，タイトルに「いじめ」と「学校」とを含む文献を検索した (2019年4月20日)。その結果，図書261件，雑誌・記事・新聞1457件を取り出した。

一般に，世の中で生じたことは，まずテレビや新聞で報道される。次に週

表１　広辞苑にみる「いじめ」の推移

版	刊行年	いじめ（苛め）	いじめっ子（苛めっ子）	いじめる（苛める）
第一版	1955（昭和 30 年）			弱いものを苦しめる。さいなむ。
第二版	1969（昭和 44 年）			弱いものを苦しめる。
第三版	1983（昭和 58 年）			弱いものを苦しめる。
第四版	1991（平成 3 年）	いじめること。特に学校で，弱い立場の生徒を肉体的または精神的に痛めつけること。	弱い子をいつもいじめる子供。	弱いものを苦しめる。「下級生を―・める。」
第五版	1998（平成 10 年）	いじめること。特に学校で，弱い立場の生徒を肉体的または精神的に痛めつけること。	弱い子をいつもいじめる子供。	弱いものを苦しめる。「下級生を―・める。」
第六版	2008（平成 20 年）	いじめること。弱い立場の人に言葉・暴力・無視・仲間はずれなどにより精神的・身体的苦痛を加えること。1980 年代以降，学校で問題化。	弱い子をいつもいじめる子供。	弱いものを苦しめる。「下級生を―・める。」
第七版	2018（平成 30 年）	いじめること。弱い立場の人に言葉・暴力・無視・仲間はずれなどにより精神的・身体的苦痛を加えること。1980 年代以降，学校で問題化。	弱い子をいつもいじめる子供。	①弱いものを苦しめる。「下級生を―・める。」②自らをいためつけるようにする。「トレーニングで体を―・める。」

＊下線は著者。

刊誌や学会誌，大学等の研究紀要など，文字や数字によって記録・保存される。やがて，ある程度の文献情報が集まると図書として出版される。

本章では，いじめの輪郭を俯瞰することをねらいとして，いじめに関する文献情報について，まず図書，次に雑誌記事に関して様々な角度から分析を試みた。

(2) いじめに関する出版点数の推移：図書の部（図書 261 件の出版年別推移）

「学校教育」と「いじめ」については，次の図書が初出である[1]。原忠章著『学級通信入門――「いじめ，学校嫌い，無気力」に挑戦する』（日本機関誌出版センター，1985 年 3 月）。

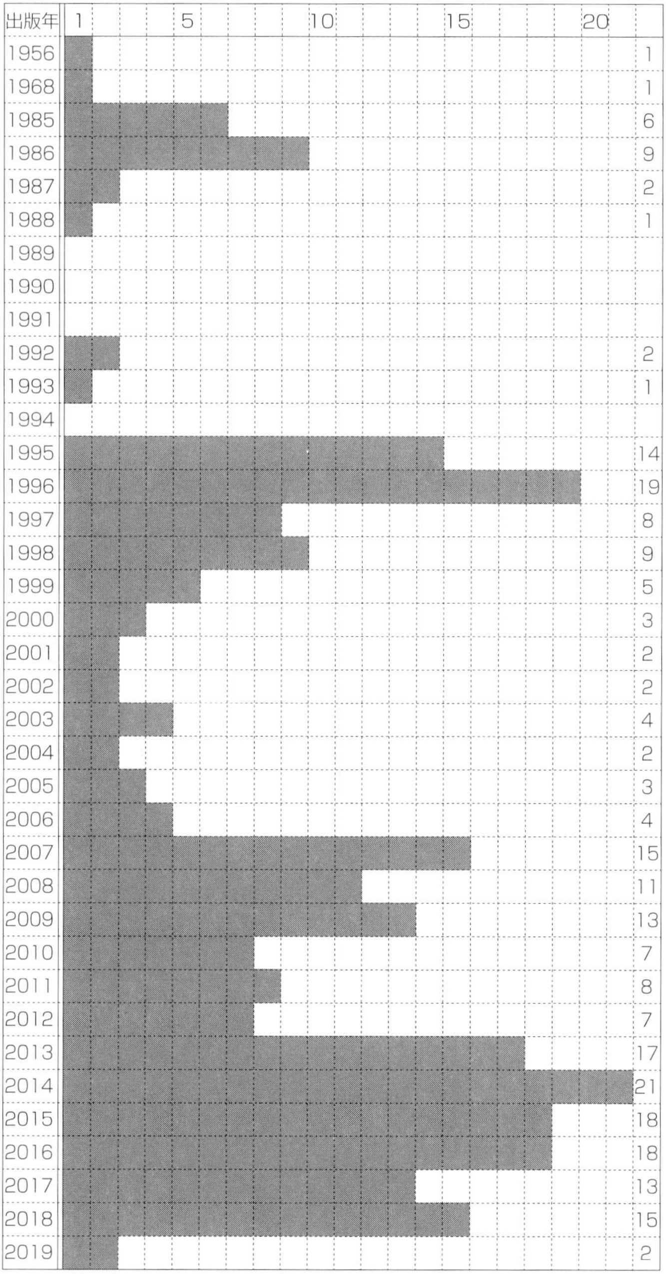

図１　いじめに関する図書の出版点数の推移

1985年には，さらに5点の図書が出版されている。1986年には9点に増加した。いじめに関する図書の出版は，まず1985（昭和60）年前後に始まったことが注目される。

ところが，平成に入ると，出版点数ゼロの年が3年続く（1989〜1991年）。

いじめへの関心が再び高まるのは，1995〜1999年にかけてである。いじめに関する図書は1995年以後，毎年少なくとも2点以上出版されている。

第3の注目は，2007〜2010年にかけて認められ，第4番目の注目は，2013年から現在までの期間である。過去のどの時期よりも多くの出版点数が長い期間にわたって続いている。

図1（いじめに関する図書の出版点数の推移）からは，次の3点が認められる。

①学校におけるいじめを扱った図書の初出は，1985（昭和60）年である。
②愛知・大河内清輝君のいじめ自殺事件（1994年），いじめ防止対策推進法（2013年）制定など，社会を揺るがす出来事が生じると，急激に出版点数が増加する。
③いじめに関する出版点数は一定の水準で継続的に推移しない。4回ピークが認められる。

（3）いじめに関する出版点数の推移：記事の部（雑誌新聞等の記事の刊行年別推移）

「いじめ」と「学校」で検索した1465点に，現物調査および特集の個別記事の取り出しなどにより，分析対象は合計1975点の記事となった。

38年間で1975点ということは，1年間では52点，1か月では4.3点となる。つまり平均して週に1点は記事として生まれている。

雑誌記事でのいじめの初出は，次の2点である。いずれも図書より4年早く刊行された。さらに，教育関係の雑誌でなく，医学・医療関係の雑誌に掲載されたことが注目される。

①福留瑠美「いじめっ子・いじめられっ子」『教育と医学』教育と医学の会編，29（4），1981年4月，pp.351－357.
②水原春郎ほか「学校検尿により初めて尿異常を指摘された3症例」『小

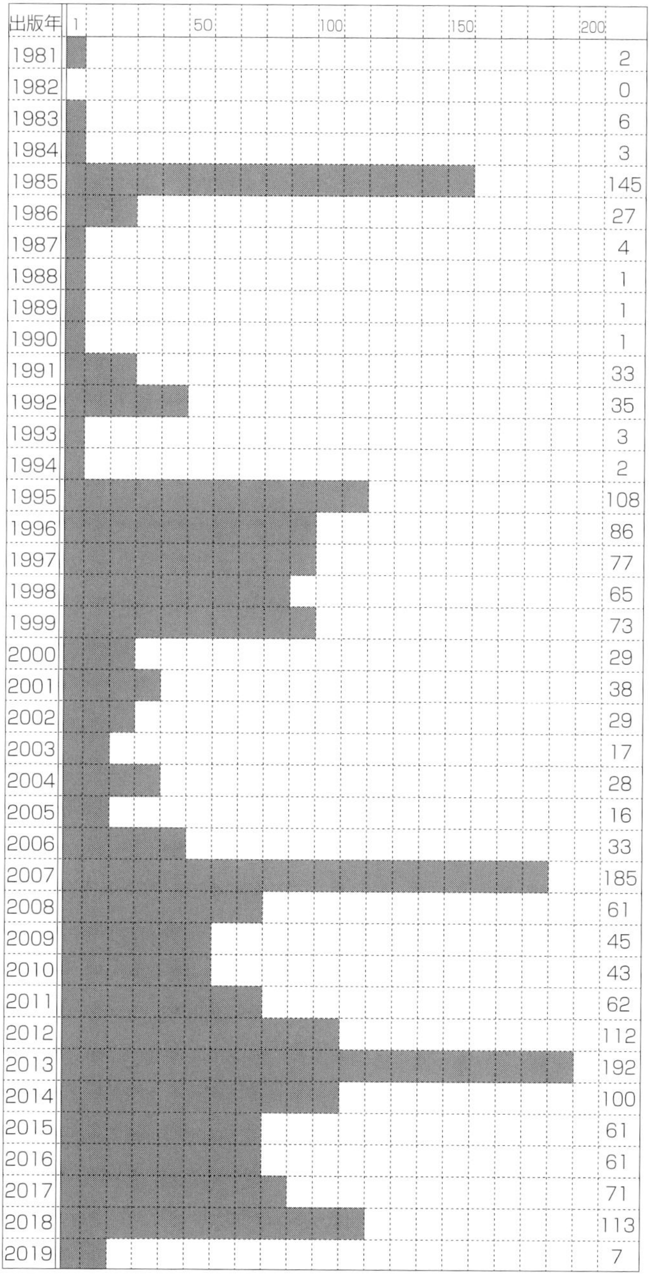

図２　いじめに関する記事の出版点数の推移

児科診療』診断と治療社編，44（7），1981年7月，pp.1065－1070.

福留瑠美は，九州大学教育学部の研究生であった。小学校3年生の時いじめを受けた経験から「いじめっ子・いじめられっ子」というタイトルにしている。この言葉は，その後流行語となったが，いじめの原点を表現する。

刊行年別に大別すると，1981～1999年間の記事点数は672点（34%）にとどまる。いじめに関する記事の3分の2は2000年以降である。2013年のいじめ防止対策推進法制定以後の605点（30.6%）は，20世紀中に発表された記事点数とほぼ等しい。つまり，いじめは，きわめて今日的な課題として捉えられていると言える（図2）。

さらに，記事のタイトル表記に注目すると，いじめは，「いじめ」『いじめ』“いじめ”〝いじめ〟《いじめ》（いじめ）など，各種の括弧記号を用いて表現されていることに気がつく。そこには各著者のいじめに対する「多様な特別の思い」が認められる。

2　どの分野の誰が，いじめに関わっているのか？

いじめは，どこで起こっているのだろうか，誰が関わっているのだろうか。

（1）いじめに関する記事の掲載誌

表2は，いじめに関する記事の掲載誌のシェア上位20位までを示している。

第1位の『児童心理』が401点で全体の5分の1を占めている。

第2位『教育』から第11位『月刊学校教育相談』までの教育関係誌の合計は，30.3%を占め，『児童心理』と合計すると全体の半分を超える。

特に『児童心理』は，1985年（臨時増刊）「いじめ」の心理と指導，1992年（特集）いじめを超えよう，1995年（臨時増刊）いじめ対応と予防読本，1996年（臨時増刊）いじめない子，いじめられない子，1999年最新「いじめ」対策ハンドブック，2007年（緊急企画）いじめ問題を考える，（特集）「いじめ」と子どもの自殺，2013年（臨時増刊）改めて「いじめ対応」を考える，2018年（特集）いじめ再考と，一貫していじめについての論考に取り組んでいる。

表２　いじめに関する記事点数の上位 20 誌

No.	掲載誌（紙）名	点数	割合（%）
1	児童心理／金子書房　編	401	20.3
2	教育／教育科学研究会　編	95	4.8
3	教職研修／教育開発研究所［編］.	74	3.7
4	月刊生徒指導／学事出版　編	72	3.6
5	総合教育技術／小学館　編	64	3.2
6	週刊教育資料／日本教育新聞社　編	63	3.2
7	季刊教育法／エイデル研究所［編］.	59	3.0
8	内外教育／時事通信社［編］.	52	2.6
9	現代教育科学／明治図書出版株式会社［編］	52	2.6
10	学校マネジメント／ミネルヴァ書房　編	37	1.9
11	月刊学校教育相談／学校教育相談研究所　編.	34	1.7
12	教育と医学／教育と医学の会　編	32	1.6
13	現代のエスプリ／至文堂［編］.	31	1.6
14	学校事務／学事出版　編	26	1.3
15	月刊高校教育／高校教育研究会　編	24	1.2
16	教育展望／教育調査研究所［編］.	23	1.2
17	現代思想／青土社　編	22	1.1
18	こころの科学／日本評論社　編	22	1.1
19	臨床心理学／金剛出版　編	18	0.9
20	生活指導／全国生活指導研究協議会編集部　編	16	0.8

また，教育，心理，医学，法律などの各分野にわたる大学や学会の紀要に加えて，『世界』『文藝春秋』『中央公論』等の月刊誌および『週刊新潮』『週刊ポスト』『週刊朝日』『サンデー毎日』『Aera』『Newsweek』など身近な週刊誌にも取り上げられるなど，幅広い印刷メディアがいじめに関わっている。いじめは，まさに国民的話題の様相を呈している。

(2) いじめに関わる人の所属する分野・領域

著者について，いじめの当事者か第三者か，という観点からみると，全体の 96.7% が第三者の執筆した記事である（表３）。

一方，いじめを受けたあるいはいじめを受けていた本人からの記事が９点，

表３　著者の区分

著者表示	点数	%
第三者	1,516	96.7
本人	9	0.6
家族	12	0.8
担任	27	1.7
仮名	1	0.1
特定不能	3	0.2
合計	1,568	100.0

家族からの記事が12点認められた。本人執筆の内容はいじめの様子などが生々しく表現されている。特に，いじめが原因で自殺した子どもの家族の記事（9点）は，あまりにも悲しすぎて読むのに耐えられない。担任または元担任の記事は合計27点ある（表３）。

著者全体の47.3%が「大学・研究所・研究センター」などに所属する各分野の研究者で占められている。国立の教育研究機関，全国の国立・公立・私立の大学・短期大学に所

表４　所属する職業・専門分野分野・領域

著者職業・専門分野	人数	%
大学・研究所・研究センター	819	47.3
小学校教諭	132	7.6
中学校教諭	93	5.4
校長・教頭	90	5.2
行政関係者・教委・文科	73	4.2
特定不能	69	4.0
出版社（者）	54	3.1
その他	50	2.9
医師・医療関係	44	2.5
新聞記者・ジャーナリスト・ルポライター	37	2.1
弁護士	37	2.1
NPO	34	2.0
臨床心理士・スクールカウンセラー	21	1.2
評論家	18	1.0
高等学校教諭	15	0.9
教職員組合	14	0.8
指導主事	14	0.8
児童相談所	14	0.8
中央教育審議会委員	12	0.7
大学院学生	11	0.6
警察・裁判所・司法	10	0.6

属する研究者たちである（表４）。

小中高等学校の教員は，合計 13.9% であり，校長・教頭の管理職が 5.2% と続く（表４）。

記事全体からは，1730 人を把握し，その属性は 46 と多様であった。人数は少ないが，学校事務職，主婦・母親，作家，議員，学会，子どもの人権委員・保護司など幅広い分野の人々が関わっていることが読み取れた。

3　いじめは，どこで発生しているのか？

(1) いじめの発生する学校段階

いじめは，実際にどの学校段階で生じているのだろうか。

1975 点の記事中の情報をもとにして学校段階を把握することは困難だった。これは予想外の結果であった。いじめの認定や把握が容易でないことの裏返しであろうか。いじめは大きな教育問題だと騒いでいるにもかかわらず，その学校段階の把握が困難なことは，いじめの認定や対応の難しさを物語る。

表５は，著者の属性や記述されている内容から学校段階を整理したものである。伝統的な小学校中学校で全体の 9 割以上を占める。この数字からすると，いじめは特に義務教育段階の課題と言えよう。

一方，宝塚音楽学校や防衛大学校など独特の性格や特徴を持つ「学校」にもいじめが生じていることは，残念ながらいじめが発生することの普遍性を証明している。

(2) いじめに関わる都道府県

それでは，いじめは日本のどこで生じているのだろうか。図３は，「いじめ」について記事中で名前が取り上げられた都道府県別の頻度を示したものである。

いじめの発生件数だけではなく，いじめについて論じたとか研究会が開催されたとか「いじめ」をめぐっての話題が取り上げられた頻度である。したがって，数値が大きいことは，いじめが多発していることを表現したものではない。

表５　いじめの発生する学校段階

学校段階	点数	%
小学校	96	44.7
中学校	100	46.5
高等学校	19	8.8
合計	215	100.0

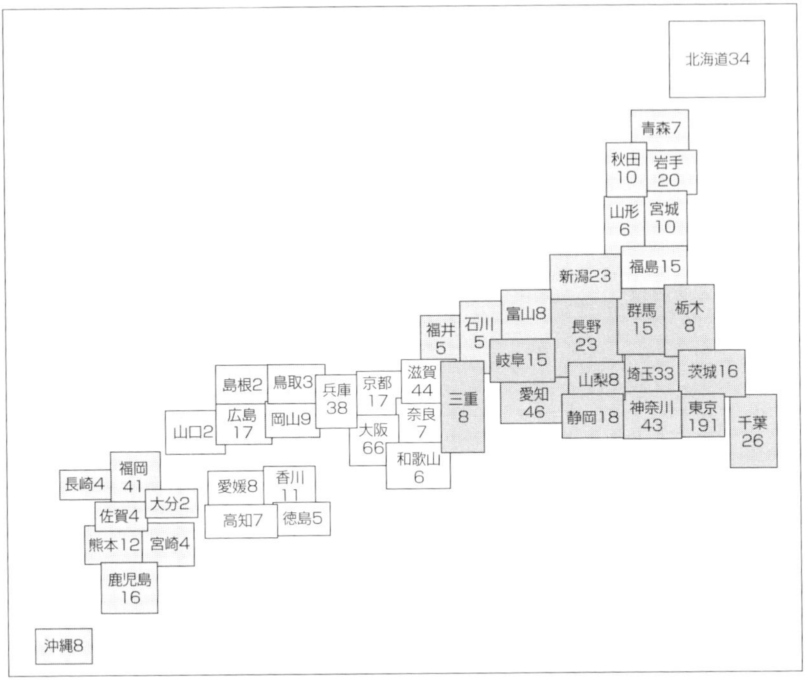

図３　いじめの記事で取り上げられた都道府県

第１に「いじめ」ゼロという県は存在しない。全都道府県でいじめについての記述が認められる。いじめは間違いなく日本のすべての都道府県が抱える課題である。「いじめ列島ニッポン」という週刊誌の見出しは現実を的確に表現したものと言える[2]。

第２に，県名に付記して数字で示した記述頻度に目を向けると，東京(191)，大阪（66)，愛知（46)，滋賀（44)，神奈川（43)，福岡（41)，兵庫（38)，北海道（34)，埼玉（33）など都市およびその周辺部での数値が高いことが注目される。

第３に，滋賀，愛知，鹿児島，岩手，神奈川など，かつて小中学生および高校生がいじめをもとで自殺したことがマスコミでしきりに報道された県の数値が高いことに気がつく。

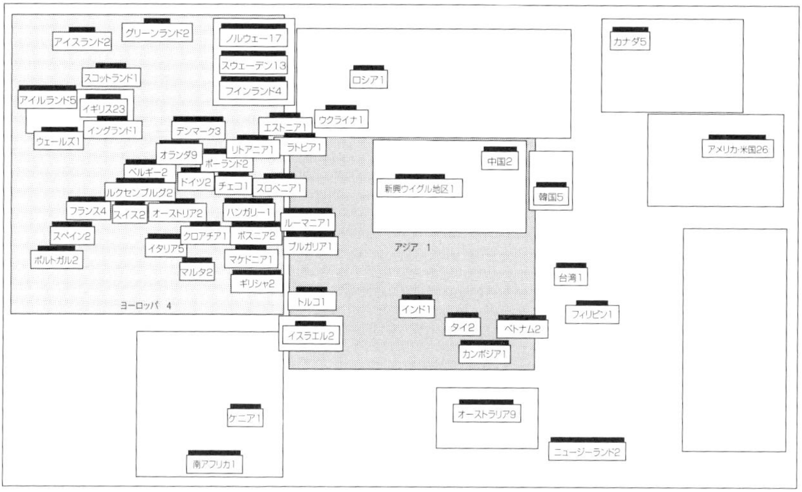

図４　いじめに関する記事に記載された国・地域名

(3) いじめは世界全体で認められる課題である

いじめは日本国内に限らない。図４は，1975 点の記事の本文中に記載されていた国名の頻度を地図に現したものである。南アメリカを除き，ヨーロッパ，アジア，北アメリカ，アフリカ，オセアニアという世界の各大陸地域にいじめ（に関する記事）は認められる。

記事の点数順にみると，アメリカ（26），イギリス（23），ノルウェー（17），スウェーデン（13），オランダ（9），オーストラリア（9），イタリア・カナダ・アイルランド・韓国（5），フィンランド（4）と続く。

地図から見る限り，いじめの発生は政治・経済・社会体制・宗教・言語および文化的背景などの相違によって左右されるとは理解しがたい。いじめに関する限り，先進国・開発途上国を問わず，人間社会に普遍的に存在する社会現象と言える。いじめの減少は言うまでも無く，いじめの根絶が困難であることを証明するものである。

4　記述内容は何に力点が置かれているのか？

(1) いじめに関する記述内容の区分

これまでの論考は，いじめの（原因・現状・解決）どこに力点を置いてき

表６　いじめに関する記述内容の区分

区分（内容概要）	点	%
1：原因・要因・背景	275	16.0
2：現状報告や解釈・実態調査	467	27.2
3：対応・解決・展望	694	40.4
4：事例紹介・裁判に関するもの	119	6.9
5：制度・法規・通知・答申	95	5.5
6：原因・要因・背景～対応・解決・展望	17	1.0
7：その他	52	3.0
合計	1,719	100.0

たのだろうか。いじめに関する記述内容を七つに区分した結果が表６である。

第１位は,「3：対応・解決・展望」が全体の 40.4% を占める。

第２位「2：現状報告や解釈・実態調査」と第３位「1：原因・要因・背景」を合計すると 43.2% となり，第１位とほぼ等しくなる。ここから，これまでのいじめ論考は，いじめの原因・要因・背景を探るという過去に目を向けた姿勢というよりも，なんとかしていじめに対応しよう，解決しようとする前向きの姿勢であったと言える。

(2) いじめに関する考究の観点（医学・教育・心理・福祉・法律・その他）

いじめに関する記事の力点がどこに置かれているかを著者の属性別に見た結果が表７である。

「児相」は児童相談所,「SC」はスクールカウンセラーを表している。

全体ではいじめに対応しよう，解決しようとする前向きの姿勢が認められた。ところが，記述内容を,「医学・教育・心理・福祉・法律・その他」という著者の属性別にみると，立場による相違点が認められる。

いじめの「対応・解決・展望」に力点を置くのは，校長（76.4%）,SC（66.7%），小学校教諭（59.1%），児相（57.1%）である。他方，いじめの「原因・要因」に力点を置くのは，医師（32.6%），大学・研究所（20.4%），高校教員（20.0%）と続く。また，NPO の 41.2% は，いじめの「現状報告・実態調査」に力点を置いている。

表７　属性別に見た力点の置き方

内容	NPO	医師	校長	小学校	中学校	高校	児相	大学	弁護士	SC
原因・要因	11.8	32.6	4.5	14.4	18.3	20.0	7.1	20.4	8.1	9.5
現状報告・実態調査	41.2	27.9	12.4	21.2	25.8	33.3	28.6	25.3	8.1	23.8
対応・解決・展望	41.2	27.9	76.4	59.1	47.3	33.3	57.1	36.8	16.2	66.7
事例紹介・裁判	5.9	2.3	3.4	3.0	5.4	13.3	0.0	6.7	48.6	0.0
制度・法規・答申	0.0	0.0	0.0	0.0	0.0	0.0	7.1	8.2	10.8	0.0
その他	0.0	9.3	2.2	0.0	1.1	0.0	0.0	1.7	0.0	0.0
不明	0.0	0.0	1.1	2.3	2.2	0.0	0.0	0.9	8.1	0.0

大学・研究所の研究者は，いじめの原因・背景に力点を置き，過去に目が向く傾向がある。学校の教員は，子どもたちの未来に目が向いており，今後の展開に焦点を合わせて，どのように対応するか，解決に向けてどう工夫するかなどに力点を置く。両者の力点をつなぐこと，さらにNPOを含めた関係者の力を結集することが希求されている。

(3) いじめは，「問題」である。

全記事の本文中からいじめに連なる語句を取り出して集計した結果が表８である。

いじめ問題，いじめの問題が約１割を占める。いじめは，問題として受け止められている。問題とは，困ったこと，好ましくないこと，改善や解決の対象となることである。いじめ問題，いじめ自殺，ネットいじめ，いじめ事件など，安易に命名していないだろうか。たしかに，いじめは存在してはならないし，もし存在するならば，なんとかして解決しなければならない。インターネットという現代を象徴するテクノロジーが，いじめという非人間的悲劇と安易に結び付くこと自体が，教

表８　いじめに連なる語句

いじめに連なる語句	箇所	%
いじめ問題（の問題）	196	9.89
いじめ自殺（自死）	78	3.89
ネットいじめ	38	1.90
いじめ対策	31	1.55
いじめの予防	25	1.25
いじめっ子	24	1.20
いじめられっ子	20	1.00
いじめ事件	19	0.95
いじめを生まない	19	0.95
いじめの実態	16	0.80
いじめのない学校	11	0.55
いじめ被害	11	0.55

育界をはじめとした「いじめ」を受け止める感覚の「異常」あるいは「ずれ」を認知・容認したものと理解される。いじめのない学校は，ごく当たり前の学校である。

5 まとめ
——読後に心から消えない語句——

1975点の記事見出しおよび本文から取りだした「いじめ」に関わる表記の中で，次のような語句が気に掛かった。

［強烈な印象を受けた語句のリスト］
教師いじめ／正義のいじめ／ネットいじめ／いじめアンケート／いじめエネルギー／いじめ解決／いじめ学／いじめ教育／いじめ警戒水準／いじめ啓発／いじめ言説／いじめ事案／いじめ事件／いじめ自殺／いじめ自死／いじめ重大事態／いじめ集団／いじめ授業／いじめチェック表／いじめ発見／いじめ防止リーダー／いじめ撲滅委員会／いじめ予防教育／いじめ列島ニッポン／いじめを読む／

これらの語句から，いかにも教育界の好みそうな語句の羅列という印象を受ける。

短期間に1975点の記事を総覧した結果，むなしさだけが心に残っている。およそ40年間という時間的な縦軸でみても，また地理的な広がりやそれを論ずる人々の所属する機関や専門・領域という横軸でみても，いじめの持つ「普遍性」にひたすら驚くばかりである。いじめは，日本社会が抱える21世紀最大の課題である。（中島　正明）

〈注〉

(1)　戦後出版の図書で「いじめ」に関するものとしては，久保田浩著『いじめられる学用品』(1956) および羽仁説子著『小さな友へ』(1968) がヒットする。これらは，今回の考察対象外とする。

(2)　「いじめ列島ニッポン　学校が地獄になった日．自殺した福岡・中2少年の母親が再び悲痛告白　棺を覗いて笑った」『週刊現代』48 (42) (通号2401)，2006年11月11日．

おわりに

いじめはなぜなくならないのか。被害者を取り巻く加害者，観衆，傍観者のいじめの4層構造のうち，圧倒的多数を占めるのは傍観者である。いじめの加害者やその傍にいていじめを煽る観衆が被害者にとって脅威であることは言うまでもない。また，加害者や観衆に対して，傍観者は一見，いじめに関与していない存在のように思われがちであるが，それは大きな勘違いである。いじめを見て見ぬ振りをするということは，結果的にいじめを容認していることと同じである。それどころか，加害者や観衆のいじめをいっそう鼓舞する役割を果たすことにもなる。

その一方で，傍観者が被害者に寄り添ったり，加害者や観衆から被害者を守ったりすることは，被害者にとって心強いことであり，加害者や観衆にプレッシャーを与えることである。それは，傍観者が擁護者，仲裁者に変わった姿でもある。

「わかっちゃいるけどできない」「わかっちゃいるけどやめられない」のが人間の最大の弱点である。傍観者はなぜいじめを阻止することができないのか。それは，次なるいじめの火の粉が自分自身に降りかかってくるのではないかという恐怖が想定されるからである。傍観者層の広がりは，ピア・プレッシャー（仲間の圧力）に敏感な傍観者が集団から逃避すること，仲裁者が減少することを意味している。

そうであるなら，どうすればよいのか。一人の力はあまりにも弱い。一人が二人になり，二人が三人になれば，大きな力となる。加害者や観衆たちがいじめる価値を失ってしまうほどに，傍観者たちが「いじめを許さない」とする結束の輪を広げ，集団の力を発揮していくことができれば，いじめの実態は自ずと解消されていくことになる。

子どもたちの「いじめを許さない」とする結束の輪，集団の力は，偶然にして生み出されるものではない。教師をはじめとする大人の影響力が大きい。それは教育の結果と言えるものかもしれない。大人は，子どもにとって，手本とならなければならない存在なのである。教師や保護者など大人の教育観，人間観，子ども観が子どもの教育に大きく関わっている。

それにはエラスムス，ルソー，カントなどの先哲の教育観，人間観，子ども観が参考になる。あるべき教育観，人間観，子ども観は，時代が変わっても変わり得ない普遍性を持っている。今日においても十分に通用する教育理念がこの三者の教育論にも満載されている。その教育理念は，いじめ問題を解決することにおいても十分に通用するものと思われる。

エラスムスは，「苛酷な扱いによって子供を怯えさせる教師」を相応しくない教師と見ている。では，相応しい教師とはどんな教師をいうのか。エラスムスは，「優しい扱いによって子供を魅惑し引き付ける教師」として捉えている[1]。すなわちエラスムスは，「自ずと生じる敬意によって次第に子供を引き付けていく[2]」ような教師，「文学的教養や上品さを備えた人間」，「学識深く有徳で思慮深い人間」，「知的・道徳的に陶冶された人間」を求めているのである[3]。

ルソーは，よい教師の資格を「金で買えない人間」として捉え，教師を「金のためにということではできない職業」，「金のためにやるのではそれにふさわしい人間でなくなるような高尚な職業」と定義した。教師たる者はそれほどまでに「崇高な人」，「人間以上の者」でなければならないと言うのである。ルソーの言う「教師は生徒にふさわしく教育されていなければならない」との指摘は説得力がある[4]。

カントは「人間は教育によってはじめて人間になることができる」こと，「人間は人間によってのみ教育される」こと，「教育を受けた人間によってのみ教育される」ことを述べている[5]。また，「自己自身を改善すること，自己自身を教化すること，そしてみずからが〔道徳的に〕悪である場合には自己自身で道徳性を身に付けるようにするということ」が人間の行うべき義務であることを指摘している[6]。

エラスムス，ルソー，カントの教師観は，「教師は生徒にふさわしく教育されていなければならない」ことにおいて一致している。このような教師観を備えた教師によって教育される児童生徒は，いじめ問題を自分のこととして捉え，いじめに立ち向かうことになるであろう。そのような環境を整える責務が学校，教育委員会，文部科学省にあることは言うまでもない。

傍観者を擁護者，仲裁者に変えていく教育が今こそ求められているである。

本書籍の発刊にあたり，ナカニシヤ出版の石崎雄高様には，企画，運営，校正に至るまで多大なるご支援を賜った。ここに，衷心より厚く御礼申し上げる。

（竹田　敏彦）

〈注〉

（1）　エラスムス（1994）『エラスムス教育論』中城進訳，二瓶社，p.8から抜粋。

（2）　同書，p.67.

（3）　同書，p.228から抜粋。

（4）　ルソー（1962）『エミール　上』今野一雄訳，岩波書店，pp.58–59から抜粋。

（5）　カント（2001）『カント全集17　論理学・教育学』湯浅正彦・井上義彦・加藤泰史訳，岩波書店，p.221から抜粋。

（6）　同書，p.226.

【監修・編著者紹介】

竹田　敏彦　安田女子大学心理学部現代心理学科教授［はじめに，第７章，第９章，おわりに］

【編著者紹介】

植田　和也　香川大学大学院教育学研究科（教職大学院）教授［第１章］

上村　　崇　福山平成大学福祉健康学部教授［第２章］

船津　守久　安田女子大学心理学部現代心理学科教授［第３章］

藤沢　敏幸　安田女子大学心理学部現代心理学科教授［第５章］

衛藤　吉則　広島大学大学院文学研究科教授［第16章］

中島　正明　安田女子大学教育学部児童教育学科教授［第19章］

【著者紹介】

寺井　朋子　武庫川女子大学共通教育部准教授［第４章］

山本　文枝　安田女子大学心理学部現代心理学科准教授［第６章］

奥田　秀巳　富山国際大学子ども育成学部講師［第８章］

堀江　信之　広島工業大学非常勤講師，安田女子大学特別講師［第10章］

湯浅　るみ　広島県三次市立八幡小学校校長［第11章（共著）］

大濱　磨彦　広島県三次市立吉舎小学校校長［第11章（共著）］

山田　行高　広島県三次市立吉舎中学校校長［第11章（共著）］

蔵石　佳代　大阪桐蔭中学校高等学校教諭，英語科主任，学年主任［第12章］

田中　敬子　スクールソーシャルワーカー［第13章］

金綱　知征　香川大学大学院教育学研究科（教職大学院）准教授［第14章］

小野藤　訓　広島県江田島市教育委員会教育長［第15章］

野崎　祐子　安田女子大学心理学部ビジネス心理学科准教授［第17章］

先坊　幸子　安田女子大学文学部日本文学科専門職員［第18章］

【監修者紹介】

竹田敏彦（たけだ・としひこ）

〈経歴〉　同志社大学法学部法律学科卒業［法学士］，兵庫教育大学大学院学校教育研究科修士課程修了［教育学修士］，広島大学大学院文学研究科博士課程後期修了［博士（文学）］／広島県公立中学校教諭，広島大学附属三原中学校教諭，広島県立教育センター指導主事・企画部長・副所長，広島県教育委員会事務局教育事務所長，広島県公立中学校長，広島大学附属学校再編計画室長，尾道市立大学非常勤講師，広島大学大学院教育学研究科非常勤講師，広島国際大学心理科学部教職主任・教授，安田女子大学心理学部教授（現職）／日本道徳性発達実践学会常任理事，SAME（学校と道徳教育）研究会代表，日本道徳教育方法学会会員，日本倫理学会会員，日本教材学会会員，日本教師教育学会会員。

〈著書〉『道徳科を要とする道徳教育の理論と実践』〔監修・編著〕（ナカニシヤ出版，2019 年），『なぜ学校での体罰はなくならないのか――教育倫理学的アプローチで体罰概念を質す』〔編著〕（ミネルヴァ書房，2016 年），『心に響く道徳教育の創造：道徳教育が学校を変えた』〔共同監修〕（三省堂，2010 年），『モラルジレンマ教材でする白熱討論の道徳授業（中学校・高等学校編）』〔共著〕（明治図書，2013 年），他多数。

〈論文〉「魅力的な道徳科授業のために必要な理論と実践」〔単著〕（日本道徳性発達実践学会『道徳性発達研究』第 10 巻第 1 号，2016 年），「道徳科の指導と評価の在り方」〔単著〕（安田女子大学紀要 No. 46，2018 年），他多数。

いじめはなぜなくならないのか

2020 年 3 月 28 日　　初版第 1 刷発行

監　修　竹　田　敏　彦

編著者
竹　田　敏　彦
植　田　和　也
上　村　　　崇
船　津　守　久
藤　沢　敏　幸
衛　藤　吉　則
中　島　正　明

発行者　中　西　　　良

発行所　株式会社　ナカニシヤ出版

〒606-8161　京都市左京区一乗寺木ノ本町 15
TEL　(075)723-0111
FAX　(075)723-0095
http://www.nakanishiya.co.jp/

装丁／白沢　正　印刷・製本／亜細亜印刷

Printed in Japan. ISBN978-4-7795-1440-1